失衡与出路

全球国际收支失衡与国际货币体系改革

张明 著

IMBALANCE

The Global Current Account Imbalance

AND

and the Reform of International Monetary System

REBALANCE

中国社会科学出版社

图书在版编目（CIP）数据

失衡与出路：全球国际收支失衡与国际货币体系改革/张明著．
—北京：中国社会科学出版社，2018.10
ISBN 978-7-5203-3333-7

Ⅰ.①失… Ⅱ.①张… Ⅲ.①国际收支—经济失衡—研究 ②国际货币体系—货币改革—研究 Ⅳ.①F810.2②F821.1

中国版本图书馆 CIP 数据核字（2018）第 234424 号

出 版 人	赵剑英
责任编辑	王　茵
特约编辑	黄　晗
责任校对	李　剑
责任印制	王　超

出　　版	中国社会科学出版社
社　　址	北京鼓楼西大街甲 158 号
邮　　编	100720
网　　址	http://www.csspw.cn
发 行 部	010-84083685
门 市 部	010-84029450
经　　销	新华书店及其他书店
印刷装订	北京君升印刷有限公司
版　　次	2018 年 10 月第 1 版
印　　次	2018 年 10 月第 1 次印刷
开　　本	710×1000　1/16
印　　张	24
字　　数	239 千字
定　　价	98.00 元

凡购买中国社会科学出版社图书，如有质量问题请与本社营销中心联系调换
电话：010-84083683
版权所有　侵权必究

序

第一次知道张明是在中国人民银行总行的结项会上，他代表课题组作结项报告。我记得他侃侃而谈，展示方式是一副投行经济学家的派头，不像是中国社会科学院的学生。会后得知他是余永定先生的博士生。再后来不久他入职中国社会科学院世界经济与政治研究所，加入国际金融研究团队。算起来我们共事亦有十余年。在这十多年间，我们参与课题研究，合作撰写书籍，一同出访调研。在这期间，国际金融研究团队不断壮大，研究问题非常聚焦。作为团队的核心成员，张明具有独特的亲和力以及对市场较高的敏感度。我常常赞赏他的勤奋和多产，以及忙里偷闲的本事。阅读他的这部《失衡与出路：全球国际收支失衡与国际货币体系改革》手稿，我愈发感叹他超强的自我总结意识，也激发我多年对国际金融问题研究的重新思考。

过去十多年间，世界经济经历了第二次世界大战后最大的金融危机。这对从事国际金融问题研究的学者来说是一种幸

◆ 序

运，因为有太多的现象需要系统分析，有重大的变革需要前瞻设计，有崭新的变化需要及时跟进。比如对于国际金融危机成因分析有诸多视角和主张，而从国际收支失衡角度去理解则更容易挖掘源自国际货币体系的深层危机根源。1973年布雷顿森林体系崩溃以来，美元在国际货币体系中扮演了主导货币的角色。而国际金融危机的爆发集中反映了美元主导的货币体系之弊端。在危机爆发之前，美元独大的国际货币地位使美国得以通过向全球融资来弥补巨额的经常项目，这是全球失衡的重要根源。与此同时，作为主要储备货币的发行国，美国并不承担维持美元币值稳定的责任，而透过美元的全球使用，其国内政策对全球其他国家具有巨大的溢性，这进一步诱导了国际资本流动的规模和方向。在缺乏可替代美元的关键货币、缺乏国际合作的情况下，美国国内政策成为其他国家货币政策趋向和国际金融市场的风向标。

关注国际货币体系与金融危机问题的学者都知道，新兴经济体一直以来深受国际资本流动冲击以及汇率稳定与否的困扰。这在1997—1998年亚洲金融危机期间表现最为突出。针对汇率安排，尽管国际货币基金组织不对成员国提出硬性要求，但当时亚洲国家货币在事实钉住美元并将美元作为锚货币。这为那些资本项目较为开放的国家带来两难选择：要么放弃货币政策的自主性，要么放弃汇率稳定的目标，蒙代尔—弗莱明的"三元悖论"——汇率稳定、资本自由流动和货币政策独立性这三项目标不可兼得，在那场亚洲金融危机中表现十分突出。而2008年这次国际金融危机以及随后长期的低息和量化宽松政策释放了大量的流动性，刺激了杠杆性融资，出现了资产价格上升快速与实体经济复苏缓慢并存的局面。一些研究开始探讨金融周期问题，探讨国际资本流动新的特征，探讨货币政策的溢出效应，探讨不同的汇率政策对阻断外部冲击的效应等问题。法国学者 Helene Rey 提出了新的"二元悖论"，认为在资本流动具有较强投机性和套利驱动下，不论采取怎样的汇率政策，只要资本流动不受限制，中央银行的货币政策就难以保持有效和独立。这一观点在学术界产生了很大影响，也引起了争议。在现实中，对各国政策制定者来说，尤其是对新兴经济体国家的决策者来说不得不随时应对剧烈的金融动荡。这在2015年后期美联储率先步入加息周期以来尤为明显。进入2018年，阿根廷和土耳其等国家出现资本外流和货币贬值，并在国内债务高企和金融体系脆弱性等内因作用下面临爆发多重危机的风险。

中国在全球失衡中扮演重要角色，也在危机后再平衡中起到决定性作用。中国增长方式的转变以及经济结构调整对纠正国内失衡有重要意义。中国参与全球金融治理是国际金融构架改革的重要组成部分。在国际储备体系方面，储备货币多元化已经成为趋势，人民币国际化在这一过程中发挥推动作用。关于汇率政策，对于中国这样的大型经济体，允许汇率具有一定

◆ 序

的灵活性可以在一定程度上缓冲资本流动所产生的宏观经济冲击，也可以提高货币政策的独立性。至于应对金融不稳定风险，资本管制是一道临时性的防线，而较为持久的和更加尊重市场原则的管理应该依赖一整套资本流动的宏观审慎措施。中国在鼓励人民币国际使用、提高汇率灵活性以及保持有序的金融开放等方面已经向前迈进了一大步。

这部书稿是张明对国际收支失衡与国际货币体系改革相关研究的一个忠实记录，收录了他在2007—2015年间发表的10余篇论文。这些论文系统回答了如下问题：造成全球失衡的表现和原因如何？全球再平衡的调整路径是什么？中美在再平衡中扮演怎样的角色？国际货币体系演进中表现出哪些问题？国际金融危机爆发对国际货币体系产生怎样的冲击？中国在国际货币体系改革中发挥什么样的作用？对上述问题的分析，各篇论文采用大量的翔实数据，在研究方法方面既有定性研究也有计量研究，其结论也具有很强的政策含义。读者从张明的这部文集中可以领略他的专业思考，而我读他的文集还可以感受到他对学术追求的热情和他写作的愉悦。

高海红

中国社会科学院世界经济与政治研究所国际金融研究中心主任、研究员

2018年7月20日

目　录

前言　国际货币体系的改革方向与中国应该
　　　扮演的角色 …………………………………………（1）

上篇　全球国际收支：失衡与再平衡

第一章　全球国际收支失衡在次贷危机爆发前的表征：
　　　　流动性过剩 ………………………………………（13）

第二章　全球国际收支失衡：调整路径与潜在影响 ………（45）

第三章　全球经常账户再平衡：美国和中国的角色 ………（63）

第四章　全球经常账户再平衡：特征事实、驱动因素
　　　　与有效路径 ………………………………………（90）

目 录

第五章　中国国际收支双顺差:演进前景及政策含义 …… (116)

第六章　中国何以成为一个反常的国际债权人? ……… (140)

下篇　国际货币体系:演进过程与改革方向

第七章　国际货币体系演进:货币锚与调整机制视角 …… (167)

第八章　国际货币体系演进:资源流动视角 ………… (190)

第九章　国际货币体系演进:次贷危机的冲击 ……… (208)

第十章　国际货币体系改革:危机以来的进展以及
　　　　中国应如何参与 ………………………… (226)

第十一章　国际货币体系改革:全球货币互换 …………… (278)

第十二章　国际货币体系改革:全球金融安全
　　　　　机制构建 ………………………………… (317)

参考文献 …………………………………………………… (352)

跋 …………………………………………………………… (376)

前　言

国际货币体系的改革方向与
中国应该扮演的角色

全球经常账户失衡在 21 世纪的第一个十年明显加剧，并最终与其他因素一起，引发了美国次贷危机以及随即而来的全球金融危机。虽然自全球金融危机至今，全球经常账户失衡已经明显缓解（德国等非典型国家除外），但迄今为止，全球经常账户再平衡在多大程度上是由周期性因素而非结构性因素所导致，目前还存在较大争议。如果全球经常账户再平衡主要由周期性因素导致（也即全球经济持续低速增长导致全球经常账户失衡缓解），那么随着全球经济协同性复苏的加强，全球经常账户失衡就完全可能卷土重来。事实上，当前中美之间的贸易冲突加剧，背后也与全球经常账户失衡问题高度相关。

全球经常账户失衡更深层次的根源，乃是以美元本位制为核心的国际货币体系。在美国金融市场具有很强竞争力的前提下，美国通过经常账户逆差向全球提供美元流动性，而通过资本账户顺差实现美元流动性的回流。通过这一机制，美国也向全球投资者提供了大量的安全资产（以美国国债为代表），并帮助国内金融市场薄弱的新兴市场国家实现了从储蓄到投资的转化（这也就是有学者认为美国是全球的风险投资者的由来）。由于全球其他国家对美国投资以安全资产为主，而美国对全球其他国家的投资以风险资产为主，这就造就了尽管美国从全球净融资，但美国的海外投资收益却持续为正的格局。此外，由于美国海外资产以外币计价为主，而海外负债以美元计价为主，通过主动实施美元贬值，美国还可以降低偿债压力。美国金融市场与美元的全球竞争力赋予了美国如下优势，也即美国海外净负债的增长，远远低于美国经常账户逆差的累积。这一格局更是被某些经济学家戏称为暗物质。

如果说，在美国次贷危机爆发前，全球经常账户失衡导致全球流动性过剩，大量流动性流入美国市场，造就了房地产泡沫与衍生品泡沫，并与美国居民过度借贷以及金融监管付之阙如一起，导致了美国次贷危机与全球危机爆发的话，那么，在次贷危机爆发后，美联储迅疾实施了零利率与量化宽松政策，再度加剧了全球流动性过剩，这事实上是把美国的危机调整压力转移至全球。过去十年来，包括中国在内的新兴市场国家整体杠杆率显著上升，不能不说与发达国家的集体量化宽松政策密切相关。而在特朗普上台之后，美国国内政策的单边主义与重商主义倾向明显加强，进一步放大了美国国内政策（特别是货币政策）对全球其他国家的负向外溢效应。"美元是我们的货币，但却是你们的问题"，这一傲慢的老大姿态更是凸显无疑。

换言之，美国次贷危机的爆发本身是当前国际货币体系下全球国际收支失衡的一个似乎必然的结果，而危机后美国政府的应对策略进一步加剧了其他国家改革当前国际货币体系的紧迫性与必要性。当前国际货币体系的一个核心缺陷，正是对储备货币发行国无法进行有效监管。

监管缺失的表现之一，是美国政府可以利用美元的全球本位币地位，为其经常账户赤字融资，这在很大程度上导致了经常账户严重失衡。美元是世界本位币，绝大部分的世界贸易、金融交易都以美元计价，而且货币的交易具有网络性，这个网络一旦形成，在中短期内将难以改变。因此，在没有硬性纪律约束的情况下，美国的货币政策必然具有内在的膨胀倾向，即用宽松的货币政策来为其经常项目赤字融资。与此同时，美国却把国际收支失衡的责任全部推给了顺差国。这种情况下，问题的解决只有两种可能，要么是顺差国承担国际收支失衡调整的主要压力，要么是国际收支失衡继续积累，直至其走向不可持续，从而爆发更严重的全球性金融危机。换言之，在现行国际货币体系下，作为中心国家的美国具有成为逆差国的逻辑必然性，但是国际收支失衡调整的主要责任却推向了其他顺差国家。而随着持续的经常账户逆差造成美国对外债务的累积，最终市场会对美元汇率产生怀疑，从而造成投资者最终不愿意继续对美国提供融资，由此发生的美国国内危机将最终削弱美元作为储备货币的基础。这又被称为广义特里芬难题。

监管缺失的表现之二，虽然美元是全球化的货币，但美国的货币政策却是美联储根据美国经济状况制定的，着眼于美国的就业和金融稳定情况，并不关注其对全球经济的外溢效应。本轮全球金融危机发生后，2009年至2012年，美国连续推出四轮货币量化宽松政策，在2013年末宣布出台缩减量化宽松政策。在此过程中，美国的货币政策触发了全球大宗商品价格和金融资产的大幅波动，也引发了热钱在新兴市场国家的大进大出，对这些国家造成显著的负面影响。美国货币政策的负外部性，与其作为世界本位币国家的地位越来越不相称，这也是当前国际货币体系面临的根本性挑战之一。

监管缺失的表现之三，IMF是当前国际金融体系的核心实体机构，但这一机构实际所能发挥的作用非常有限，特别是对作为全球储备货币发行国的美国缺乏约束能力。就投票权份额来看，美国一家就约占17%，而IMF通过一项决议需要85%的投票权，因此美国对于IMF的决议具有很强的控制力。反过来，IMF难以真正对美国自身的政策起到监管与协调的作用。

最近30年来，国际金融危机频繁爆发，尤其是2007年至2009年的美国次贷危机以及国际金融危机的爆发，深刻地暴露出当前美元本位制的根本缺陷，使得改革当前国际货币体系的呼声越来越强烈。国际货币体系改革所需要的，已经不仅仅是反思、讨论这类脑力游戏，还需要在改革步骤上迈出实质性的步伐。关于当前国际货币体系改革的倡议，主要可以分为三类，这恰好也反映了未来国际货币体系的三大潜在改革方向。

方向之一，在目前的美元本位制基础上进行修补，特别是建立以美联储为核心的双边本币互换机制，来作为应对各国金融风险的新机制。本轮全球金融危机爆发后，美联储将其在次贷危机期间与部分发达国家央行签署的双边美元互换机制永久化，就体现了这方面的努力。这种改革方向的优点包括：第一，属于存量改革而非增量改革，因此面临的阻力较小；第二，新增的双边美元互换机制能够在紧急时刻提供必要的国际流动性，从而能够缓解危机爆发时的紧张情绪。然而，这一方法也有缺陷。首先，这种改革既不能克服广义特里芬两难，也不能降低美联储货币政策的负面溢出效应；其次，美联储在与其他国家央行签署双边美元互换机制方面具有很强的选择性，这使得其他国家怀疑一旦本国爆发危机，能否无条件地、及时地从美国获取流动性支持。

方向之二，随着美元地位逐渐衰落，欧元与人民币地位逐渐上升，最终形成美元、欧元与人民币三足鼎立、共同充当全球储备货币的格局。国际货币体系多极化最显著的优点是在美元、欧元、人民币各自发行当局之间形成了一种竞争机制。如果哪种货币发行得过多，那么市场就会采用"用脚投票"的办法，减持该货币而增持其他货币。这种竞争机制一方面能够部分克服广义特里芬难题，另一方面也使得各储备货币发行国在制定本国货币政策时，不得不兼顾全球经济对流动性的需求状况。不过，正如美国著名经济学家金德尔伯格所指出的，就系统的稳定性而言，多极化国际货币储备体系可能不如单极化体系，其原因在于，如果市场主体忽然之间都对美元失去信心，从而集体抛售美元资产、增持欧元与人民币资产的话，那么一方面会造成美元剧烈贬值、美国长期利率上升，甚至导致美国出现资产价格泡沫破灭以及经济衰退；另一方面也会造成欧元、人民币剧烈升值，通过出口渠道导致欧元区与中国经济增速显著下降。如何在引入竞争的同时维持系统的稳定性，是困扰多极化储备体系的一大难题。

方向之三，在现有的国际储备货币之外另起炉灶，创建一种全新的超主权储备货币。2009年3月，时任中国人民银行行长周小川公开提出，在国际储备中扩大"特别提款权"（SDR）用途，从而降低对美元依赖的建议，此举得到了包括俄罗斯、巴西等新兴市场国家的积极响应。当时的法国总统萨科齐也呼吁就美元地位、改革国际货币体系问题等进行正式讨论。用超主权储备货币来充当全球储备货币，一来可以从根本上克服广义特里芬难题，即将储备货币的发行与任何国家的经常账户逆差脱离开来；二来可以避免储备货币发行国国内货币政策对全球经济造成的负外部性；三来可以在铸币税的分享与使用方面兼顾全球公平，因此是一种理想的改革方案。然而，要从无到有地创建一种全新超主权货币，不但需要美国这样的既得利益者做出重大让步，还需要全球各经济体集体行动，创建类似全球央行的机构。可以想象，如此重大、复杂的改革必然需要经过反复、艰苦的博弈，很难在短期甚至中期内实现，因此只能成为一种愿景。

综上所述，当前国际货币体系改革的三个潜在方向，既有着各自的独特优势，也具有各自的缺点。因此，学术界以及政策制定者在这个问题上从没有停止争论，短期内达成共识的可能性也不大。不过，从深层次来看，这三个改革方向并不是相互排斥与替代的关系，很可能是相互补充的；从时间维度来看，对现有体系进行修补、形成多极化的储备货币体系、创建超主权储备货币，更像是在短期、中期与长期内国际货币体系改革的不同层次的目标；从大方向上来看，国际货币体系的改革正在由一个国家主导向由多个国家甚至国家群体主导的体系演进。

中国作为世界第二大经济体，其分量在全球经济中举足轻重。中国领导人曾表示，全球需要一个更多元、更均衡的货币体系，逐步扩大人民币的跨境使用，有助于完善国际货币体系，有利于全球金融稳定和经济发展。中国积极参与国际货币体系改革，有以下几个途径。

第一，积极发挥在全球经济治理机构中的作用，提升话语权。推进落实 IMF 份额与治理结构改革，提升中国及其他新兴市场国家的话语权。为了体现新兴市场国家和发展中国家在全球经济中不断上升的权重，IMF 董事会 2010 年 11 月通过份额改革方案，超过 6% 的份额将向有活力的新兴市场国家和代表性不足的发展中国家转移，并改革董事会使其更具代表性，其成员全部由选举产生。改革完成后，中国、巴西、俄罗斯、印度、南非等新兴经济体在 IMF 的表决权份额将增加 4.5%—14.3%，其中中国的份额将从原来的 3.72% 升至 6.39%，成为继美、日之后的 IMF 第三大会员国。这是近 70 年来 IMF 最具根本性的治理改革，也是针对新兴市场国家和发展中国家最大的份额转移方案。除了 IMF 之外，以中国为代表的新兴市场国家也应该充分利用其他国际组织的平台，如 G20、金融稳定委员会等相关全球治理机构，将国际货币体系改革作为促进全球经济长期可持续增长和全球金融稳定的议题进行讨论。

第二，积极参与各层次的金融安全网构建。国际货币体系好坏的一个衡量标准是其面对危机时的韧性，而金融安全网则是危机发生时给予各国保护的重要屏障。中国应在全球、区域、双边等多层次全面参与金融安全网的构建；在全球层面，中国可以积极督促各方尽快完成 IMF 增资改革，扩大 IMF 的借贷能力，探索多样化的危机救助方式；在区域层面，继续推进完善亚洲区域外汇储备库及亚洲债券市场发展，促进区域金融稳定；在双边层面，在现有的人民币双边本币互换协议的基础上，探索与更多国家签署双边互换协议的可能性，进一步推进双边本币互换协议的发展，在促进双边贸易投资的同时，探索促进双边金融稳定的渠道。

第三，积极参与国际储备体系的改革。外汇储备是危机发生时的缓冲垫，充足的外汇储备有助于防范短期资本外逃的负面影响，对于新兴市场国家而言更是如此。中国应当积极参与IMF的SDR改革，提升SDR作为储备资产组成部分的作用，探索在美元为外汇储备主导货币的背景下，如何使SDR充分有效地发挥作用。作为外汇储备第一大国，中国应当积极探索外汇储备多元化的形式，创新现有外汇储备资产运用模式，在保证外汇储备资产安全的同时，利用外汇储备资产促进长期增长和国民福利。积极推进人民币国际化，使人民币在外汇储备多元化中发挥更加重要的作用。

第四，积极参与各国经济政策协调，促进互利共赢，避免以邻为壑。国际货币体系得以持续健康运行的另一个重要前提是各国之间政策的协调。近期美联储加息缩表导致部分新兴市场国家出现资本持续外流与货币大幅贬值，再一次表明了国际政策协调的必要性。中国应当在国际政策协调中发挥更加重要的作用，需要更加重视评估各国宏观经济政策外溢效应、监测跨境资本流动、分析实体经济发展与全球金融市场的联动性、评估各国金融稳定性、建立相关危机预警系统等机制。中国应当在G20中继续强化已经被写入公报的政策沟通机制，确保各国的货币政策、财政政策及其他宏观政策制定者有效沟通，保持谨慎调整态度，关注溢出效应，防止经济政策调整对全球经济产生负面冲击。

第五，积极推进人民币国际化。以美元为主要国际储备货币的国际货币体系有诸多弊端，而人民币国际化则有助于国际储备货币多元化，进而有助于国际货币体系的改革。人民币国际化应内外兼修。对内应当进一步改革国内金融市场，继续推进利率市场化改革，培育与国际储备货币地位相匹配的金融市场，完善金融基础设施建设；应进一步对国内经济进行结构性改革，保持中国经济长期可持续增长，稳固世界各国对中国经济和人民币的信心。对外应当继续推进人民币汇率形成机制的改革，形成双向浮动机制；审慎、稳步推进资本账户双向开放，避免过快开放资本账户带来的冲击；推动跨境贸易与投资的人民币计价与结算，完善人民币跨境支付和清算机制；加强与其他国家的合作，促进人民币离岸市场的发展。

上 篇

全球国际收支：失衡与再平衡

第 一 章

全球国际收支失衡在次贷危机爆发前的表征:流动性过剩*

本章摘要 全球国际收支失衡下的流动性过剩是美国次贷危机爆发之前世界经济最重要的特征事实。如何衡量流动性过剩的程度,流动性过剩的源头以及流动性过剩将给世界经济和全球金融体系造成什么样的影响,一直是理论界的热门话题。利用狭义货币、广义货币、国内信贷与GDP的比率来衡量流动性过剩程度,我们发现在美、日等发达国家以及中国、中国台湾、中国香港、韩国等东亚新兴市场国家和地区,在次贷危机爆发之前均存在一定程度的流动性过剩。发达国家流动性过剩的原因是实施了以低利率为特征的宽松货币政策,而新兴市场国家流动性过剩的原因是外汇储备增加导致基础货币发行增加。流动性的国际传导刻画了当前中心—外围国际货币体系的

---

* 本章内容发表于《世界经济》2007年第11期。

特征。流动性过剩已经造成全球范围内的资产价格泡沫，并可能引发未来的全面通货膨胀。一旦流动性过剩发生逆转，将会给世界经济和全球金融体系造成严重负面冲击。

一 引言

美国次贷危机的爆发有方方面面的原因，但全球国际收支失衡导致的流动性过剩在其中扮演了非常重要的角色。例如，美联储前主席伯南克就声称，东亚储蓄过剩（Saving Glut）导致大量资金流入美国、压低了美国的长期利率，并最终造就了美国的房地产泡沫与衍生品泡沫（Bernanke, 2005）。

本章将集中分析在美国次贷危机爆发之前全球流动性过剩的特征事实。本章的结构安排如下，第二部分给出流动性过剩的定义与测量方式；第三部分分析全球流动性过剩背后的原因；第四部分讨论全球流动性过剩可能导致的潜在风险；第五部分为结论。

二 流动性过剩的定义和测量

本节首先给出流动性过剩的定义，其次介绍流动性过剩的测量方法，最后运用特定方法对美国次贷危机爆发前的全球流动性过剩进行测量。

（一）流动性和流动性过剩的定义

迄今为止，流动性（Liquidity）尚无一个受到广泛认可的定义。"流动性是一种高度复杂的现象，其具体形式深受金融机构及其实际活动变化的影响，这些变化在近几十年里异常之快。"[①]流动性一词最早源于金融市场，市场流动性（Market Liquidity）是指一种资产通过买卖转换成另一种资产的难易程度，这种转换不会造成价格的显著运动，且造成的价值损失最低。[②]希克斯把流动性资产分为三类：一是交易者维持其活动所需要的运营资产；二是为了对经济冲击中难以预见的变动保持灵活反应而持有的储备资产；三是为获取收入而持有的投资资产（Hicks, 1967）。在宏观经济层面上，流动性通常被定义为经济系统中不同统计口径的货币信贷总量，如流通中的现金M0、狭义货币供应量M1、广义货币供应量M2等。

流动性过剩（Excess Liquidity）是指实际货币存量对理想均衡水平的偏离（Polleit 和 Gerdesmeier, 2005）。那什么是货币的理想均衡水平呢？

$$MV = PY \qquad (1.1)$$

方程（1.1）是货币数量方程式，其中 M 为货币存量，V 为货币流通速度，P 为价格水平，Y 为实际产出水平。

[①] 引自《新帕尔格雷夫经济学大词典》，经济科学出版社1996年版，第3卷第229页。

[②] 引自 Wikipedia，(http://en.wikipedia.org/wiki/Market_liquidity)。

$$m = p + y - v \qquad (1.2)$$

方程（1.2）是方程（1.1）的对数变形，其含义是一定时期内货币存量增长速度等于该时期内的名义产出增长速度减去货币流通速度增长率。如果该方程内的名义产出增长率和货币流通速度都处于长期均衡水平，那么对应的货币存量增长率也就处于均衡水平。

例如，欧洲中央银行的一篇工作论文假定欧元区年度实际产出潜在增长率为2.25%，预期通货膨胀率为1.5%，货币流通速度的年均下降幅度为0.75%，因此欧元区的合意货币增长率为2.25% +1.5% -(-0.75%) =4.5%（Polleit 和 Gerdesmeier, 2005）。因此，如果假设货币流通速度不变，如果货币供应量增长率超过名义GDP增长率，这就意味着流动性出现过剩。

（二）流动性过剩的测量方法

目前提出的几种关于流动性过剩的测量方法都建立在货币数量方程式的基础上。这些方法包括：价格差额法、货币差额法、货币悬挂法、货币与GDP的比率、信贷与GDP的比率、债券息差法等（Gouteron 和 Szpiro, 2005）。

价格差额法（The Price Gap）是指用短期名义价格变化率与长期均衡价格变化率之间的差额来衡量流动性过剩程度，如果前者高于后者，就存在流动性过剩。在价格差额法下，通货膨胀仅仅是一种货币现象，即流动性过剩将会被价格水平（尤其是消费者物价指数）的上涨所吸收。

货币差额法（The Money Gap）是指用实际货币存量水平与均衡货币存量水平之间的差额来衡量流动性过剩程度，如果前者高于后者，就存在流动性过剩。有多种方法来定义均衡货币存量水平，例如欧洲中央银行就将其定义为与价格稳定相一致的货币存量水平。但是，在这种方法下，对均衡货币存量水平的定义需要主观选择一个基期，并且需要对潜在产出水平、货币流通速度等进行严格假设。而这样的基期选择和假设是比较武断的。

货币悬挂法（The Money Overhang）是对货币差额法的一种改进。在这种方法下，均衡货币存量水平不是由货币数量方程式决定的，而是以一个货币需求模型推出的长期关系为基础。这种定义避免了选择基期，以及对潜在产出水平和货币流通速度进行假设等问题，但是却产生了新的问题，例如建模选择及估计的准确程度等。

货币与GDP的比率[①]相对于货币差额法的优势是，前者在不必选择基期的前提下仍然能够定义流动性过剩。信贷与GDP的比率无非是货币与GDP比率的另一面。如果以上两个比率高于自身的趋势值，那么就存在流动性过剩。

债券息差法（Bond Spread）是以信用评级为基础的。该方

---

① 货币供应量与名义GDP之间的比率被称为马歇尔K值（Marshallian K）。

法的主要逻辑是，流动性过剩将会降低投资者的风险规避程度，从而政府债券与私人部门债券之间的收益率差距可以用来衡量流动性过剩程度。如果两者之间的息差较低，这就意味着存在一定程度的流动性过剩（Slok 和 Kennedy, 2004）。

具体到银行系统，商业银行超额准备金率和贷存比也常被用来衡量流动性过剩程度。超额准备金率越高，或贷存比越低，意味着越高的流动性过剩程度。例如，巴曙松（2007）依据超额准备金率的下降和贷存比的提高，认为中国商业银行系统内的流动性已经偏紧。

（三）对当前全球流动性过剩的测量

由于价格差额法、货币差额法和货币悬挂法均涉及对均衡价格水平或均衡货币存量水平进行估计，出于数据的可获得性，我们将借鉴 Morgan（2007）的方法，通过三个指标来测量各国的流动性过剩程度，这三个指标分别是狭义货币与名义 GDP 的比率、广义货币与名义 GDP 的比率以及国内信贷（Domestic Credit）与名义 GDP 的比率。我们将分别从发达国家、东亚新兴市场国家或地区和石油输出国这三个角度来分析全球流动性过剩。

1. 发达国家

从图 1-1 中可以看出，美国的狭义货币与名义 GDP 的比率（M0/GDP、M1/GDP）从 2000 年以来并未出现明显增长，M2/GDP 指标甚至低于 20 世纪 70 年代初期的水平，但 M3/

第一章 全球国际收支失衡在次贷危机爆发前的表征：流动性过剩

GDP和国内信贷与GDP的比率从2000年以来出现了显著增长，均达到1971年以来的历史最高水平。其中M3/GDP从1999年的71%上升到2002年的82%，在随后几年一直保持在80%以上。国内信贷与GDP的比率从1999年的84%上升到2006年的98%。

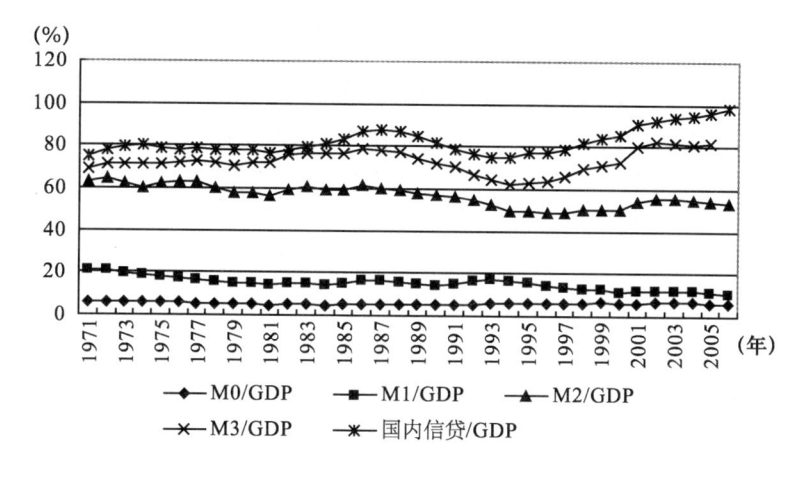

图1-1 美国的货币与GDP比率

资料来源：IMF国际金融统计数据库。

从图1-2中可以看出，相比于美国，近年来日本存在更为显著的流动性过剩。第一，日本经济的货币化程度更高，2005年M2/GDP达到144%，M3/GDP达到230%，而同期美国的相关指标仅为54%和82%。第二，日本的各项货币与GDP比率指标近年来均出现一定程度的增长。尤其是狭义货币与GDP的比率（M0/GDP）从1999年的48%上升到2005年的

79%，年均增长率超过5%。第三，国内信贷与GDP比率从1996年的高点（261%）跌落后，在1998年出现较大幅度反弹，随后一直保持在240%—250%的区间内。

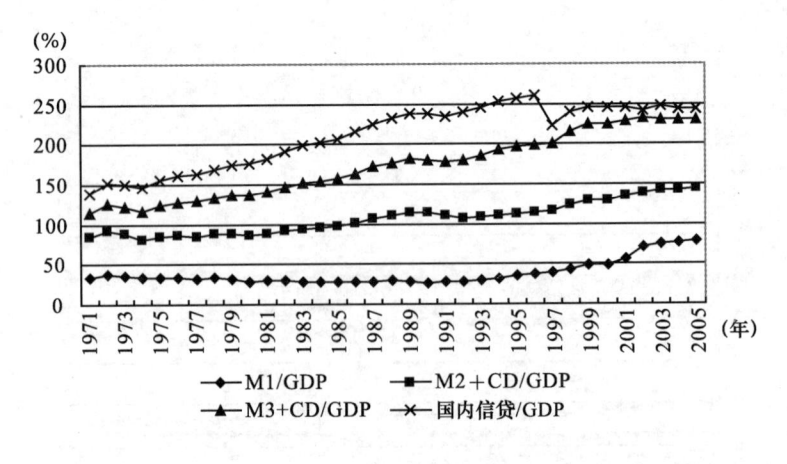

图1-2 日本的货币与GDP比率

资料来源：IMF国际金融统计数据库。

从图1-3中可以看出，近年来欧元区并不存在显著的流动性过剩。无论是货币与GDP的比率，还是国内信贷与GDP的比率，都以非常平稳的速度缓慢增长。

从以上分析可以得出的结论是：在全球主要发达国家中，美国和日本自2000年以来存在一定程度的流动性过剩，美国的国内信贷与GDP的比率在该时期内显著增长，日本的狭义货币与GDP的比率同期内显著增长。而所有的货币或信贷与GDP的比率均表明，同期内欧元区国家并不存在显著的流动性

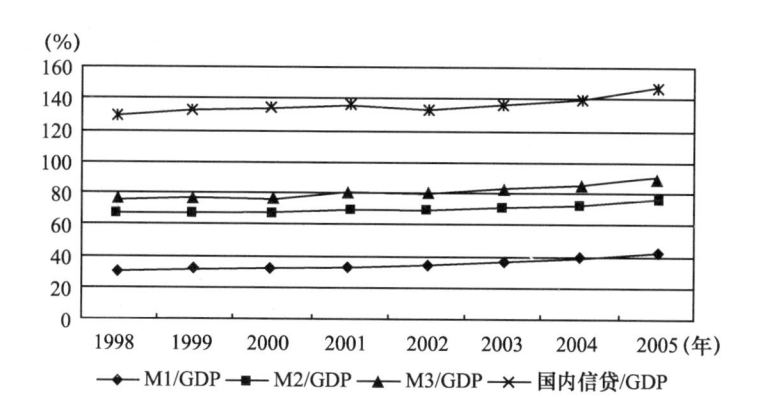

第一章　全球国际收支失衡在次贷危机爆发前的表征：流动性过剩 ◇

图 1-3　欧元区的货币与 GDP 比率

资料来源：IMF 国际金融统计数据库。

过剩。

2. 东亚新兴市场国家或地区

从狭义货币与 GDP 的比率来看（图 1-4），自 2000 年以来增长较快的国家或地区包括中国台湾和中国香港。中国的

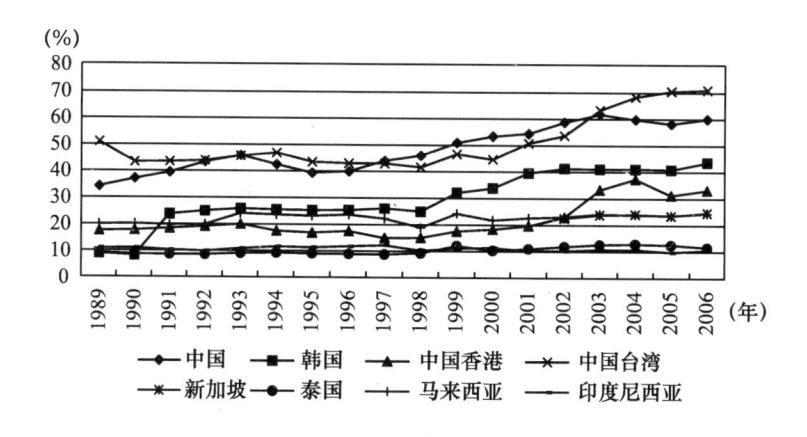

图 1-4　东亚国家或地区的 M1/GDP

资料来源：亚洲开发银行数据库。

M1/GDP 比率从 1997 年开始逐渐上升，韩国的 M1/GDP 比率从 1999 年开始显著上升，但是这两个国家的狭义货币与 GDP 的比率从 2002 年开始就处于比较稳定的水平上。而新加坡、泰国、马来西亚和印度尼西亚的狭义货币与 GDP 的比率从 20 世纪 90 年代以来一直处于非常稳定的状态。

从广义货币与 GDP 的比率来看（图 1-5），自 2000 年以来增长较快的国家或地区包括中国香港（从 1999 年的 278% 上升到 2006 年的 344%）、中国台湾（从 1999 年的 184% 上升到 2006 年的 223%）、中国（从 1999 年的 134% 上升到 2006 年的 165%）和马来西亚（从 2002 年的 100% 上升到 2006 年的 125%）。韩国的 M2/GDP 在东南亚危机爆发后的两年内迅速上升（从 1996 年的 96% 上升到 1998 年的 132%），但随后有所

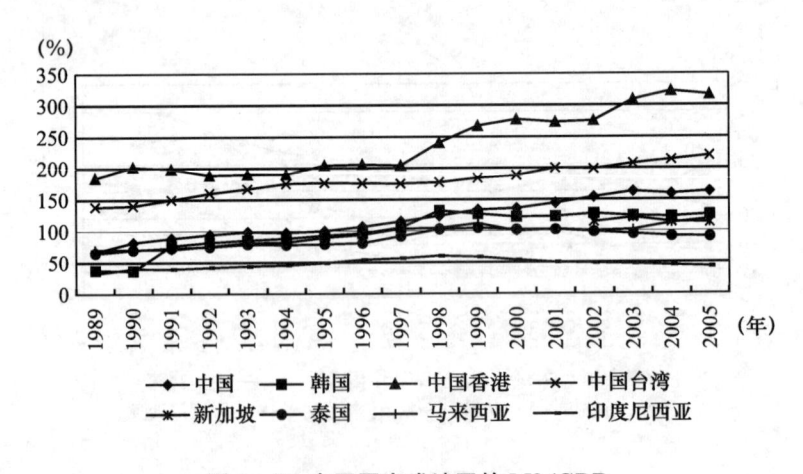

图 1-5 东亚国家或地区的 M2/GDP

资料来源：亚洲开发银行数据库。

第一章　全球国际收支失衡在次贷危机爆发前的表征：流动性过剩

回落并稳定在120%—130%的区间内。新加坡的该指标近年来保持稳定，而泰国和印度尼西亚的该指标从2000年以来甚至出现了持续小幅下降。

从国内信贷与GDP的比率来看（图1-6），自2000年以来增长较快的国家或地区包括中国台湾（从2002年的149%上升到2006年的168%）和韩国（从2004年的136%上升到2006年的155%）。中国的该指标在2001年至2003年期间显著增长（从121%上升到152%），但此后逐渐回落。马来西亚的该指标近年来缓慢上升，而新加坡、泰国和印度尼西亚的该指标近年来甚至持续小幅下降。

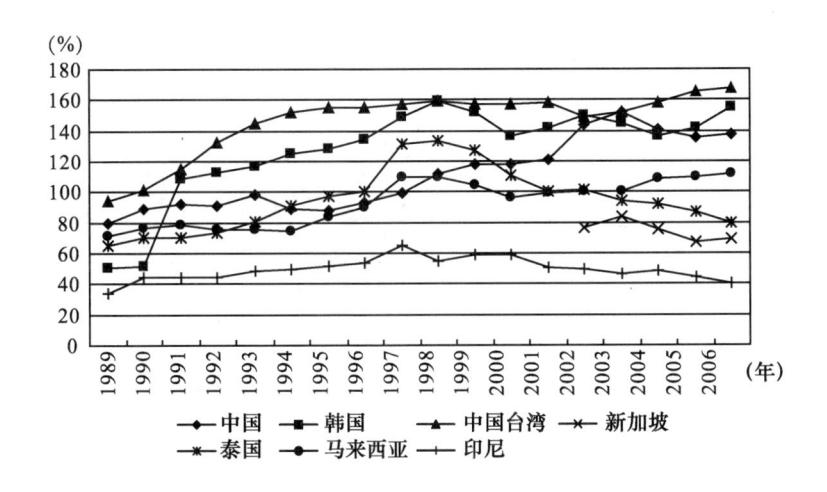

图1-6　东亚国家或地区的国内信贷与GDP的比率

说明：中国香港的国内信贷数据缺失，因此难以判断该地区国内信贷与GDP比率的走势。
资料来源：亚洲开发银行数据库。

综上所述，在东亚新兴市场国家或地区中，中国台湾和中国香港近年来存在显著的流动性过剩，中国、马来西亚和韩国近年来存在一定程度的流动性过剩，而新加坡、泰国和印度尼西亚不仅不存在流动性过剩，近年来甚至还出现了流动性下降的趋势。

3. 石油输出国

我们选取了 OPEC 成员国沙特和非 OPEC 成员国俄罗斯为代表。从图 1-7 中可以看出，沙特自 2000 年以来，无论是狭义货币与 GDP 的比率，还是广义货币与 GDP 的比率，都处于比较稳定的水平上，国内信贷与 GDP 的比率从 2005 年起甚至显著下降。这说明沙特并不存在流动性过剩。从图 1-8 中可

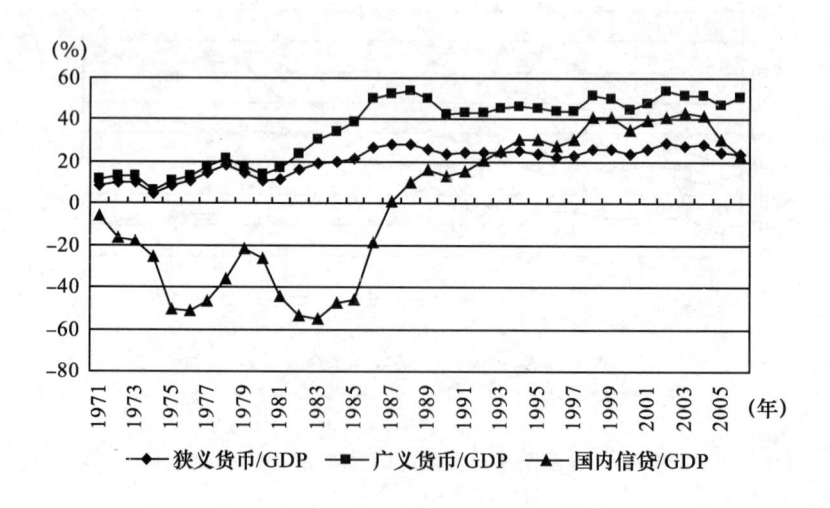

图 1-7 沙特的货币与 GDP 的比率

资料来源：IMF 国际金融统计数据库。

以看出，俄罗斯的狭义货币与 GDP 的比率自 2000 年以来增长较为缓慢，广义货币与 GDP 的比率自 2000 年以来增长较快（从 2001 年的 18% 上升到 2006 年的 34%），而国内信贷与 GDP 的比率从 2004 年起有所下降。

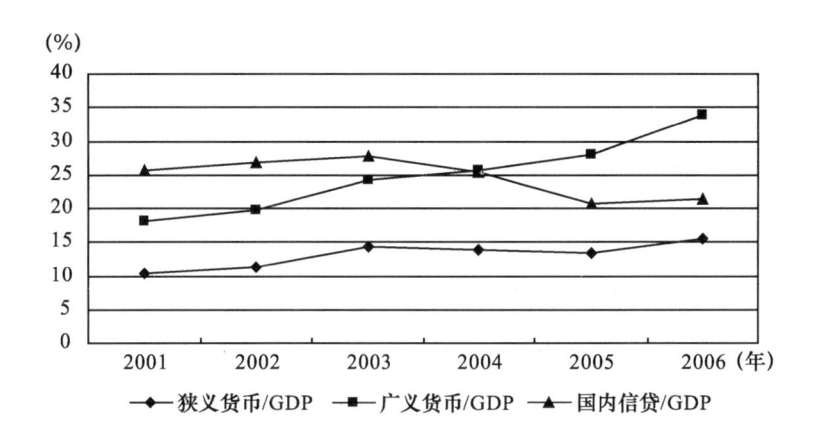

图 1-8　俄罗斯的货币与 GDP 的比率

资料来源：IMF 国际金融统计数据库。

从以上分析中得出的结论是，石油输出国从整体上而言并不存在显著的流动性过剩（尽管广义货币与 GDP 的比率表明俄罗斯可能存在一定程度的流动性过剩）。这与近年来全球石油价格显著上升的现象看似矛盾，事实上却体现了石油美元回流机制的作用，即石油输出国通过石油出口换回的美元甚至还没有转换为本国货币，就以购买外国商品或证券投资的形式回流到美国或其他发达国家。由于石油美元回流机制的存在，对于石油输出国而言，贸易顺差引致的外汇储备增加并没有导致国内基础货币或信贷的相应增长。

◇◇ 三 流动性过剩的根源

我们认为，造成美国次贷危机爆发前全球流动性过剩的主要原因，包括发达国家宽松的货币政策、东亚新兴市场国家的经常账户过剩与外汇储备积累，以及当前国际货币体系造成的结构性国际收支失衡等。

（一）发达国家宽松的货币政策

由于互联网泡沫的破灭，美国经济和全球经济在2000年前后陷入衰退，2001年爆发的"9·11"事件更是雪上加霜。为了刺激总需求和恢复经济增长，发达国家在2001年至2003年间普遍实施了宽松的货币政策，包括降低利率和扩大货币供应量。

从图1-9中可以看出，从2000年第四季度或2001年第一季度开始，全球主要发达国家纷纷进入降息周期。从2001年1月到2003年6月，美联储连续13次下调联邦基金利率，该利率从6.5%降至1%的历史最低水平。由于本国经济在20世纪90年代陷入长期衰退，日本央行事实上一直实施零利率政策，日元短期利率在2000年之后一直保持在接近于零的水平上。欧元区的短期利率从2000年第四季度的5.02%连续下调至

2004年第一季度的2.06%。英国的短期利率从2000年第三季度的6.12%连续下调至2003年第三季度的3.50%。

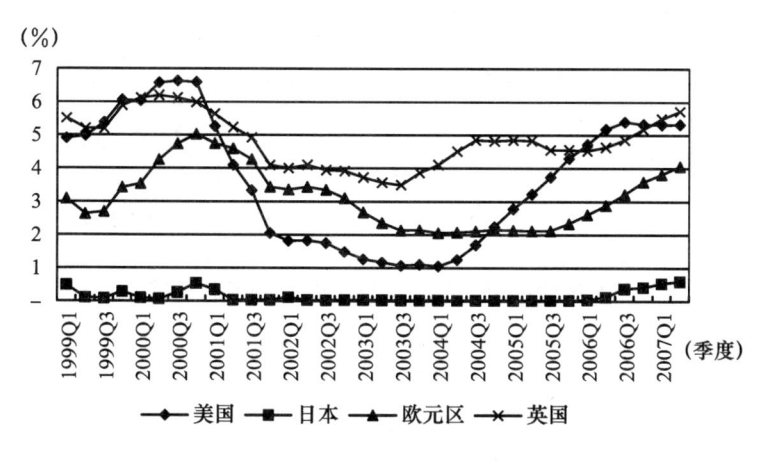

图1-9 发达国家的低利率政策

资料来源：OECD数据库。

从图1-10中可以看出，从2001年开始，全球主要发达国家的狭义货币指数均有所上升，其中欧元区国家、英国和OECD国家整体的狭义货币指数保持了持续增长的趋势。日本的狭义货币指数在2002年大幅上升，之后逐渐保持稳定。美国的狭义货币指数在2000年至2004年间小幅增长，随后保持稳定。

发达国家国内低利率降低了银行信贷成本和投资机会成本，从而促使发达国家广义货币的迅速增长（图1-11）。英国、美国、欧元区国家和OECD国家整体的广义货币指数从

上篇　全球国际收支：失衡与再平衡

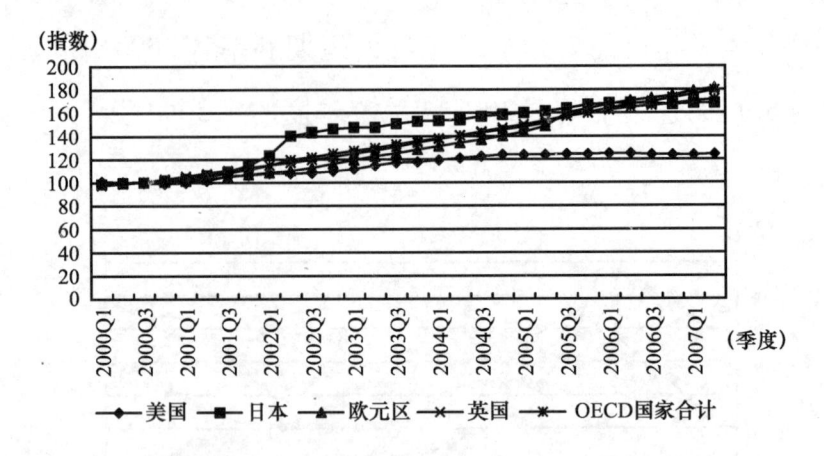

图 1-10　发达国家的狭义货币（M1）指数

说明：假定基期为2000年，基期指数值为100。

资料来源：OECD数据库。

2002年开始均出现显著增长，例如英国的广义货币存量在2001年至2006年期间增长了68%，欧元区国家的广义货币存

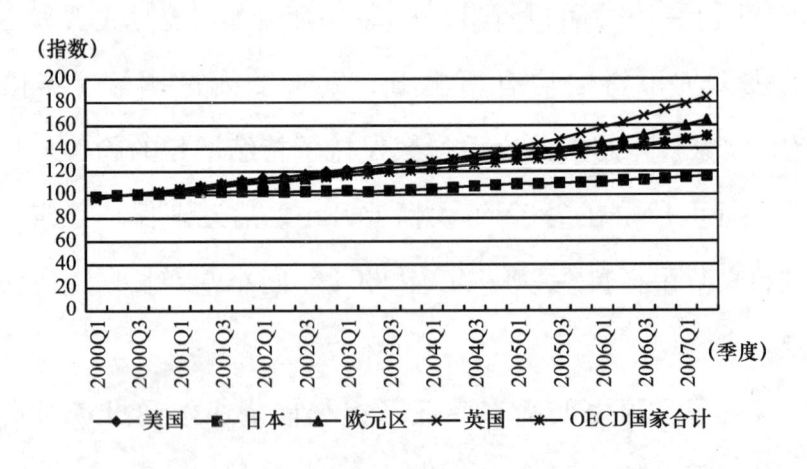

图 1-11　发达国家的广义货币（M2）指数

说明：假定基期为2000年，基期指数值为100。资料来源：OECD数据库。

量在该时期内增长了54%，美国的广义货币存量在该期间内增长了43%。日本的广义货币指数在该时期内一直很稳定，这说明日元套利交易（Yen Carry Trade）在该时期内扮演了非常重要的角色，日元低利率更多地导致了日本银行海外贷款的增加，而非国内贷款的增加。①

（二）东亚新兴市场国家的经常账户顺差和外汇储备累积

自1997年至1998年的东南亚金融危机以来，从主观上而言，东亚国家更加注重通过经常账户顺差来积累外汇储备，以避免同样类型的国际收支危机和货币危机重演；从客观上而言，东亚国家国内的投资水平在危机时期骤然下降，在很长时间内都未恢复到危机爆发前的水平，东亚国家普遍存在的国内储蓄高于国内投资的现象决定了这些国家均出现了显著的经常账户顺差。虽然一些东亚国家在危机后采取了弹性更强的汇率制度，但是鉴于出口拉动经济的重要性，几乎所有东亚国家都逐渐回归到事实上盯住美元的汇率制度上来。由于本币相对于美元的汇率不能充分调整，因此东亚国家的经常账户顺差就转化为不断上升的外汇储备。

从图1-12中可以看出，在1997年金融危机爆发之前，整

---

① 全球流动性过剩的一大表现就是日元套利交易的兴起。在日本的外国银行的短期借贷从2004年7月的2900亿日元上升到2007年3月的95000亿日元（约800亿美元），外国银行短期借贷在总借贷中的比例从2.7%上升到42.9%（Becker，2007）。

个东亚地区在 1992 年至 1996 年存在经常账户赤字，外汇储备存量在该时期内也保持在很低的水平。从 1998 年开始，东亚地区的经常账户顺差和外汇储备存量水平都出现大幅增长。

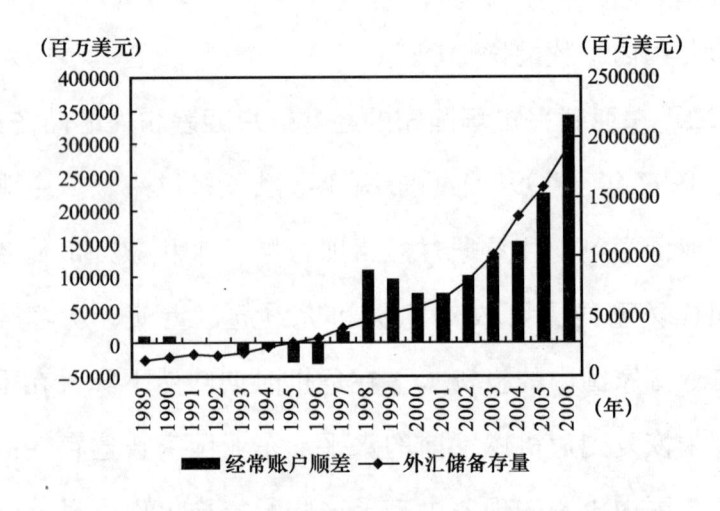

图 1-12 东亚国家整体的经常账户顺差和外汇储备存量

说明：东亚国家群体选取了中国、韩国、中国香港、中国台湾、泰国、马来西亚、印度尼西亚 7 个国家和地区。其中中国香港两项指标的时间维度均为 1997 年至 2006 年，其他国家或地区指标的时间维度均为 1989 年至 2006 年。

资料来源：亚洲开发银行数据库。

对于实施事实上盯住美元汇率制的东亚国家而言，中央银行累积外汇储备的过程同时也是发放基础货币的过程。尽管中央银行可以通过提高法定准备率、发行短期票据、出售国债、实施货币互换的手段进行冲销，但是冲销由于以下原因将变得越来越缺乏效力：第一，央行缺乏足够的冲销工具；第二，冲销将会推高国内利率,引致更多的资本流入;第三,冲销的成本越来越高;第四,冲销对缓解一国由外汇储备累积所导致的通货膨胀压力可能不够有效(Morgan,2007)。此外,Morgan(2007)还发现,东亚国家的冲销政策尽管在国别水平上是有效的,但是在地区整体上是无效的。因此,东亚国家外汇储备的累积正在导致基础货币激增。如表1-1所示,除中国香港外,其他主要东亚国家或地区外汇储备存量与狭义货币存量的时间序列相关性均在0.9以上,存在显著的正相关。

表1-1　东亚国家或地区外汇储备存量与狭义货币存量的时间序列相关性:1989—2006年

国家或地区	中国	韩国	中国台湾	中国香港	泰国	马来西亚	印度尼西亚
相关系数	0.95	0.96	0.96	0.12	0.93	0.94	0.96

资料来源:原始数据来自亚洲开发银行数据库资料,狭义货币指标选取M1。

(三) 从流动性过剩的传导方式解读当前国际收支失衡

全球流动性过剩是与全球国际收支失衡紧密联系在一起的。当前的全球国际收支失衡主要表现为美国持续的经常账户赤字,以及东亚国家和石油输出国持续的经常账户盈余。Dooley等(2003)将当前的全球国际收支失衡视为一种新的稳定性的国际货币体系,并将之成为复苏的布雷顿森林体系(the

Revived Bretton Woods System)。他们的逻辑是，东亚国家通过出口导向成功地实现了工业化，这是一种成功的发展战略。在该战略的指引下，东亚国家通过盯住汇率制或者频繁干预的管理浮动汇率制保持本币对美元的低估，从而促进产品出口并通过出口拉动经济增长。为了保证美国能够长期保持经常账户赤字并维持国内市场开放，东亚国家源源不断地通过购买美国国债的方式为美国的经常账户赤字融资。在这种体系下，中心国美国得到的好处是能够以低利率为经常账户赤字和财政赤字融资，保证本国居民的高消费；处于外围的东亚国家得到的好处是能够长期通过出口来拉动经济增长和解决就业问题。东亚国家从稳定和低估的汇率水平中获得的收益远远超出外汇储备积累带来的成本。因此，当前的国际收支失衡格局符合中心国家和外围国家的长期利益，因此是富有效率而且能够长期维持的。

"复苏的布雷顿森林体系"一经提出便招致猛烈的批评。Roubini 和 Setser（2005）认为，由于当前的体系对中心货币没有任何约束，缺乏一种在成员国之间分担国际收支调整成本的制度化机制，加上国别货币长期充当中心货币的时代已经一去不复返，因此当前的国际收支失衡只能维持两年左右的时间，到 2007 年左右将会发生剧烈调整。Goldstein 和 Lardy（2005）认为，"复苏的布雷顿森林体系"甚至不是对当前国际收支失衡的准确描述，它高估了中美双边汇率对中国出口和就业的影响，低估了东亚国家对外汇储备进行对冲的成本，也低估了美国国内贸易保护主义对持续的经常账户赤字的不满情绪，因此，该体系既不能解释过去也不能预测未来。

我们认为，从全球流动性过剩的传导方式来解读当前的国际收支失衡，可以为我们提供一种观察当前国际货币体系的新视角。根据全球流动性的传导方式，我们可以将之划分为位于中心的美国与日本，以及位于外围的东亚国家和石油输出国。中心国家产生并释放流动性，而外围国家吸收流动性，同时将一部分流动性重新注入中心国家。

美国释放流动性的渠道主要是经常账户赤字，在存在经常账户赤字的情况下，为了支付外国商品和服务的净流入，源源不断的美元从美国注入经常账户顺差国。日本释放流动性的渠道主要是日元套利交易，由于日本国内的短期利率接近于零，很多国际机构投资者就从日本银行以很低成本借出日元，兑换成其他货币后，转而投入到高收益的新兴国家资本市场或者美国资本市场。通过持有大量的短期日元债权，日本银行系统向全球市场注入了大量的流动性。

东亚国家和石油输出国通过经常账户顺差获得了大量美元。如果这些美元由企业和居民所持有，那么不会对国内流动性造成显著影响；如果这些美元形成中央银行的外汇储备，由于外汇储备的累积过程就是基础货币的投放过程，只要冲销不完全，那么美元的这种用途将会造成顺差国国内流动性增加。

与东亚国家相比,石油输出国通过经常账户顺差获得的美元中,形成央行外汇储备的比例相对更低一些,这也是为什么东亚国家的流动性过剩程度普遍高于石油输出国的原因。此外,外汇储备并不是以货币的方式持有的,东亚国家和石油输出国的外汇储备,均以很大比例投资于美元计价的美国金融资产。因此,美国通过经常账户赤字输出美元的一部分,又通过出口金融资产的方式重新回流到美国国内。

此外,余永定(2007)指出,过剩流动性在不同国家之间的传递也可以用政策的溢出效应来解释。例如,在浮动汇率制下,一国的扩张性货币政策将会导致该国利息率下降、资本外流、汇率贬值和出口增加。面对该国扩张性货币政策的不利影响,其贸易对象国将采取扩张性货币政策加以对应。这样,一国的流动性过剩导致了另一国流动性过剩的发生。

综上所述,美国通过经常账户赤字向全球注入流动性,日本通过日元套利交易向全球注入流动性,而东亚国家通过经常账户盈余和外汇储备累积吸收了全球流动性。此外,美国和日本的宽松货币政策也通过溢出效应导致东亚国家实施宽松的货币政策。如果说流动性过剩将会导致资产泡沫或通货膨胀等不利影响,那么美国和日本就通过释放流动性让其他国家共同分担了国内政策调整的成本,东亚国家和石油输出国通过吸收流动性承担了美日等中心国家国内政策调整的成本。这正是当前国际收支失衡背景下国际流动性传导的本质。

第一章 全球国际收支失衡在次贷危机爆发前的表征：流动性过剩

◇◇ 四 流动性过剩的风险含义

根据货币数量方程式，流动性过剩是指货币供应量的增长超过了名义产出的增长。因此，流动性过剩必然意味着过多的货币追逐相对有限的产品或资产，而这必然会导致产品或资产价格的迅速上升。流动性追逐产品（包括原材料、中间产品和最终产品）将会导致通货膨胀，流动性追逐资产将会导致资产价格泡沫。只要存在显著的流动性过剩，那么通货膨胀和资产价格泡沫就必居其一。从2000年以后的全球经济基本面来看，迄今为止尚未发生严重的通货膨胀，但全球资本市场均出现了不同程度的资产价格泡沫，这体现为全球股票价格上升、长期无风险利率走低、新兴市场国家主权债和企业债的息差收窄，以及全球房地产市场的价格上升。因此，我们首先分析流动性过剩与资产价格泡沫之间的关系，其次探讨流动性过剩与潜在通货膨胀的关系，最后探询流动性过剩发生逆转的可能性。

（一）流动性过剩与资产价格泡沫

奥地利学派最早界定了低利率与资产价格泡沫之间的关系。如果市场贷款利率低于自然利息率，[①]那么在过去不能获得

[①] 奥地利学派将自然利息率定义为能够在长期内维持整体价格稳定的利率水平。

融资的边际性投资项目将能够获得融资,这意味着银行信贷开始膨胀,进而导致投资膨胀和资产价格泡沫。然而一段时间之后,这些边际性投资项目将被证明是缺乏效率的,产能过剩将会导致严重和持久的经济衰退以及资产价格下跌。

从理论上将流动性过剩与资产价格泡沫联系起来的是货币主义的资产结构平衡理论。该理论认为,流动性(货币)也是一种资产,流动性过剩将会导致流动性资产相对于非流动性资产(例如股票和房地产)在金融机构总资产中的比重上升,而这将导致相对价格的重新调整,即流动性资产的价格(利率)下降,非流动性资产的价格上升,金融机构将用持有的流动性去购买非流动性资产,最终完成资产组合的重新配置。

Illing(2001)认为,资产价格泡沫是中央银行针对危机的非对称反应函数所导致的。一旦爆发金融危机,中央银行将会迅速地提供流动性支持。但是在危机结束后,中央银行往往不能及时从市场中抽回流动性,从而推动新一轮的资产价格上涨。回顾美联储在互联网泡沫破灭之后的降息和加息节奏,我们能够明显地发现其反应函数的非对称特征。

更多的文献则是从金融机构经营的微观层面来探讨流动性过剩和资产价格泡沫之间的相互关系。例如 Rajan(2006)指出,低利率和流动性过剩将会增强基金经理的风险偏好(risk shifting),从而增强资产价格泡沫和金融不稳定性。当中央银行提供的流动性非常充足时,对于基金经理而言,平衡投资于非流动性资产和流动性资产的投资策略很可能难以实现合同规定的收益率,他们将不得不集中投资于流动性更低和风险更高的资产,从而推动资产价格上涨。

反过来,资产价格上涨也会进一步强化流动性过剩。Herring 和 Wachter(2003)指出,房地产价格上升可以通过两种渠道来推动银行信贷扩张。第一,房地产价格上升提高了银行自有资产价值以及房地产抵押物的价值,促使银行提供更多的房地产抵押贷款;第二,在房地产繁荣时期,由于来自风险短视银行的竞争越来越激烈,那些原本谨慎的银行也不得不接受更加宽松的贷款标准,否则其市场份额就可能大幅缩水。Adrian 和 Shin(2006)认为,大多数商业银行都会追求负债与净资产之间保持一个稳定的比率(目标财务杠杆比率)。资产价格上升将会导致银行的净资产价值提高,因此商业银行将会提高其负债水平,追求更多的借款并用这些借款购买更多的资产。在资本市场繁荣时期,追求目标财务杠杆比率的银行对资产的需求曲线是向右上方倾斜的,即资产价格上升将会导致银行对资产需求量的上升。

从实证分析来看,流动性过剩和资产价格泡沫之间的确存在显著的相关性。Adalid 和 Detken(2005)证明,对 18 个 OECD 国家而言,自 20 世纪 70 年代以来,在流动性过剩和总资产价格方面存在紧密的联系,即使考虑了货币和信贷的内生性之后也是如此。

从全球主要发达国家的股票市场指数来看（图 1-13），这些国家的股票指数在互联网泡沫最为膨胀的 2000 年达到峰值，当互联网破灭后，全球股票指数在 2001 年至 2002 年间一路下滑。受经济复苏和美联储连续下调基准利率的影响，各主要发达国家的股票指数从 2003 年开始转跌为升。截至 2007 年第二季度，美国、加拿大和日本的股票指数均显著超过 2000 年的峰值水平，欧元区国家和英国的股票指数也接近或达到该水平。

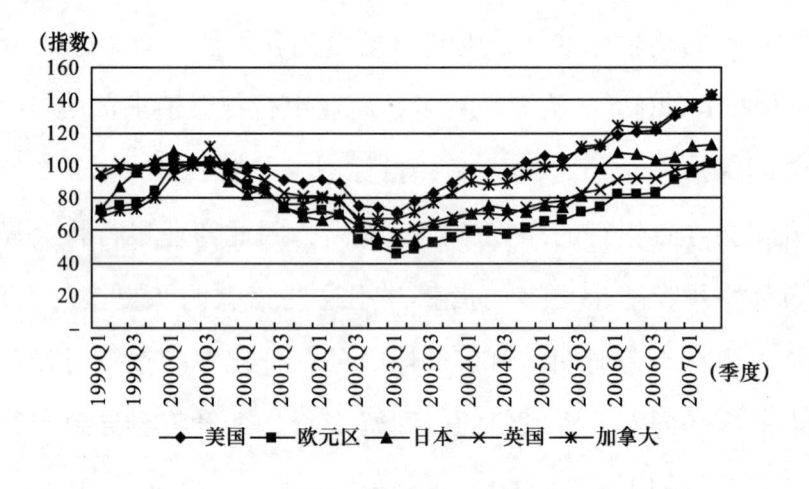

图 1-13 发达国家的股票市场指数

说明：假定基期为 2000 年，基期指数值为 100。

资料来源：OECD 数据库。

从发展中大国的股票市场指数来看（图 1-14），俄罗斯的股票指数上升势头最为明显，从 2001 年第四季度到 2007 年第二季度，股票指数上升了725%。巴西和印度的股票指数从2004年开始显著增长，而中国的股票指数在经历了连续5年的阴跌后，从2006年起加速上升。

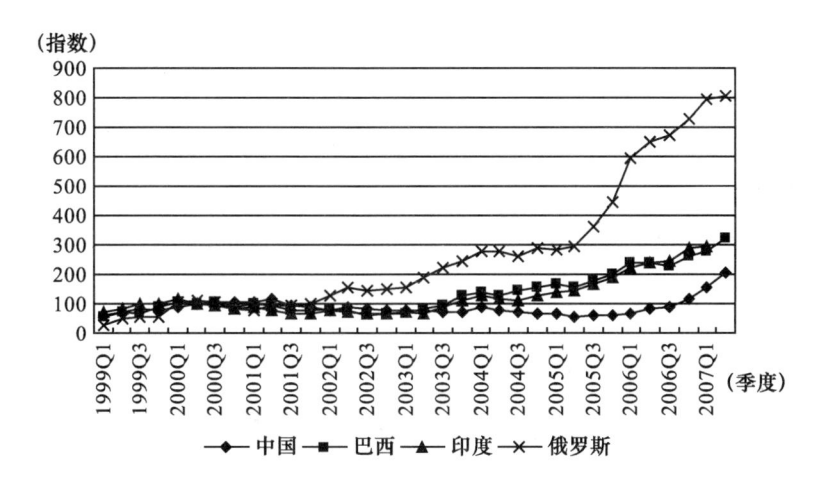

图 1-14 "金砖四国"的股票市场指数

说明：假定基期为2000年，基期指数值为100。

资料来源：OECD数据库。

由此可得出的结论是，从2003年起到现在，全球股票价格上涨和全球流动性过剩密切交织在一起，两者具有较强的相关性。

（二）流动性过剩与潜在通货膨胀

自20世纪70年代之后，全球主要发达国家就没有发生过严重的通货膨胀。经济增长与通货膨胀之间存在正相关的菲利普斯曲线似乎消失了。很多国家都出现了高增长与低通胀的黄金组合。对此现象的一个主流解释是,来自发展中国家的最终产品在全球市场上的份额越来越大,由于发展中国家的劳动力成本非常低廉,从而压低了全球市场上的制成品价格;另一个主流解释是,随着越来越多的中央银行开始实施通货膨胀目标制,这种稳定的货币政策规则的普及标志着全球经济已经进入低通胀时代。但是这是否意味着通货膨胀的阴影彻底远离我们了呢?

答案并非如此。其一,制成品的价格是由能源和初级产品价格、劳动力成本、资金成本共同决定的。从目前来看,全球能源和初级产品价格已经进入一个漫长的上升周期,产业链上游的价格上涨最终必然会传递到制成品价格上来。尽管目前全球流动性过剩的局面决定资金成本相对低廉,但是流动性过剩的局面未必能够长期维持,正如本次美国次级债危机所反映的那样,突发事件甚至可能造成全球流动性过剩在旦夕之间蜕变为信贷紧缩。因此,全球能源和初级产品市场趋紧以及资本成本的上升将会抵消低廉的劳动力成本。其二,通货膨胀目标制虽然是一种良好的货币政策规则,但是这种规则是否行之有效,要看中央银行是否能够持续履行其承诺。对于一个国家而言,尤其是一个发展中国家而言,有时候实施财政赤字政策或者征收通货膨胀税的诱惑是难以克制的。而一旦这种政策的动态不一致性为市场所预期,那么通货膨胀目标制就可能土崩瓦解。

我们认为，尽管当前的流动性过剩尚未导致严重的通货膨胀，但这并非意味着通胀压力在未来不会显现出来。根据货币数量方程式，如果货币供应量增长持续超过名义GDP增量，在货币流通速度缺乏弹性的前提下，这必然会引起价格上涨。以中国为例，在国际收支双顺差和外汇储备激增导致基础货币供应旺盛的背景下，中国在2003—2004年、2004—2005年、2006—2007年先后经历了固定资产投资膨胀、房地产价格大幅上升和股票市场价格大幅上升的局面。政府先后对银行信贷、房地产市场和股票市场实施了宏观调控，但是宏观调控只能改变流动性的流向，而不能压缩流动性的规模。宏观调控使得流动性从信贷市场流入房地产市场，从房地产市场流入股票市场，那么下一个市场是否会是商品市场？从当前中国CPI指数的迅速上扬来看，流动性过剩造成中国全面通胀并不是没有可能。

在全球流动性过剩的大背景下，我们应该对潜在的通货膨胀压力保持警惕。

（三）流动性过剩的逆转

流动性过剩是指货币与信贷的过剩。因此，一旦中央银行大幅加息、大幅降低基础货币发行数量，或者商业银行大幅缩减贷款，就可能造成流动性过剩的逆转。由于当前绝大多数机构投资者都体现出杠杆经营的特征，贷款成本的提高或者贷款的提前偿还都意味着机构投资者被迫调整资产组合——即增加资产组合中流动性资产的比重,降低非流动性资产的比重,这必然导致资产价格迅速下降,引发资产价格泡沫的破灭。

最近爆发的美国次级债危机,就为流动性过剩突然发生逆转的风险提供了一个完美的案例。在2001年至2005年的房地产市场繁荣时期,美国房地产金融机构纷纷为原本不够抵押贷款条件的申请人提供了住房抵押贷款,即次级抵押贷款(Subprime Loan)。截至2006年,次级抵押贷款的规模已经占到美国抵押贷款市场总规模的20%。[①]为了迅速回笼贷款资金,房地产金融机构通过向机构投资者发行MBS和CDO的方式,对其发放的次级债实施了证券化。而在房地产市场繁荣时期,持有次级债证券是风险较低和收益较高的投资选择。全球的商业银行、保险公司、养老基金、共同基金、投资银行和对冲基金均大量持有美国的次级债证券产品。

美联储从2004年6月开始重新进入加息周期,在短短两年间连续17次上调联邦基金利率,这造成美国房地产市场进入下行周期。贷款利率的上升以及房地产价值的下降,造成美国次级债违约率飙升,次级债证券产品的价值大幅缩水,进而引发全球金融市场对所有固定收益产品实施风险重估和价值重估。对于商业银行而言,一方面自身持有的次级债证券价值缩

---

① 以上数据引自 http://money.cnn.com/2007/02/28/magazines/fortune/subprime.fortune/index.htm。

水,另一方面作为对冲基金申请贷款抵押品的次级债证券价值缩水,造成商业银行的表内和表外均出现严重亏损,账面亏损使得商业银行不得不收缩贷款以提高自身流动性。而商业银行提前回收贷款以及提高贷款标准的行为,导致市场上原本充裕的流动性在旦夕之间演变为信贷紧缩(Credit Crunch)。

尽管发达国家中央银行在 2007 年 8 月 10 日和 11 日短短两天间就联手注入 3262 亿美元的流动性救市,但是全球资本市场的形势依然严峻:房地产金融机构和对冲基金纷纷申请破产或解散、商业银行和各类基金爆出严重亏损、全球股市应声而跌哀鸿遍野。即使本次美国次级债危机能够因为美联储及时降息而避免升级为全球性金融危机,它也已经强有力地向世人昭示,流动性过剩的局面是非常不稳定的,一旦突发性事件造成金融机构普遍亏损或者市场心理发生动荡,那么流动性过剩将会迅速发生逆转,从而引发资产价格泡沫的破灭甚至严重的金融危机。

◇◇ 五　结论

用货币或信贷与名义 GDP 比率的指标来测量流动性过剩,我们发现,在美国和日本等发达国家,中国台湾、中国香港、中国、韩国、马来西亚等新兴市场国家或地区,均存在一定程度的流动性过剩。

流动性过剩的根源在于，受本国经济金融周期影响，发达国家实施了宽松的货币政策；在实施出口导向政策和事实上盯住美元汇率制度的前提下，东亚新兴市场国家在累积外汇储备的同时发放了大量的基础货币。如果从流动性传导的角度来解读当前的国际收支失衡，我们发现，美国通过经常账户赤字输出了大量的流动性、日本通过日元套利交易输出了大量的流动性，而东亚新兴市场国家通过经常账户顺差和资本流入吸纳了大量的流动性。这意味着东亚新兴国家帮助美国、日本等发达国家分担了国内政策调整的压力。

流动性过剩目前已经造成全球范围内的资产价格泡沫。随着流动性的进一步累积，造成全面通货膨胀的可能性不断上升。近期爆发的美国次级债危机生动地说明，一旦流动性过剩突然发生逆转，将会给世界经济和全球金融体系造成破坏性极强的冲击。

第二章

全球国际收支失衡:调整路径与潜在影响[*]

本章摘要 国际收支失衡是 21 世纪初期全球宏观经济的重要特征。从一般均衡的视角出发,当前国际收支失衡是由美国的投资储蓄缺口以及东亚国家和石油输出国的储蓄过剩共同导致的;从经常账户赤字将导致一国净对外债务上升的视角出发,当前的国际收支失衡是不能持续的。国际收支失衡的调整路径主要有政策协调主导和金融市场主导两种,而后者具有很强的破坏性。情景分析的结果显示,各国主动实施国内政策调整,并就调整成本达成实质性的分担协议,对中国经济和世界经济而言都是最优选择。

◇ 一 引言

近年来,世界经济的一大显著特征是全球国际收支失衡。

[*] 本章内容发表于《世界经济与政治》2007 年第 7 期。

全球国际收支失衡集中表现为美国的经常账户赤字、亚洲发展中国家（尤其是中国）和石油输出国的经常账户盈余。以2006年为例，美国的经常账户赤字金额为8567亿美元，占国内生产总值（GDP）比率为6.5%；亚洲发展中国家的经常账户盈余金额为2531亿美元（中国为2385亿美元），占GDP比率为5.4%（中国为9.1%）；中东国家的经常账户盈余金额为2124亿美元，占GDP比率为18.1%（IMF，2007a）。

从经常账户余额的相对水平来看，经常账户失衡按严重程度排序分别为中东国家、中国、美国、亚洲其他发展中国家、日本和欧元区国家（图2-1）。中东国家的经常账户盈余从2002年开始迅速上升，这应该归因于全球原油价格从2001年以来的一路飙升。在三大发达经济体中，美国存在显著的经常账户赤字，日本存在显著的经常账户盈余，欧元区的经常账户基本保持平衡。[①]

从经常账户余额的绝对水平来看，经常账户失衡按严重程度排序分别为美国、石油输出国、其他发达国家、中国和其他发展中国家。美国的经常账户赤字接近全球GDP的1.8%，美

---

① 值得指出的是，虽然欧元区从总体上保持着经常账户平衡，但是欧元区内很多国家的经常账户也存在严重失衡。例如，德国、荷兰、芬兰和卢森堡存在显著的经常账户盈余，而西班牙、希腊和葡萄牙则存在显著的经常账户赤字。考虑到中东欧国家目前存在显著的经常账户赤字（2005年占GDP的-5.2%），如果欧元区继续扩大，那么欧元区的经常账户失衡将会更加明显。

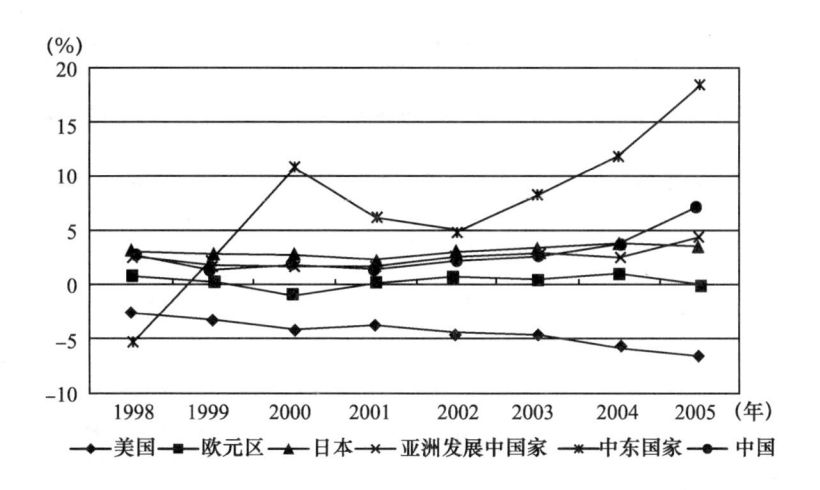

```
(%)
20
15
10
 5
 0
-5
-10
    1998  1999  2000  2001  2002  2003  2004  2005 (年)
   ◆ 美国 ─■─ 欧元区 ─▲─ 日本 ─ 亚洲发展中国家 ─✳─ 中东国家 ─●─ 中国
```

图 2-1　全球失衡的分布状况

资料来源：IMF, "World Economic and Financial Survey", *World Economic Outlook Database*, April 2007 edition, http://www.imf.org/external/pubs/ft/weo/2007/01/data/index.aspx。

国的经常账户赤字占全球经常账户盈余的 75% 以上（Obstfeld 和 Rogoff, 2005）。石油输出国的经常账户盈余接近全球 GDP 的 1%。中国的经常账户盈余接近全球 GDP 的 0.3%。可以看出，无论是相对水平还是绝对水平，中国的经常账户失衡程度都远低于石油输出国。很多研究和舆论都有意无意地夸大了中国在全球国际收支失衡中扮演的角色。

关于当前全球国际收支失衡的成因，目前有两种观点比较流行。

一种观点认为，美国国内的储蓄率下降和投资率上升导致了美国的经常账户赤字。美国人口结构的老龄化、20 世纪 90 年代近 10 年的经济增长导致居民对未来收入的预期提高以及近年来美国房地产市场繁荣带来的财富效应,共同导致了美国居民储蓄率的下降。自从布什政府上台以来,政府预算迅速从盈余转变为赤字,导致美国政府储蓄率的下降。20世纪90年代后期美国的新经济和信息技术(IT)泡沫导致美国国内投资率上扬,从而导致作为储蓄投资差额的经常账户赤字不断扩大(Freund,2000)。

另一种观点认为,东亚国家和石油输出国的储蓄过剩(saving glut)导致了美国的经常账户赤字。东亚国家向来具有很高的居民储蓄率,在1997年东南亚金融危机之前,东亚国家的投资率更高,从而整体上存在经常账户赤字。但在东南亚金融危机之后,东亚国家(除中国外)的投资率迅速下降,至今尚未恢复到金融危机前的水平。而且这一期间东亚国家的政府储蓄率也显著上升。以上因素导致东亚国家的国内储蓄大于国内投资。东亚国家的过剩储蓄主要流向了美国,压低了美国的长期利率,推动了美国房地产市场的繁荣,房价上涨的财富效应带动了美国居民的消费,从而降低了美国的居民储蓄率;低水平的利率同时也给政府带来了为财政赤字进行低成本融资的机会,从而降低了政府储蓄率;美国国内总储蓄率的降低造成了经常账户赤字(Bernanke,2005)。

事实上,国际收支失衡是一般均衡现象(Richard,2006)。一个国家的经常账户赤字总是对应着另一个国家的经常账户盈余,因此更加准确的说法是,美国的储蓄不足以及东亚和石油输出国的储蓄过剩共同导致了当前的全球国际收支失衡（施建淮，2005）。

本章重点探讨全球国际收支失衡的调整及该调整对中国经济的影响。本章剩余部分的结构如下：第二部分讨论当前的国际收支失衡是否可持续；第三部分剖析全球国际收支失衡的可能调整路径；第四部分解读各种调整路径对中国经济的影响；第五部分为结论。

◇二 当前的国际收支失衡不可持续

尽管目前国际经济学界对当前的国际收支失衡是否可持续存在不同看法，但大多数经济学家认为这是不可持续的。首先，对工业化国家的经验研究发现，工业化国家的经常账户赤字一般达到GDP的5%之后就会发生逆转，1980—2003年，这样的经常账户逆转发生了26次（Freund和Frank，2005）。一般而言，经常账户赤字的持续期为8年，而当前美国的经常账户赤字已经持续了15年。其次，符合经济学逻辑的理想状况是，具有更高增长潜力（资本边际回报率）的亚洲国家应该是资本输入国，因此，当前的国际收支失衡反映了全球范围内资源的扭曲配置（Taniuchi，2005）。再次，外汇储备的积累已经给东亚国家带来了高昂的机会成本、巨大的汇率风险和持续的冲销压力。东亚国家没有义务也肯定不会持续为美国的经常账户赤字提供融资。最后，历史经验表明，美元高估和巨额贸易赤字将会导致美国国内的贸易保护主义压力升温。

然而，对于美国这样一个大国和中心国家而言，工业化国家的普遍经验对于预测经常账户赤字的可持续性没有很强的说服力。因此，经济学家喜欢用经常账户赤字与净国际投资头寸（Net International Investment Position，NIIP）的关系来论证经常账户的不可持续性。NIIP是指一国对外投资总资产与对外投资总负债之差，显然美国的NIIP为负。从图2-2中可以看出，经常项目赤字和净国际负债占GDP的比率存在显著的正相关关系。

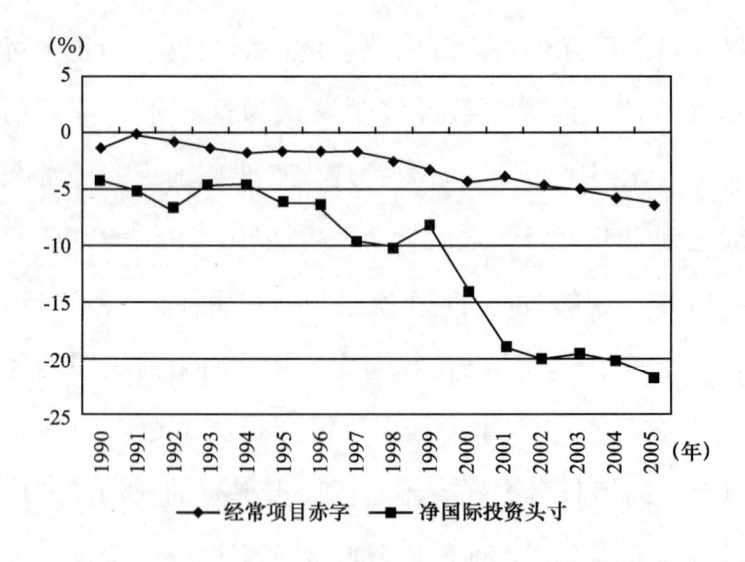

图2-2 美国经常项目赤字与净国际投资头寸的演进

资料来源：笔者根据美国商务部经济分析局网站上的International Economic Accounts数据库中的数据绘制而成，http://www.bea.gov/。

经常账户比率与净国际投资头寸之间的关系可以表述为两种。

第一种关系为：

$$niip = \frac{ca}{g} \quad (2.1)$$

其中 $niip$ 为净国际投资头寸与 GDP 的比率，ca 为经常账户余额与 GDP 的比率，g 为名义 GDP 增长率（Cline，2005）。公式（2.1）的含义是净国际投资头寸与 GDP 的比率将会稳定在经常项目余额与 GDP 的比率除以名义 GDP 的长期增长速度。假定当前美国经常账户赤字占 GDP 的比率为 6%，美国实际 GDP 长期增长速度为 3.5%，长期通货膨胀率为 2.5%，那么美国净国际负债占 GDP 的比率将会稳定在 100%（Mussa，2005）。对于美国而言，如此之高的净国际负债是不可能实现的（Edwards，2005）。这就意味着当前 6% 的经常账户赤字水平是不可持续的。

第二种关系为：

$$ca = niip \times (\tilde{g} - \tilde{r}) \quad (2.2)$$

其中 $\tilde{g}$ 为实际 GDP 增长率，$\tilde{r}$ 为实际利率（施建淮，2005）。假定当前美国经常账户赤字占 GDP 的比率为 6%，美国实际 GDP 长期增长速度为 3.5%，长期通货膨胀率为 2.5%，1 年期国债利率为 4%，那么美国净国际负债占 GDP 的比率将会稳定在 300%。这也意味着当前的经常账户赤字水平是不可持续的。

如果我们事先设定一个对美国而言能够容忍的净国际负债水平,那么也可以反过来计算能够容忍的经常账户赤字水平。克莱恩(William R. Cline)指出,为了避免危机发生,美国净国际负债占 GDP 的比率最好不要超过 50%。[①] 以这一比率为参照,那么根据第一种方法计算的美国可持续的经常账户赤字占 GDP 的比重为 3%,根据第二种方法计算的美国可持续的经常账户赤字占 GDP 的比重为 1%。我们认为,占 GDP 的 3% 可能是长期内具有可持续性的美国经常账户赤字水平。

三 全球国际收支失衡调整的路径选择

当前的国际收支失衡是不可持续的,这一格局必然会进行调整,[②] 只是调整时机和调整方式目前不确定而已。

在讨论调整的路径之前,有必要先分析调整的后果。一般

[①] 澳大利亚和新西兰有着更高的净国际负债率(分别占 GDP 的 60% 和 80%),但是这两个经济体与世界资本市场相比规模有限。发展中国家一般在净国际负债达到 GDP 的 40% 时就会发生问题,但是由于美国的负债大部分是由美元计值的,因此发生问题的上限会更高。参见 Cline, W. R., "The Case for a New Plaza Agreement", Policy Briefs in International Economics, No. PB05 – 4, Institute for International Economics, 2005, p. 1。

[②] 当前,美国经常账户赤字占 GDP 的比率达到 6.5% 并有继续上升的趋势,而根据前文计算可持续的美国经常账户赤字占 GDP 比率应该不超过 3%。这意味着当前的全球国际收支失衡必然会进行调整。

而言，经常账户赤字调整时将会发生 GDP 增长率下降和实际汇率贬值（Freund，2000）。事实上 GDP 增长率下降和实际汇率贬值在一定程度上是可以相互替代的两种调整方式。例如，新兴市场国家的经常账户调整与发达国家相比，前者并不伴随着 GDP 增长率的显著下降，但是实际汇率贬值的幅度更大。反之，如果一国的实际汇率贬值受到限制，那么该国的 GDP 增长率就需要下降得更多，以完成经常账户赤字调整（Freund 和 Frank，2005）。

经常账户赤字调整的强度与以下因素有关：第一，更大规模的赤字需要更长的时间进行调整，而且在调整期内伴随着相对更慢的 GDP 增长，但是在赤字规模和实际汇率贬值程度之间没有明显的相关性。第二，经验数据显示，持续时间较长的逆差并不一定导致调整强度的加大，具有持续逆差的经常账户调整并不必然伴随着更慢的 GDP 增长和更大幅度的实际汇率贬值。第三，一国通过经常账户赤字融通的资金的用途将会影响调整强度。如果经常账户赤字是为生产性投资（特别是出口部门的生产性投资）融资的，那么 GDP 增长率下降的程度和实际汇率贬值的程度都比较轻。如果经常账户赤字是为消费或者房地产投资融资的，那么这意味着更大程度的衰退和贬值。很明显，美国当前的经常账户赤字属于后者（Freund 和 Frank，2005）。第四，美国净国际投资头寸的一个显著特征是，美国持有的外国总资产超过 70% 是以外币计值的，而美国的外国总负债大约95%是以美元计值的。这就意味着一旦美元贬值，美国的净外国总负债将会下降。货币贬值对净国际投资头寸的影响被称为估值效应（valuation effect）。估值效应的存在将会降低经常账户赤字调整的强度，因为美元贬值使得美国把调整负担部分转移给持有美元资产的国家（Edwards，2005）。

阿希尔尼（Alan Ahearne）认为，全球国际收支失衡调整主要有两条路径：一是主要国家通过政策协调实施主动调整；二是听任全球失衡发展下去，由金融市场情绪变化触发被动调整。前一条路径是渐进式和非破坏性的调整，而后一条路径是爆发性和破坏性的调整（Ahearne等，2007）。

从主要国家通过政策协调进行积极调整来看，应该从经济基本面和实际汇率两个层面实施政策协调。

首先，从国民经济核算来看，经常账户赤字无非是国内投资与国内储蓄之差。为了缩小经常账户赤字，赤字国一方面应当提高私人部门储蓄率，另一方面应该通过紧缩性财政政策来压缩财政赤字。为了缩小经常账户盈余，盈余国应该通过扩张性财政货币政策来扩大居民消费，并取消政府鼓励出口的结构性政策。

其次，在进出口贸易弹性较为显著的情况下，通过本币贬值来改善贸易状况是比较有效的。此外，过去40年来发达经济体和新兴市场经济体经常账户逆转（current account reversal）的历史经验表明，实际汇率变动在缓解经常账户变动对GDP增长率产生的冲击方面，发挥着重要作用。国际货币基金组织（IMF）将历史上发生的经常账户赤字逆转分为两类：扩张性逆转（expansionary reversal）和收缩性逆转（contractionary reversal）。在扩张性逆转中，赤字国货币的实际汇率往往大幅贬值（中数贬值幅度为18%），由于这有助于消除本币高估和促进出口增长，GDP增长率一般不会下降，有时甚至不降反升（中数 GDP 增长率变动为 0.75%）。在收缩性逆转中，赤字国货币的实际汇率贬值幅度较为温和（中数贬值幅度为8%），但相应的代价却是 GDP 增长率显著下降（中数 GDP 增长率变动为 -3.5%）（IMF，2007a）。因此，经常账户赤字国在进行调整时，一方面应该采取紧缩性政策来抑制消费扩大储蓄，另一方面应该实施货币贬值来抵消紧缩性政策对 GDP 的负面冲击。表 2-1 列举了最近一些研究成果的结论，即为了在中期内将美国经常账户赤字降低到占 GDP 的 3% 水平上，主要货币实际汇率应该贬值或升值的幅度。

如果全球主要国家对当前国际收支失衡的状况听之任之，从而将失衡调整的主动权交给金融市场来完成，那么后果是相当危险的。全球金融市场上的外国投资者之所以愿意持有年收益率仅有 4%—5% 的美国国债，是因为这些投资者对美国经济和美元汇率仍然有信心。但是根据 IMF 的中期预测，如果美国的经常账户赤字持续累积下去，美国的净国际投资头寸将从 2006 年占全球 GDP 的 8%（占美国 GDP 的 26%）上升到 2011

表 2-1　为恢复国际收支平衡所需要的主要货币实际有效汇率变动幅度

单位：%

作　者	美元	日元	人民币	欧元
马丁·伯尼（Martin Baily）	-15— -20	n.e.	n.e.	n.e.
雷·巴瑞尔、道恩·霍兰德和伊恩·赫斯特（Ray Barrell, Dawn Holland and Ian Hurst）	-11— -19	+10— +14	+3— +7	-3— +6
威廉姆·克莱恩（William R. Cline）	-18	+8—+18	+9—+24	0
托马斯·斯托普勒和莫尼卡·富恩特斯（Thomas Stopler and Monica Fuentes）	-16	+18	+5	+2
罗纳德·麦克唐纳德和普瑞赛克·迪亚斯（Ronald MacDonald and Preethike Dias）	-11	+6	+27	0
克利斯托弗·埃赛格（Christopher Erceg）	-8—-25	n.e.	n.e.	n.e.

资料来源：Ahearne, A., et al., "Global Imbalances: Time for Action", Policy Brief, No. PB07-4, Peterson Institute for International Economics, 2007。

年占全球 GDP 的 15%（占美国 GDP 的 51%）（Ahearne 等，2007）。外国投资者届时是否愿意继续投资于美元资产，存在很大疑问。因此在某个时点开始，外国投资者将对投资于美元资产要求更高的收益率，否则就会抛售美元资产。这将造成美国国内长期利率上升，从而给经济发展前景和房地产市场蒙上阴影。市场的短期抛压将会造成美元大幅贬值和国际短期资本流动加剧，很可能引发全球范围内的货币金融危机。

◇◇ 四 全球国际收支失衡调整对中国经济的影响

如前所述,全球国际收支失衡调整主要有各国通过政策协调积极调整和金融市场情绪变动触发消极调整两条路径。然而,即使各国实施政策协调来积极调整,调整成本的分担也有不同方式。例如,20世纪80年代中期各国达成《广场协议》来调整国际收支失衡,承担调整成本的主要是日本等顺差国,而作为赤字国的美国基本上没有承担任何调整成本。历史经验证明,这种由顺差国单方承担调整成本的做法,不但会对顺差国国内经济造成严重损害,而且会影响调整的最终效果。

因此,我们将未来全球国际收支失衡的可能调整路径分为三种:一是由金融市场来主导调整(即作为外国投资者的东亚国家来主动调整美元资产比例);二是顺差国在美国压力下实施集体升值,即达成新的广场协议;三是各国就成本分担机制达成实质性协议,从而主动实施国内政策调整。下面我们就各种可能调整路径对中国经济的影响进行分析。

情景分析一:东亚国家主动调整外汇储备中的美元比例,美元被迫大幅度贬值。

这对美国经济和全球经济而言都是最糟糕的一种情形。美国和其他国家没有就分担全球国际收支失衡调整的成本达成协议，双方均未进行积极调整，从而将调整的主导权交给金融市场。那么当东亚国家为美国的经常账户赤字融资累积到一定限度，从而对美国经济和美元的长期走势失去了信心之时，金融市场上外国投资者的预期和情绪发生变化，东亚国家必将开始迅速减持外汇储备资产中的美元资产。东亚国家集体减持美元资产将会造成全球市场上美元大幅贬值以及美国国债价值猛跌，这将导致美国国内的长期利率上升，尽管美联储可能控制联邦基金利率的上升。长期利率的上升将对美国的房地产市场和股票市场造成沉重打击，导致美国经济陷入一场重度衰退。美国经济的衰退意味着全球经济增长引擎的消失和全球进口需求的下降，从而引发全球经济的衰退。

上述情景将对中国经济产生如下影响：第一，东亚国家集体减持美元所导致的美元汇率下跌会使中国的外汇储备资产缩水。当前，中国的外汇储备资产已经超过1.2万亿美元，假设其中美元资产占70%，那么美元汇率贬值10%意味着中国将遭受超过840亿美元的资本损失。第二，由于中国实施了广泛的冲销政策，在中国人民银行的资产负债表上，资产方的外汇储备对应着负债方的央行票据，美元贬值造成的资产缩水可能会影响中央银行未来还本付息的能力，严重的话甚至会造成央行票据违约的情况。第三，美国经济的衰退意味着美国进口需求的下降，这将引发中国出口的萎缩，导致GDP增长速度的下降，更为严重的是，出口部门的减速将会加剧中国的就业压力。

情景分析二：在美国的压力下达成新广场协议，东亚国家货币集体升值。

美国作为当前全球经济和金融领域内的霸权国，可能以关闭国内市场等条件为要挟，逼迫东亚国家的货币相对于美元集体升值，从而达成新的广场协议。实施新广场协议对于解决全球国际收支失衡有如下好处：其一，这种集体行动可以解决东亚国家货币升值的囚徒困境。对于单个东亚国家而言，它们不愿意因为本币升值而影响贸易顺差，如果单独升值的话，对美国的贸易顺差将转移到其他国家。如果东亚国家实施集体升值，那么这些国家贸易加权汇率的升值幅度将会远远低于与美元双边汇率的升值幅度，对贸易余额的影响将降到最低程度。其二，这种制度化的协议为当事国提供了在外汇市场上进行协调干预的框架（Cline，2005）。

实施新广场协议的问题在于：首先，美国没有承担任何调整成本，而是将全球国际收支失衡的调整负担全部转嫁给东亚国家，这一点明显失于公平。其次，东亚地区目前还缺乏有效的货币合作和汇率协调机制，无论东亚国家集体升值的幅度是保持一致，还是根据各自低估程度进行升值，都会面临争论和非议。最后，汇率调整对于改善国际收支失衡而言只是治标之策，如果美国没有采取提高国民储蓄率的实质性措施，新广场协议的唯一后果无非是对美国不负责任的行为方式的又一次纵容。

此情景对中国经济的影响是：由于东亚国家货币集体升值，人民币升值并不会对中国的对外贸易产生显著影响。但是外力的介入将会打破人民币汇率既有的改革途径和升值节奏。如果美国不实施积极的国内调整，加入新广场协议并不能够在长期内从实质上改变当前国际收支失衡的格局。只要美国国内储蓄依然显著低于国内投资，那么美国依然要通过经常账户赤字来获得融资。换句话说，如果美国把全球失衡的调整压力转嫁给顺差国，而不实施积极的国内政策调整的话，那么国际收支失衡的格局不会根本扭转，唯一可能发生的改变无非是顺差国由东亚国家变为其他发展中国家。

情景分析三：各方就国际收支失衡的成本分担达成实质性协议，各方均主动实施国内政策调整。

前文分析表明，各国政策制定者不能坐等金融市场情绪变化来驱动全球失衡调整。近年来国际金融市场波动性的增强（例如2006年12月的泰国金融动荡）已经向我们昭示了市场突然进行调整的风险和破坏程度。然而，正如造成国际收支失衡的原因是多边的一样，一国的政策制定者也很难通过制定独立政策来解决问题。在不中断全球经济增长的前提下解决全球失衡问题，需要全球主要国家协调各自的国内政策。主要的政策协调应包括：第一，美国主动削减政府财政赤字以提高政府储蓄率，努力调整居民的支出结构以提高居民储蓄率。全球需求在美国和东亚国家之间的重新平衡是不可避免的。第二，东亚国家（尤其是中国）通过扩大政府的公共开支以降低政府储蓄率，通过扩大内需以降低居民储蓄率。东亚国家从增量开始对外汇储备中的美元资产进行缓慢减持，稳健可控地实施货币升值。日本和中国是东亚地区进行调整的重点，如果日本和中国不让本币相对于美元升值，那么其他国家是绝对不会放任本币升值的。第三，欧洲应加快自身的结构性改革，促使GDP以更高的速度增长并加深市场开放程度。各方主动承担相应的调整成本，对于美国经济和全球经济而言都是一件幸事。如果进展顺利且配合得当，全球国际收支格局有望在五年时间内恢复到更具可持续性的水平。

◇◇ 五　结论

上述情景分析对中国经济的启示是，中国政府可以将内部失衡的调整和外部失衡的调整结合起来。政府财政向公共财政的转型不但可以直接降低政府储蓄率，而且可以通过消除居民未来收入或支出的不确定性而降低居民储蓄率，国民储蓄率的下降将会直接增加当代中国人的福祉。人民币稳步升值一方面有利于改善中国贸易品部门和非贸易品部门失衡发展的格局，使资源得到更加有效的配置；另一方面，人民币升值有利于淡化目前愈演愈烈的国际贸易摩擦，为中国企业争取更加有利的出口环境。这种调整方式无论对于全球经济还是对于中国经济而言都是最优的,它能够使中国经济走上更具有可持续性的发展轨道。

第 三 章

全球经常账户再平衡：
美国和中国的角色*

本章摘要 全球金融危机后经常账户失衡的演进具有较强的不确定性，全球经常账户再平衡有赖于各主要失衡国的集体努力。内部失衡与外部失衡的交互作用提供了分析全球经常账户失衡的系统框架。从储蓄—投资缺口导致经常账户失衡的视角来看，美国持续的经常账户赤字可归因于私人部门储蓄率的下降，而中国持续的经常账户盈余可归因于政府与企业储蓄率的上升。从汇率失调与进出口管制导致经常账户失衡的视角来看，美国的经常账户赤字可归因于美元汇率高估与出口管制；中国的经常账户盈余可归因于人民币汇率低估与扭曲的出口退税制度。为实现全球经济再平衡，美国应提高私人部门储蓄率、避免财政赤字继续恶化、让美元适当贬值、促进高科技革

---

* 本章内容发表于《世界经济与政治》2010年第9期。

命、放松高科技产品出口限制、限制贸易保护主义政策等,中国应改变国民收入初次分配失衡、完善人民币汇率形成机制、加速要素价格市场化改革、取消扭曲性出口刺激政策等。

◇ 一 引言

自 2004 年以来,随着美国经常账户赤字占国内生产总值(GDP)的比率超过 5%,全球国际收支失衡(global imbalance)日益成为国际社会的热点话题。如图 3-1 所示,全球国际收支失衡一方面表现为在美国和中东欧国家中不断扩大的经常账户赤字,另一方面表现为在发展中的亚洲国家和石油输出国中不断扩大的经常账户盈余。[①] 尽管从整体来看,欧元区的国际收支基本平衡,但在欧元区内部同样存在显著的国际收支失衡。例如,2007 年,德国、荷兰的经常账户盈余占本国 GDP

---

① 事实上,全球国际收支失衡除了表现为经常账户失衡外,也表现为资本与金融账户失衡。本章之所以重点分析经常账户失衡,是基于如下事实:首先,对中国等新兴市场国家而言,主要是经常账户余额(而非资本与金融项目余额)主导了外汇储备增量的变化。例如,从 2009 年中国的国际收支平衡表来看,其经常项目顺差为 2971 亿美元,占外汇储备增量的 75%,资本与金融项目顺差为 1448 亿美元,占外汇储备增量的 37%,误差与遗漏为 -435 亿美元,占外汇储备增量的 -12%。换句话说,2009 年中国外汇储备变动的 3/4 可以用经常账户失衡来解释;另外,目前分析全球国际收支失衡的国际文献主要分析经常账户失衡。当然,笔者并不否认资本与金融账户失衡的重要性,中国外汇储备不断累积的症结恰好在于持续的经常账户顺差以及资本与金融账户顺差。但受到篇幅限制,本章主要分析经常账户失衡。

的比率分别为 7.6% 与 8.7%；而希腊、葡萄牙与西班牙的经常账户赤字占本国 GDP 的比率分别为 -14.4%、-9.4% 和 -10.0%。①

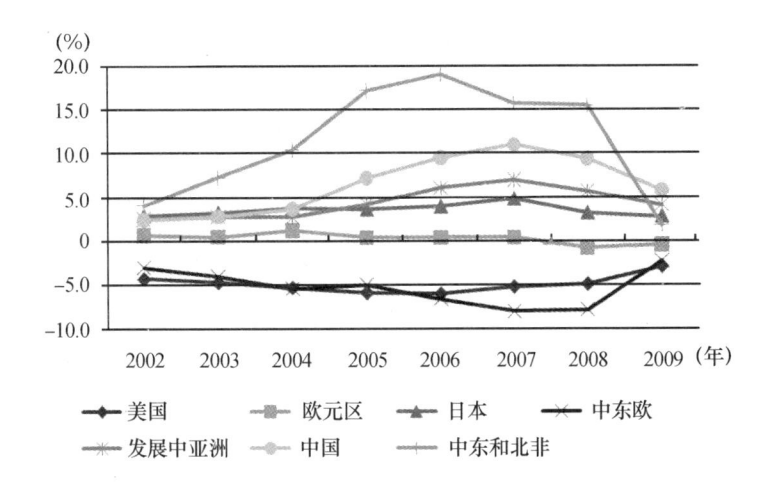

图 3-1 各国经常项目余额与本国 GDP 之比率的演进趋势

资料来源：参见国际货币基金组织《世界经济展望》，2010 年 4 月，http://www.imf.org/external/pubs/ft/weo/2010/01/pdf/tables.pdf。

全球经常账户失衡从 2004 年起开始不断恶化，在 2006—2007 年达到顶峰。2006 年，美国的经常账户赤字占其 GDP 的比率达到 6.0% 的峰值，石油输出国的经常账户盈余占其 GDP 的比率达到了 19.0% 的峰值。2007 年，中国、发展中亚洲国家与日本经常账

---

① 以上数据引自国际货币基金组织《世界经济展望》，2010 年 4 月，http://www.imf.org/external/pubs/ft/weo/2010/01/pdf/tables.pdf。

户盈余占其GDP的比率分别达到11.0%、7.0%与4.8%的峰值。随着2007年8月爆发的美国次贷危机在2008年9月演变为全球金融危机，世界经济增长明显减速，全球GDP增速由2007年的5.2%下降至2008年与2009年的3.0%与-0.6%。全球总需求的下降导致全球经常账户失衡显著改善。[①]如图3-1所示，截至2009年年底，美国与中东欧国家的经常账户赤字与GDP之比均降至3%以下，中国、日本、发展中亚洲国家与石油输出国的经常账户盈余与GDP之比均降至6%以下。

问题在于，全球金融危机之后的世界经济在恢复强劲增长态势之后，全球经常账户失衡是否会重新恶化？目前来看，全球经常账户失衡的演进具有很大的不确定性，这取决于各主要失衡国家是否能够进行持续的结构调整，其中包括经常账户赤字国压缩消费提高储蓄、经常账户盈余国刺激消费降低储蓄以及经常账户赤字国本币贬值、经常账户盈余国本币升值。历史经验显示，一国针对宏观经济失衡而采取的调整措施通常会招致国内特定利益集团的反对（例如压缩消费会让居民受损、本币升值会让出口集团受损），因而通常是痛苦和漫长的。一国内部针对调整措施的敌意可能迫使该国政府采取阻碍国际合作的政策，甚至酿成国际冲突（Frieden，2009）。

---

① 以上数据引自国际货币基金组织《世界经济展望》，2010年4月，http://www.imf.org/external/pubs/ft/weo/2010/01/pdf/tables.pdf。

因此，全球经济再平衡目标的实现有赖于主要失衡国家持续而富有诚意的国际合作。尽管中国的 GDP 在全球 GDP 中的比重远低于美国，但从经常账户失衡的绝对规模来看，2009 年中国经常账户顺差为 2971 亿美元，[①]美国经常账户赤字为 3784 亿美元，[②]中国的经常账户顺差相当于美国经常账户赤字的 79%。鉴于美国和中国分别是全球经常账户最大逆差国与最大顺差国，美中两国在全球经常账户再平衡过程中自然会扮演重要的角色以及承担相应的义务。当然，即使不考虑中美在经济性质、经济结构与对世界经济所承担责任与义务方面存在的巨大差异，仅仅从经常账户失衡的绝对规模来看，美国进行调整的责任与义务也远大于中国。除美、中两国外，德国、日本、中东欧国家与资源出口国等其他主要经常账户失衡的国家也应该承担相应的责任。然而受篇幅限制，本章将集中讨论美国与中国在全球经济再平衡中的角色与对策。本章的结构如下：第二部分讨论经常账户失衡的分析框架；第三部分从内部失衡导致外部失衡的角度来分析美中的经常账户失衡；第四部分从外部失衡导致内部失衡的角度来分析美中的经常账户失衡；第五

---

① 以上数据引自国家外汇管理局 2009 年中国国际收支平衡表（http：//www.safe.gov.cn/model_safe/tjsj/tjsj_detail.jsp? ID＝110500000000000000，39&id＝5）。

② 以上数据引自 U. S. International Transaction Accounts Data, Bureau of Economic Analysis, U. S. Department of Commerce（http：//www.bea.gov/international/index.htm）。

部分是结论和政策建议。

二 经常账户失衡的分析框架

我们从一个国民收入恒等式出发来展开经常账户失衡的理论分析。

$$S - I = X - M \tag{3.1}$$

在方程（3.1）中，S为一国国民总储蓄，I为该国总投资，X为该国出口，M为该国进口。方程（3.1）的含义是一国的净储蓄（储蓄投资缺口）等于该国的贸易顺差。如果不考虑职工报酬与投资收益等项目，则方程（3.1）也可以被解读为一国的储蓄投资缺口等于经常账户顺差。这是一个经常被各类文献引用的恒等式，但这也是一个容易被误解的恒等式。事实上，一个恒等式意味着并不仅仅存在单向的因果关系，即恒等式左边可以推出右边，同时右边也可以推出左边（余永定，2010）。然而在各类文献分析中，通常将储蓄投资缺口视为经常账户盈余的原因。一个典型的例子是，前美联储主席伯南克将全球经常账户失衡归咎于东亚国家的"过度储蓄"（Saving Glut）（Bernanke，2005）。

笔者认为，恒等式其实意味着双向的因果关系。如果把储蓄投资缺口视为内部失衡（Internal Imbalance），把经常账户失衡视为外部失衡（External Imbalance），则内部失衡既可能是外部失衡的原因，也可能是外部失衡的结果。

内部失衡导致外部失衡的机制比较明显：对盈余国而言，国内储蓄高于国内投资意味着本国储蓄不能在国内得到充分利用，从而可以通过经常账户盈余的方式借给外国人使用；对赤字国而言，国内储蓄低于国内投资意味着国内资金不能为投资提供充分的资金来源，从而需要通过经常账户赤字向外国借款来弥补资金缺口。

相反，外部失衡加剧内部失衡的机制则更为复杂一些。以中国为例来进行分析。近年来，中国国民储蓄率的上升在很大程度上是由于企业储蓄的上升而导致的。在企业部门内部，近年来的增长主要来自重工业部门，而重工业部门的增长在很大程度上是由出口增长带来的。此外，有西方学者认为，中国并不具有显著比较优势的重工业部门（例如钢铁）能够产生巨大的贸易盈余，低估的人民币汇率水平可谓功不可没。因此，人民币汇率升值不但能够缓解外部失衡（降低贸易盈余），而且可以缓解内部失衡（降低国民储蓄率）（乔纳森·安德森，2010）。关于经常账户顺差变动影响储蓄投资缺口的一个极端例子是，假定由于外国实施贸易保护主义，中国生产的制造品完全不能出口，这时，中国的经常项目顺差降低至零。同时，中国生产的制造品在统计上转为存货投资，这将使得短期内储蓄率等于投资率，从而消除了储蓄投资缺口（张明和何帆，2010）。

这种双向因果关系为我们提供了分析经常账户失衡的完整

框架（表3-1）。其一，如果经常账户失衡是储蓄投资缺口造成的，那么缓解经常账户失衡的措施自然与消除储蓄投资缺口有关，对经常账户赤字国而言，这意味着提高储蓄率（抑制消费）或降低投资率；对经常账户盈余国而言，这意味着降低储蓄率（刺激消费）或提高投资率。其二，如果经常账户失衡不是由国内失衡导致的，那么经常账户失衡的原因就大致包括汇率失调（Exchange Rate Misalignment）、进出口刺激政策与管制措施等。要缓解经常账户失衡，对经常账户逆差国而言，这意味着本币贬值、扩大出口与限制进口；对经常账户顺差国而言，这意味着本币升值、扩大进口与限制出口。

表3-1　　　　　　　　全球经济再平衡的政策选择

	顺差国	逆差国
视角一：内部失衡导致外部失衡	降低储蓄（刺激消费） 增加投资	增加储蓄（抑制消费） 降低投资
视角二：外部失衡导致内部失衡	本币升值 刺激进口 降低出口	本币贬值 刺激出口（解除出口管制） 降低进口

◇◇ 三　从内部失衡角度对美中经常账户失衡的考察

本部分将从储蓄投资缺口导致经常账户失衡的角度对比分

析美国和中国的经常账户失衡。为更具体地分析储蓄投资缺口，我们需要对方程（3.1）进行扩展。

$$X - M = S - I = (S_h - I_h) + (S_g - I_g) + (S_c - I_C)$$
$$(3.2)$$

在方程（3.2）中，S_h、S_g、S_c分别为家庭储蓄、政府储蓄与企业储蓄；I_h、I_g、I_C分别为家庭投资、政府投资与企业投资。方程（3.2）实际上是对储蓄投资缺口的部门分解，整个经济体的储蓄投资缺口等于家庭、政府与企业各自的储蓄投资缺口之和。值得注意的是，政府储蓄等于政府收入减去政府消费，而政府的储蓄投资缺口等于政府收入减去政府消费再减去政府投资，从而政府储蓄投资缺口等于政府的财政盈余。

（一）对美国的考察

图3-2显示了1992年至2009年美国国民净储蓄率与各部门净储蓄率的变动。1998年至2003年，美国国民净储蓄率由7.2%逐渐下降至1.8%；2003年至2006年，美国国民净储蓄率由1.8%逐渐上升至3.8%；2006年至2009年，美国国民净储蓄率再度由3.8%降至-2.6%。在2008年至2009年的次贷危机期间，美国连续两年出现国民储蓄负增长的情况。通过对各部门储蓄率的分析，我们可以得到以下结论：第一，政府净储蓄率的波动最大，而且基本上决定了国民净储蓄率的变动。政府净储蓄率由1992年的-4.8%上升至2000年的2.3%，之

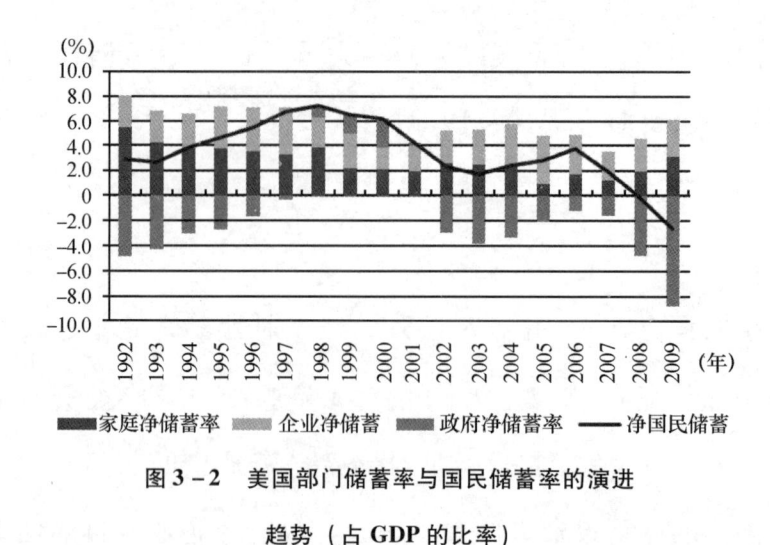

图 3-2 美国部门储蓄率与国民储蓄率的演进趋势（占 GDP 的比率）

资料来源：Bureau of Economic Analysis, U. S. Department of Commerce, NIPA tables 5.1, http://www.bea.gov/national/nipaweb/Index.asp。

后下降至 2009 年的 -8.7%，在这 18 年间的波动幅度达到 11.0%。相比之下，在这 18 年内，美国的家庭净储蓄率波动幅度仅为 4.5%，企业净储蓄率波动幅度仅为 2%。第二，在 2004 年至 2006 年美国经常账户赤字不断恶化期间，美国国民净储蓄率却在趋于上升，这说明该时期内的经常账户赤字扩大与投资率上升有关。第三，在 2004 年至 2007 年期间，政府净储蓄率不断上升，企业储蓄率逐渐下降，而家庭净储蓄率显著下降，这说明美国经常账户赤字的扩大与私人部门净储蓄率的下降直接相关。第四，2008 年与 2009 年次贷危机期间，美国家庭净储蓄率与企业净储蓄率均显著上升。美国国民净储蓄率之所以仍处于下降的状态，其原因在于政府净储蓄率出现了更大幅度的下滑，这主要是由于美国政府动用了大量的财政资源用于救市，即用政府的杠杆化来缓解私人部门去杠杆化对宏观经济造成的冲击。

换言之，在2004年至2007年美国经常账户失衡的恶化期间，美国国民净储蓄率却趋于上升；在2008年至2009年美国经常账户失衡改善期间，美国国民净储蓄率却趋于下降。其中根本的原因是，在2004年至2007年繁荣时期内，美国投资率的上升快于储蓄率的上升，导致储蓄投资缺口拉大；在2008年至2009年衰退时期内，美国投资率的下降快于储蓄率的下降，导致储蓄投资缺口缩小。①从部门储蓄率与经常账户失衡的关系来看，当私人部门储蓄率下降时，经常账户失衡加剧；当私人部门储蓄率上升时，经常账户失衡改善。此外，当政府储蓄率下降时，经常账户失衡改善；当政府储蓄率上升时，经常账户失衡加剧。这一方面说明政府实施的通常是反周期的财政政策，即通过扩张财政政策去应对总需求下滑；另一方面意味着这其中可能存在财政支出对私人部门投资的挤出效应，即当财政支出增加时，私人部门投资下降，从而拉大了储蓄投资缺口，造成经常账户赤字的改善。

展望危机后美国经常账户赤字的演变趋势，笔者认为，未

---

① 2008年至2009年美国投资率的急剧下降一方面与美国制造业企业的去库存化有关，另一方面也与金融危机造成的信贷紧缩有关。

来几年美国经常账户赤字与 GDP 的比率将在 2009 年的基础（-2.9%）上有所上升，但很难恢复到 2006 年的水平（6.0%），可能稳定在 3%—4% 的水平上。笔者做出判断的主要理由包括：第一，随着次贷危机最终结束，失业率下滑、信贷紧缩明显改善，私人部门的消费与投资都将增强，私人部门储蓄率可能重新下降。第二，尽管 2010 年美国政府储蓄率可能再度下滑，但鉴于美国奥巴马政府做出了在未来 4 年内将财政赤字减少一半的承诺,①在财政巩固计划逐渐实施的背景下，政府储蓄率将会转跌为升。第三，如果 2004 年以来的规律是成立的（即当私人部门储蓄率下降而政府储蓄率上升时，经常账户赤字会恶化），那么未来几年美国经常账户赤字扩大的可能性较大。第四，由于 2004 年至 2007 年美国存在严重的房地产泡沫与衍生品泡沫，在虚假的财富效应驱使下，美国家庭进行了过度消费，居民储蓄率大幅下降。而目前这些泡沫已经破灭，未来几年内再度产生严重资产价格泡沫的可能性不大，因此即使居民储蓄率再度下降，也很难降至次贷危机爆发前的水平。因此，即使美国经常账户赤字再度扩大，失衡的程度也很难超过 2006 年至 2007 年的水平。

（二）对中国的考察

在 2004 年至 2007 年期间，中国的经常账户盈余迅速扩大。

---

① 《奥巴马宣布 4 年内将政府财政赤字削减一半》，新华网，2009 年 2 月 4 日，http://news.xinhuanet.com/world/2009-02/24/content_10880673.htm。

从储蓄投资缺口来看,同一期间内,中国国民储蓄率(国民储蓄占 GDP 的比率)由 46% 上升至 51%,而投资率(投资占 GDP 的比率)稳定在 43% 左右。①这意味着中国经常账户失衡的恶化可以完全由国民储蓄率的上升来解释。

图 3-3 显示了 1992 年至 2007 年中国部门储蓄率与国民储蓄率的演进趋势。中国国民储蓄率在 20 世纪 90 年代大致稳定在 36%—38% 的水平上,然而在 2001 年至 2007 年期间显著爬升至 51%。在 2000 年至 2007 年间,居民储蓄率(此处指居民储蓄与国民可支配收入的比率,下同)大致稳定在 20% 上下,政府储蓄率由 3% 上升至 11%,而企业储蓄率由 2000 年的 17% 攀升至 2004 年的 23%,随后下降至 2007 年的 18%。由此

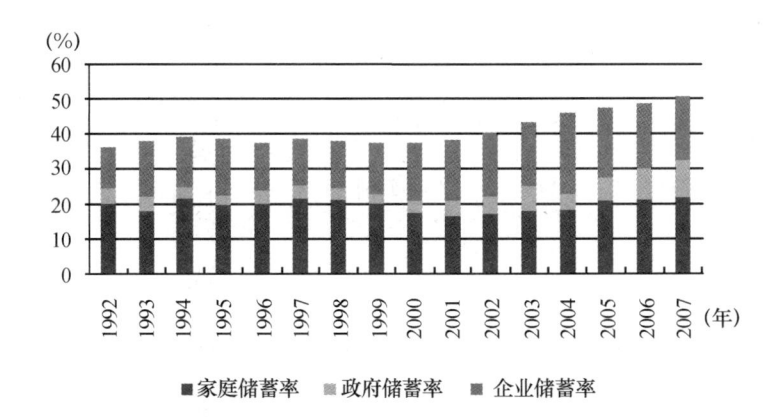

图 3-3 中国部门储蓄率的演变趋势(占国民可支配收入的比率)

资料来源:CEIC 数据库,http://www.ceicdata.com/。

---

① 以上数据引自 CEIC 数据库,http://www.ceicdata.com/。

不难看出，2000年以来中国国民储蓄率的上升，主要是由政府储蓄率与企业储蓄率的上升所导致的。

关于中国高国民储蓄率的一个特征事实是，家庭储蓄率、政府储蓄率与企业储蓄率均居高不下。①这个特征事实得以将中国与日本、印度、韩国等高储蓄国家区分开来。例如，尽管印度的家庭储蓄率高于中国的家庭储蓄率，韩国的政府储蓄率高于中国的政府储蓄率，日本的企业储蓄率接近中国的企业储蓄率，但由于其他部门储蓄率较低，因此这几个国家的国民储蓄率都远低于中国的国民储蓄率（Ma和Yi，2010）。

通常认为，导致中国居民高储蓄的原因包括：教育、医疗、社会保障等社会公共产品供应不足而造成的预防性储蓄动机，本国金融市场不发达形成的流动性约束，人口结构转型而带来的人口红利等；导致中国政府高储蓄的主要原因是在中国财政支出结构中，用于社会公共产品供应的消费性支出所占比例过低，而这又与1994年分税制改革造成的地方政府财权与

---

① 有观点认为，由于中国经济中存在大量的现金交易现象，这种现金（货币）漏出可能会严重高估中国的储蓄率，尤其是居民储蓄率。笔者对此的看法是：第一，即使考虑到货币漏出，我们也不能否认中国居民储蓄率在国际范围内依然算比较高的，况且货币漏出对居民储蓄率的影响程度，目前学界尚未达成共识。第二，即使货币漏出可能高估居民储蓄率，但无疑多年来货币漏出对居民储蓄率的影响应该是比较固定的。而最近10年来中国国民储蓄率的上升主要是由政府储蓄率与企业储蓄率上升所导致的。换句话说，即使货币漏出在存量上可能是导致中国国民储蓄率高估的一个因素，但它应该不是中国国民储蓄率近年来显著上升的重要原因。

事权脱节有关；导致中国企业高储蓄的原因包括企业盈利能力上升、上市公司股利支付率低、国有企业分红比率低等（张明，2009b）。

除上述导致各部门储蓄率高企的各种解释外，笔者认为，国民收入初次分配失衡，可以在很大程度上解释2000年以来居民储蓄率的相对稳定，以及政府和企业储蓄率的显著上升。如图3-4所示，2000年至2007年，居民收入占国民可支配收入的比重由64%下降至58%；而政府收入占国民可支配收入的比重由19%上升至24%，企业利润占国民可支配收入的比重由17%上升至18%。在国民收入初次分配领域发生的"国进民退"与"企进民退"，是导致政府储蓄率与企业储蓄率显著上升的重要原因。此外，1997年至2007年，中国居民收入占国民可支配收入的比重由69%下降至58%，下降了11个百

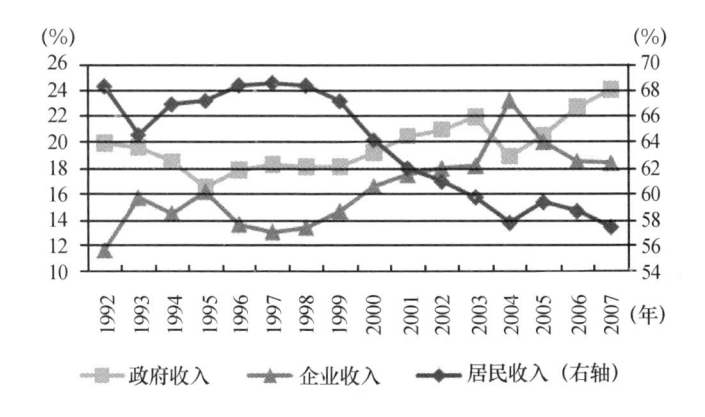

图3-4 中国各部门收入占国民可支配收入的相关比率

资料来源：CEIC数据库，http://www.ceicdata.com/。

分点，与此同时，中国居民储蓄占国民可支配收入的比重维持在22%左右不变，这意味着消费率（消费占GDP的比率）不得不大幅下降。事实上，1997年至2007年，中国居民消费占GDP的比率由45%下降至36%，降低了9个百分点。①

展望金融危机后的中国经常账户盈余的演变趋势，笔者认为，尽管危机结束后中国经常账户盈余占GDP的比率短期内可能有所反弹，但从中长期来看，中国的经常账户盈余将降至更加合理的水平上（例如占GDP的3%—5%）。做出判断的主要理由包括：第一，从居民储蓄率来看，随着中国人口老龄化的加速，②中国政府加大对教育、医疗、社会保障等社会公共产品的供应，中国金融市场的发展等，中国居民会将更高比例的收入用于消费，居民储蓄率将逐渐下降。第二，从政府储蓄率来看，中国政府加大对教育、医疗、社保等方面的消费性支出，政府加大针对居民部门的转移支付力度，以及未来平衡各级政府财权与事权的财政体制改革，将会导致政府储蓄率逐渐下降。第三，从企业储蓄率来看，一方面，随着中国资本市场的日趋成熟，未来上市公司将显著提高股利支付比率；另一方面，随着国有资本经营预算管理的推进，国有企业会将更高比

---

① 以上数据引自CEIC数据库，http://www.ceicdata.com/。
② 2010年春季沿海地区出现的民工荒、富士康事件与本田罢工事件等现象都表明，中国人口结构可能已经达到"刘易斯拐点"，未来中国非熟练劳动力的平均工资水平将显著上升，这无疑将刺激中国居民消费。

例的税后利润用于支付红利。此外，职工工资步入上升通道也意味着企业盈利空间受到挤压。因此，企业储蓄率也将步入下降通道（何帆和张明，2007）。

四 从外部失衡角度对美中经常账户失衡的考察

（一）对美国的考察

从外部失衡可能导致内部失衡的角度来看，美国的持续经常账户赤字在很大程度上可以归因于对美元汇率的高估。因此美国经常账户失衡的改善需要美元实际汇率贬值。关键在于，如果要将美国的经常账户赤字降至可持续的水平，美元实际汇率需要贬值多少？

奥伯斯特菲尔德（Maurice Obstfeld）和罗高夫（Kenneth Rogoff）认为，美元实际汇率可以分解为美国贸易条件的变动（即外国贸易品相对于美国贸易品的价格变动）以及美国国内贸易品与非贸易品相对价格的变动。而要将美国的经常账户赤字占GDP的比重降至5%以内，美国的贸易条件应下降5%—15%（以促进美国出口），而同时美国国内非贸易品对贸易品的相对价格应下降20%—30%（以引致美国消费者减少进口）（Obstfeld 和 Rogoff，2005）。然而，科塞蒂（Giancarlo Corsetti）指出，从20世纪80年代后期美元贬值与经常账户调整的历史经验来看，美国国内贸易品与非贸易品相对价格的变化不大，且显著低于贸易条件的变化。这意味着调节经常账户应该主要依赖贸易条件的变动（即美元汇率变动）（Corsett，2006）。科塞蒂、马丁与佩森蒂（Giancarlo Corsetti, Philippe Martin and Paolo Pesenti）的数值运算结果表明，要将美国经常账户赤字由 GDP 的 5% 降至 0%，需要美元实际汇率贬值 20%，这将导致美国消费下降 6% 以及就业增长 3%。如果进一步考虑到出口市场上新企业的进出以及产品多样化，实际需要的美元实际汇率贬值幅度将会低于 20%（Corsetti 等，2008）。小川英治（Eiji Ogawa）和工藤武（Takeshi Kudo）模拟了在 2004 年第二季度不同程度的美元贬值对改善美国经常账户赤字的影响，其结论显示：10%、30% 与 50% 的贬值能够分别在 2018 年、2011 年与 2008 年将经常账户赤字降至 GDP 的 2%（Ogawa 和 Kudo，2007）。

从另一角度来看，美元贬值还能够通过降低美国对外净负债来提高美国经常账户赤字的可持续性。通常认为美国经常账户赤字不可持续观点的逻辑在于，持续的经常账户赤字将导致美国对外净负债的上升，当美国对外净负债占 GDP 比率超过一定百分比（例如 90%），外国投资者将认为美国债务违约率将会出现非线性上升，从而拒绝继续为美国经常账户赤字提供融资，造成经常账户赤字不可持续（Edwards，2005）。然而，由于美国对外资产大多以外币计价，美国对外负债大多以美元计价，因此美元贬值将会导致以美元计价的对外资产相对于对外负债增长，从而降低美国的对外净负债。这种美元贬值对美国国际投资头寸表的资产方与负债方产生不同影响的估值效应（Valuation Effect）反映了美元作为国际储备货币而给美国带来的过度特权（Exorbitant Privilege）（Milesi-Ferretti，2008）。值得重视的是，同样由于美元作为国际储备货币的地位，使得美元贬值具有极大的负外部性。截至2009年年底，全球外汇储备存量达到8.1万亿美元，其中大约62%的资产以美元计价。[①]一旦美元大幅贬值，则美元储备资产的持有者将遭受惨重的资本损失。

除美元汇率高估外，美国针对发展中国家的高科技产品出口管制在一定程度上削弱了美国出口产品的真实竞争力，抑制了美国的出口增长，从而加剧了美国的经常账户赤字（Zou，2010）。

（二）对中国的考察

诸多文献认为，人民币汇率低估是造成中国经常账户失衡的重要原因。[②]然而，在人民币汇率究竟低估了多少的问题上，

[①] 以上数据引自 IMF COFER 数据库，http://www.imf.org/external/np/sta/cofer/eng/index.htm。

[②] 当然，也有一些文献指出人民币汇率水平与中国经常账户顺差关联不大。例如麦金农与施纳布尔指出，所谓汇率会影响贸易平衡的看法是错误的，贸易平衡归根结底是由储蓄投资缺口造成的。参见麦金农、施纳布尔《中国的金融谜题和全球失衡》，《国际金融研究》2009年第2期，第34—46页。

这些文献的结论千差万别。例如，Cline 和 Williamson（2009）基于基本均衡汇率方法的估算表明，截至 2009 年第一季度，人民币实际有效汇率低估了 21%，人民币对美元汇率低估了 40%；Subramanian（2010）运用以购买力平价为基础的估计方法，得出截至 2010 年第一季度，人民币对美元汇率低估了 30% 的结论；Reisen（2009）的计算指出，2008 年人民币实际有效汇率的低估程度为 12%；Cheung，Chinn 与 Fujii（2009）运用不同来源与不同长度的面板数据，得出了大相径庭的两种结论：结论一是，2005 年至 2006 年人民币的低估程度可能达到 40%—50%；结论二是，2005 年至 2006 年人民币汇率水平不存在低估。秦朵与何新华（2010）的研究表明，尽管人民币汇率在 2002 年至 2007 年期间存在低估，但 2008 年这一趋势已经逆转，现阶段人民币汇率不是被低估，反而被高估了。

  为什么各种研究对人民币汇率低估程度难以达成共识呢？首先，目前国际经济学家对均衡汇率的概念并未完全达成一致，用来估计均衡汇率的方法包括基本均衡汇率（fundamental equilibrium exchange rate，FEER）、意愿均衡汇率（desired equilibrium exchange rate，DEER）、行为均衡汇率（behavioral equilibrium exchange rate，BEER）与持续均衡汇率（permanent equilibrium exchange rate，PEER）等多种，各种方法计算出来的均衡汇率水平难免差异较大（Cline 和 Williamson，2008）。其次，中国的资本账户并未完全开放，资本不能完全自由流动；中国国内的要素价格（包括利率）因为受到管制而存在扭曲。这些因素都增加了估算均衡汇率的难度。

尽管不同学者对人民币汇率是否低估以及低估程度存在明显争议，但笔者认为，截至2010年6月19日央行重启人民币汇率制度改革之时，人民币汇率水平存在低估的可能。要计算人民币均衡汇率水平是比较困难的，然而我们可以考察如下这个简单事实，即如果中国人民银行不干预外汇市场，而让市场力量决定人民币汇率水平，那么，人民币汇率水平会如何运动？中国央行不断积累外汇储备，而且目前已经成为全球外汇储备最大持有国的事实说明，中国人民银行对外汇市场进行了持续干预，而且一直是美元的净买入方。很明显，一旦中国人民银行停止买入美元，则外汇市场上存在美元供过于求的格局，美元贬值在所难免。这反过来说明人民币对美元汇率存在低估。未来衡量人民币汇率是否升值到位的一个重要标准也在于，国际收支基本平衡，外汇储备保持在合理规模上基本稳定，央行不再频繁干预外汇市场。

既然经济学家就人民币均衡汇率水平或人民币汇率低估程度难以达成一致，这就增加了人民币汇率一次性重估的难度。因此，更适宜的方式是降低央行对外汇市场的干预程度，增加人民币汇率形成机制的弹性，让市场供求力量来最终决定适宜的汇率水平。这事实上也是2005年7月人民币汇率机制改革启动以及2010年6月人民币汇率机制改革重启的基本思路。现阶段的人民币汇率形成机制为以市场供求为基础、参考一篮子货币的管理浮动汇率制,该制度下允许人民币对美元等双边汇率在每日正负5‰的区间内浮动。

一种观点认为,由于加工贸易在中国对外贸易中占据重要比重,加之中国出口产品的附加值低、同质性强,这些因素导致了中国出口企业在国际贸易中的定价能力有限。当人民币升值后,为保护自己的市场份额,出口企业通常不提高出口价格,而是依靠压缩自身利润空间来消化人民币升值压力。因此,人民币升值未必会降低中国的贸易顺差,但肯定会严重损害中国出口企业的利润率。然而,最新的一些研究表明,随着中国出口企业的产业升级以及向价值链两端拓展,中国出口企业已经不再是单纯的价格接受者,而是具备了一定程度的议价能力。因此,如果人民币升值,中国出口企业会通过一定幅度的提价把成本传导给外国进口商。例如,崔历(Li Cui)、舒畅(Chang Shu)与常建(Jian Chang)的研究发现,目前中国出口企业能够把汇率升值的50%通过提价方式传递给进口商(Cui等,2009)。这意味着人民币升值将通过提高出口价格的方式影响贸易余额。

另一种被经常用来质疑人民币升值有助于改善经常账户失衡的观点是,2005年7月至2008年6月,人民币对美元名义汇率升值21%,但中国的贸易顺差不降反升。这种观点的谬误在于,它假定只有汇率一个因素能够影响贸易顺差,而忽视了其他重要因素的影响。姚枝仲等（2010）对1992年至2006年的中国出口需求函数进行了估计，发现中国出口的短期收入弹性约为2.34，而短期价格弹性约为-0.65。这意味着当出口价格上升1个百分点，出口额将下降0.65个百分点，而当外国收入上升1个百分点，出口额将上升2.34个百分点。这就能够解释为什么在2005年7月至2008年6月人民币升值期间中国贸易顺差扩大了，这是由于中国的主要贸易伙伴经济增长强劲，强劲的外需抵消了人民币升值对出口的不利影响，但这并不能否认汇率升值对于改善经常账户失衡的作用。

除人民币汇率低估外，出口退税制度也被认为是导致中国经常账户失衡的重要原因之一。尽管出口商品退还流转税，从而保证出口商品不含税是一种国际通行做法，但出口退税在中国已经成为一种刺激或抑制出口增长的宏观政策手段。例如，在美国次贷危机演变为全球金融危机后，为缓解外需萎缩对中国出口造成的冲击，中国政府在2008年7月至2009年6月期间连续7次上调了出口退税率，其中纺织品、服装的出口退税率由11%上调至16%。又如，当中国出口增长率显著复苏后，中国政府又在2010年6月取消了钢材等产品的出口退税率。出口退税在促进出口与经济增长方面的作用真的那么有效吗？田丰（2009）的研究发现，由于中国的出口价格弹性较低，导致一半以上的出口退税支出补贴了外国进口商与消费者；在刺激经济增长方面，相同力度的出口退税政策明显劣于政府购买。

姚枝仲（2009）的计算进一步指出，由于出口价格弹性较低，8000亿元的出口退税只能导致出口额增加5200亿元，即使考虑乘数效应，最终也只能导致GDP增长6240亿元，这明显是一笔赔本买卖。因此，通过出口退税来刺激出口增长一方面加剧了中国的经常账户失衡，另一方面降低了中国的整体福利水平，是一种得不偿失的做法。未来中国的出口退税应该恢复到真正的中性水平，即出口退税应该保证出口产品与国内产品的公平税负，而非单纯的"征多少退多少"。

◇◇ 五 结论与政策建议

自2004年起不断恶化的全球经常账户失衡在2006年至2007年达到顶峰后，由于全球金融危机爆发，全球经常账户失衡在2008年至2009年间显著改善。未来全球经常账户失衡的走向仍存在很大的不确定性，全球经济再平衡有赖于各主要失衡国家的集体努力与国际合作。

我们可以从外部失衡与内部失衡交互作用的框架来分析经常账户失衡。从储蓄—投资缺口导致经常账户顺差的视角来看，美国私人部门储蓄率与经常账户赤字是反向变动的，而政府储蓄率与经常账户赤字是同向变动的。未来几年内美国的经常账户失衡尽管可能有所反弹，但可能稳定在占GDP比值的3%—4%的水平上；中国近年来经常账户盈余的扩大主要归因于政府储蓄率与企业储蓄率的显著上升,而这与国民收入初次分配失衡相关。未来几年内中国的经常账户盈余尽管可能反弹,但也会稳定在占 GDP 比值的 3%—5% 的水平上。

从汇率失调与进出口管制导致经常账户失衡,经常账户失衡再加剧国内失衡的视角来看,美元汇率高估与人民币汇率低估是造成美中经常账户失衡的重要原因。尽管经济学家对美元应当贬值的幅度以及人民币应当升值的幅度尚未达成一致,但美元与人民币汇率水平的重估对改善经常账户失衡是不可或缺的。美元显著贬值除了能够刺激美国净出口外,还能够通过降低美国对外净负债而提高美国经常账户赤字的可持续性。在资本项目存在管制、国内要素价格扭曲的背景下,估算人民币均衡汇率存在很大分歧,这恰好说明了增强人民币汇率机制弹性可能优于一次性升值。尽管人民币汇率升值具有一定程度的价格传递效应,且中国的出口价格弹性较低,但人民币汇率升值对缓解中国经常账户失衡的作用是不容否认的。除汇率失调外,美国对高科技产品的出口管制,以及中国将出口退税作为刺激出口的一种政策性工具,都客观上加剧了中美之间的经常账户失衡。

为缓解经常账户赤字,实现全球经济再平衡,笔者认为美国政府可采取的政策包括:第一,美国政府应该致力于提高私人部门储蓄率。这意味着美国政府应该加强金融监管,避免资产价格泡沫与衍生品泡沫的再度滋生,从而将居民消费提高到不可持续的高水平。为提高实际部门的企业储蓄率，美国需要通过大力发展节能环保与生物医药等新兴行业来提高制造业部门的劳动生产率。第二，美国政府应避免财政赤字的进一步恶化。尽管历史经验显示，美国政府储蓄率上升与美国经常账户赤字的扩大相联系，但如果美国财政赤字急剧膨胀，从而超过了私人部门储蓄率所能抵消的幅度，则财政赤字本身也可能造成经常账户赤字的扩大［参见方程（3.2）］（余永定，2010）。第三，美国政府应该让美元适当贬值以刺激净出口，美元贬值也有助于降低美国的对外净债务。但是，美国政府应该避免美元急剧贬值。一方面，美元急剧贬值将导致盈余国持有的外汇储备急剧缩水，这些国家可能被迫抛售美元资产，从而引发美国长期利率上升，从而损害美国经济增长；另一方面，美元急剧贬值也会损害美元作为国际储备货币的信誉。第四，美国政府应该通过追求新的技术革命来提高出口产品竞争力，以及放开高科技产品出口管制来提振出口。第五，美国政府应该避免对进口采取贸易保护主义措施，因为单边贸易保护主义措施很容易引发贸易战，从而损害全球自由贸易，影响美国出口增长。

中国政府可采取的相关政策和措施包括：第一，中国政府应通过改革国民收入初次分配失衡来降低国民储蓄率。这意味着政府应该降低居民部门的税收负担以及国有企业应该增加对政府的红利支付比率，政府再将国有企业红利用于教育、医疗、社会保障等社会公共产品的供给。这种由政府和企业向居民部门的收入转移有助于同时降低三部门储蓄率。第二，中国政府应该继续改革人民币汇率形成机制，进一步增加人民币汇率水平弹性，人民币汇率政策应该是中国政府用于稳定宏观经济以及实现国际收支平衡的政策工具，而非单纯用于刺激出口的工具。人民币升值对中国实现国际收支平衡的作用是不可或缺的。第三，中国政府应加速国内要素价格的市场化改革，这既包括能源与大宗商品价格与国际水平进一步接轨，也包括利率市场化改革与劳动力市场改革，还包括加大节能减排力度以及对污染的治理。未来中国国内要素价格的整体趋升将会在汇率政策之外促进经常账户失衡的改善。第四，中国政府应该逐渐取消或改变之前刺激出口的各种扭曲性政策。出口退税应该被视为一种保证国内产品与出口产品税负公平的政策，而不是用来促进或抑制出口的相机政策。

第四章

全球经常账户再平衡:特征事实、驱动因素与有效路径*

本章摘要 2008年全球金融危机爆发后,全球经常账户失衡的状况显著缓解,主要经济体的经常账户呈现出先调整后分化的走势。储蓄投资缺口的调整、实际有效汇率的变动及全球价值链分工的变迁均是全球经常账户再平衡的驱动因素。美国经常账户再平衡的主要驱动因素是家庭部门储蓄率的提升;中国经常账户再平衡的主要驱动因素是危机后的新一轮基建与房地产投资浪潮以及人民币实际有效汇率的显著升值;日本经常账户的调整主要源于家庭部门和政府部门储蓄率的变动。欧元区整体虽然不存在严重的经常账户失衡,但区内各国之间的失衡依然较为严重。未来全球经常账户再平衡的可持续性将更多地取决于结构性因素的变动。全球主要经济体既应该强化国内

---

* 本章内容发表于《世界经济研究》2018年第7期。合作者为刘瑶。

的政策调整，也应该加强彼此之间的沟通与协作。

◇ 一　引言

自 20 世纪 90 年代末以来，全球失衡（global imbalance）开始成为学界热议的话题。以国际收支失衡[①]为考察对象，从全球范围来看，以美国、欧洲为代表的发达经济体出现了持续的经常账户逆差；与此同时，以中国为代表的新兴经济体、德国、日本以及部分石油输出国则出现了持续的经常账户顺差（图 4-1）。其中，中国、美国分别是最大的顺差来源国与逆差来源国。

进入 21 世纪以后，全球经常账户失衡愈演愈烈，引起了众多学者的关注。Bernanke（2005）提出了全球储蓄过剩假说（global saving glut），将全球经济失衡归因于顺差国的储蓄过剩，并提出了顺差国应增加汇率弹性并且降低国内储蓄率的政策建议。随后，更多的学术讨论集中在中国的高储蓄是否是导致中美经常账户失衡乃至全球经济失衡的根源上。

高储蓄导致经常账户失衡这一观点的支持者认为，在开放经济条件下，假定不考虑政府的因素，依据国民收入恒等式，

---

① 国际收支失衡包括经常账户失衡、资本和金融账户失衡。本章主要论证经常账户失衡，这也是多数文献的研究对象。

(10亿美元)

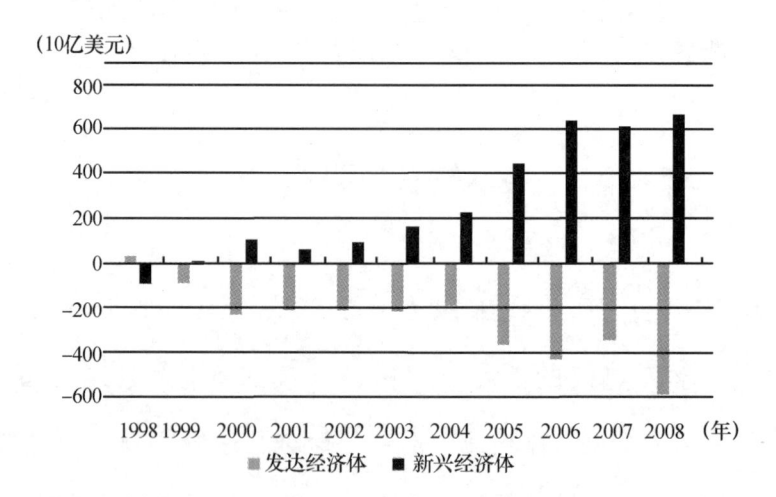

图4-1 全球经常账户余额（1998—2008年）

资料来源：IMF世界经济展望数据库。

可以得出储蓄投资缺口等于贸易顺差的结论，因此顺差国的高储蓄的确是造成全球经常账户失衡的重要原因。一方面，顺差国的过度储蓄导致了发达国家的持续贸易逆差；另一方面，过剩储蓄的流入还推动了发达国家的实际利率下降、投资回报率降低以及信用膨胀，进而为"全球金融发展不平衡"与"全球资产短缺假说"提供了理论依据。

针对全球失衡的"高储蓄"论，不少学者予以反驳。余永定、覃东海（2006）指出，国民收入恒等式是经济运行自动调节的结果，左边与右边并不互为因果，以此来解释全球经济失衡显然是错误的。李翀（2011）提出，国民收入恒等式所表达的产值核算关系属于总体经济分析，不适用于对单一国家贸易差额的分析，故而以此理由将中国的高储蓄作为中美贸易失衡的原因有待商榷。此外，Taylor（2009）、殷剑峰（2013）用数据表明，近几十年中全球非但没有出现储蓄过剩，反而存在储蓄不足。与20世纪70年代、80年代相比，进入21世纪以来的全球储蓄明显短缺。张明（2007）从一般均衡的角度，说明全球经常账户失衡是由美国的储蓄不足与东亚国家、石油输出国的储蓄过剩共同导致的。

学者们还从汇率、国际分工等外部视角来探求全球经常账户失衡的根源。汇率的视角多应用于经常账户失衡的国别分析，Obstfeld（2008）和Krugman（2009）认为，以中国为代表的新兴经济体通过操纵汇率导致本币币值低估，进而造成美国等发达国家的贸易失衡。然而，更多的学者从实证角度对这一观点予以反驳。例如，姚洋（2009）的实证研究表明，人民币低估对中美贸易失衡的贡献度不足2%。

国际产业分工也是影响全球经常账户失衡的重要因素。基于比较优势和全球价值链理论，美国等发达国家和中国等新兴市场国家的比较优势产业、市场成熟度及开放度、产业分工所在位置的差异等因素，也是导致全球经常账户失衡的重要原因。姚洋（2009）的研究表明，国际分工与金融市场摩擦是导致全球经济失衡的重要原因，其测算说明此因素可以解释中美贸易盈余的2/3。张幼文、薛安伟（2013）认为，在经济全球化背景下，要素流动的国家结构、产业结构和分工结构共同揭示了全球经济失衡的原因。

2008年全球金融危机爆发后，全球经济增长速度分化导致的"非对称效应"引发了关于全球经济平衡增长的广泛呼吁，并得到包括奥巴马和前IMF总裁卡恩在内的众多官员与学者的支持。2009年9月，G20峰会首提"全球经济再平衡"（global rebalancing）的概念。平衡全球经济增长，改善各国经济结构，也成为危机后经济复苏的重要组成部分（Prasad，2009）。

根据以往的文献，全球经常账户再平衡主要指通过调节各国的经济结构，制定宏观经济政策、加强监管措施等来改善经常账户余额，进而实现经济平衡增长的过程。学界关于全球经常账户再平衡的研究大多集中于全球范围内探求影响因素及调整措施，笔者对有关的代表性文献进行了梳理（表4-1）。

表4-1　　　　　　　全球经济失衡调整的文献总结

文献	视角	影响因素或调整措施
余永定、覃东海（2006）	中美收支失衡	尽快调整外资、外贸和产业政策，加速市场化进程
张明（2007）	一般均衡（宏观视角）	各国通过政策协调积极调整、通过金融市场情绪变动触发消极调整
陈继勇、周琪（2011）	全球化	再平衡实质是转变经济增长方式，推动经济增长动力重新耦合；失衡方需要注重经济增长利益的重新分配和调整成本的合理承担
刘伟丽（2011）	全球化	促进技术革新、技术合作；建立国际竞争新格局；加强区域间合作

续表

文　献	视　角	影响因素或调整措施
Uri Dadush（2013），李杨（2013）	发达经济体与新兴经济体	调整国内经济结构、深化国内经济改革、最大限度扩张国内需求
张幼文（2013）	国际分工	改变生产要素的不对称流动；调整要素流动的结构
Karl Habermeier（2010）	资本流动	各国间的宏观政策协调与宏观审慎监管
Ramin Toloui（2013）	一般均衡（微观视角）	建立全球统一信用风险分析框架；建立统一主权信用评级体系；引入新的投资组合方法
张坤（2015、2016）	金融发展	金融发展水平的提升能够推动全球经常项目失衡的调整与经济增长的复苏

资料来源：笔者根据文献自行整理。

从长期来看，全球经常账户失衡的调整有利于各国的经济发展。然而在短期内，由于各国国情的差异，国际收支失衡的程度不同、调整速度不一致，因此全球经常账户再平衡将会对不同国家产生不同影响。根据李晓、丁一兵（2007）的研究，由于美元霸权的存在，在全球经常账户失衡的调整过程中，调整的成本将主要由东亚经济体来承担。刘伟丽（2011）认为，在全球经常账户再平衡的过程中，可能会出现新贸易保护主义抬头、全球流动性过剩加剧、国际货币体系的重新调整等问题。Mayer（2012）以中国和美国为分析对象，指出全球经常账户再平衡必然会降低美国的家庭部门消费、进口及总需求，而盈余国的出口及就业也均会受到影响，此外全球外贸环境也会恶化。

目前，已有大量研究对全球经常账户失衡的事实及原因做了充分而翔实的梳理。关于经常账户再平衡的研究，学者们多从单一视角出发对经常账户调整做出解释，并从全球视角出发提出了一些政策建议。实际上，经常账户再平衡是一国实现内部均衡和外部均衡的调整过程。本章旨在梳理全球金融危机后全球经常账户再平衡的特征事实，选择同时从内部视角（储蓄投资缺口）和外部视角（实际有效汇率、全球价值链变动）出发，来探求危机后影响各经济体经常账户再平衡的驱动因素，并对未来的全球经常账户走向做出展望。本章剩余部分的结构安排如下：第二部分梳理全球经常账户再平衡的特征事实；第三部分剖析全球金融危机爆发后各经济体经常账户再平衡的驱动因素；第四部分指出各经济体维持经常账户再平衡可持续性的有效路径；第五部分为结论。

◇◇二 全球经常账户再平衡的特征事实

2008年全球金融危机爆发后，全球经济萎缩导致各经济体外部需求骤降，导致各经济体的经常账户迅速调整。危机后的全球经常账户再平衡呈现出以下主要特征。

（一）全球经常账户失衡的规模较危机前显著下降

全球金融危机爆发后，全球经常账户失衡发生了显著变化，基于流量衡量的失衡规模较危机前显著下降（图4-2）。根据 IMF 世界经济展望的数据，危机爆发前的 2007 年，全球经常账户余额的绝对值达到当年 GDP 的 5.6%；在全球危机爆发期间，2009 年的全球经常账户失衡缩减了约三成，随后全球经常账户的绝对规模虽然呈现小幅反弹，但失衡程度较危机前大大改善。其中，发达经济体和新兴经济体的经常账户失衡均发生了明显调整。

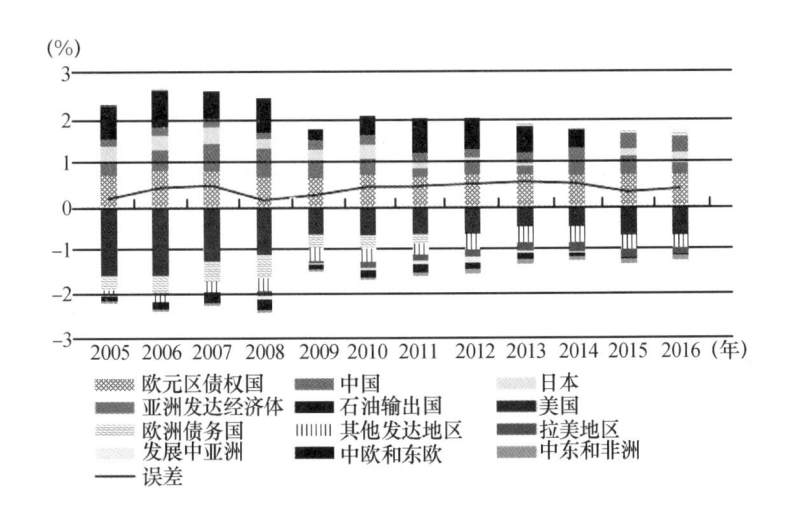

图 4-2 金融危机前后经常账户失衡的调整（流量）

资料来源：转自 IMF《世界经济展望》（2017 年 4 月），笔者对原图时间轴进行了调整。

（二）各经济体的经常账户走势在调整中呈现分化态势

危机后主要经济体的经常账户失衡呈现出先调整后分化的态势，且各经济体之间存在显著的异质性。

在全球金融危机爆发期间（2008—2010年），各主要地区的经常账户失衡较危机前都呈现出不同程度的改善。从失衡的绝对规模来看①，调整最快的前三位地区依次为北美、中东和欧元区；从失衡的相对规模来看②，把经常账户与GDP之比的3%—4%作为一国或地区经常账户失衡的标尺③，不难发现，在此期间，全球大部分地区的经常账户失衡均显著改善，甚至已实现了经常账户平衡（图4-3、图4-4）。

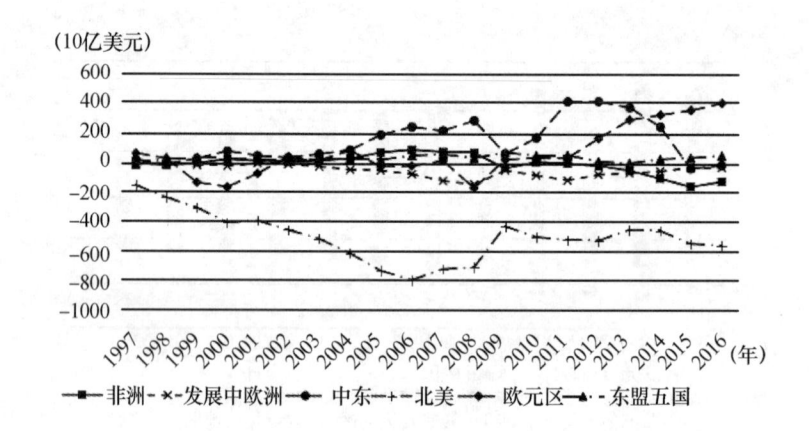

图4-3　全球各地区经常账户余额

资料来源：IMF世界经济展望数据库。

---

① 失衡的绝对规模由经常项目余额的绝对数来衡量。
② 失衡的相对规模由经常项目余额与GDP之比度量。
③ 例如，Cline和Williamson（2008）提出将经常账户余额与GDP之比的3%作为失衡的界限；2010年G20峰会上，美国政府提出将经常账户余额与GDP之比的4%作为全球经济失衡的标尺。

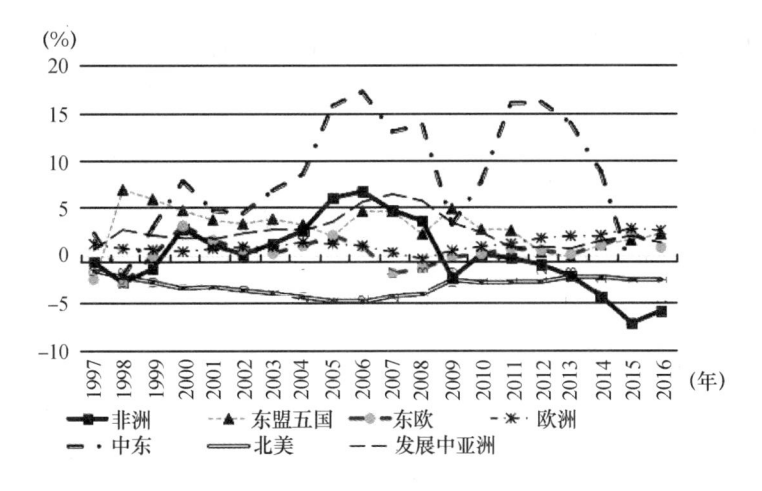

第四章 全球经常账户再平衡：特征事实、驱动因素与有效路径 ◇

图 4-4 全球各地区经常账户失衡相对规模

资料来源：IMF 世界经济展望数据库。

随着金融危机结束与全球经济复苏（2010年以后），全球各地区的经常账户走势呈现出不同的路径。部分地区的经常账户失衡进一步缩小，而另一些地区的经常账户失衡却重新加剧（图4-3、图4-4）。例如，源于石油供给冲击，2010年以后中东地区的经常账户顺差持续上升，到2012年甚至逼近全球金融危机前的峰值；又如，自2013年以来，欧元区出现了不断扩大的经常账户盈余，非洲地区出现了不断恶化的经常账户赤字；与此同时，东盟地区和东欧地区的经常账户失衡却进一步缩小。最后，自2016年以来，全球经常账户再平衡呈现出债务国失衡扩大、债权国加速再平衡的新趋势。①

---

① 见 IMF《世界经济展望 2017.4》，www.imf.org。

此外，自 2008 年以来，按照国际上通用的失衡标尺，欧元区整体保持着经常账户的大致平衡，但其内部成员国却存在严重的经常账户失衡。例如，全球金融危机后德国经常账户盈余持续上升，2016 年其经常账户顺差高达 2890 亿欧元，占到 GDP 的 8.3%；[①]又如，在欧债危机爆发之后，南欧五国经常账户失衡的调整速度存在显著差异[②]。

（三）美国和中国在全球经常账户再平衡中扮演着重要角色

作为全球前两大经济体，美国、中国都一度是显著的经常账户失衡国。中国是全球最大的顺差来源国，美国是最大的逆差来源国。中美两国在危机后全球经常账户失衡的调整中均扮演着重要角色。

中国的经常账户余额自 2000 年以来一直呈上升趋势，2008 年末经常账户余额达到 4206 亿美元的峰值，危机后中国的经常账户余额呈现持续下降趋势，2016 年的经常账户余额仅为 1964 亿美元。中国经常账户余额占 GDP 的比率则由 2007 年的 9.9% 降至 2016 年的 1.8%。

美国经常账户在 21 世纪呈现持续的赤字。在全球金融危

---

① 数据来源于 IMF 世界经济展望数据库，以下同。
② 2011 年南欧五国的失衡程度分别为希腊 -9.93%、西班牙 -3.17%、爱尔兰 1.18%、葡萄牙 -6.04%、意大利 -3.01%。2016 年南欧五国的失衡程度分别为希腊 -0.58%、西班牙 1.95%、爱尔兰 4.88%、葡萄牙 0.83%、意大利 2.58%。

机爆发后，美国的经常账户赤字已从2008年的6908亿美元缩减到2016年的4812亿美元，美国经常账户余额占GDP的比率则由2008年的-4.7%缩小至2016年的-2.6%。

◇◇ 三　全球经常账户再平衡的驱动因素

从本章第一部分的文献综述中不难发现，全球经常账户失衡主要由以下原因导致：一是经济体内部存在显著的储蓄投资缺口；二是经济体的实际有效汇率显著偏离了均衡汇率，造成本币币值的高估或低估；三是经济全球化下国际分工的差异以及各经济体在全球价值链中所处地位不同。相应地，在探讨全球金融危机后经常账户再平衡的驱动因素时，我们依然按照以上三因素视角进行分析，并对美国、中国、日本、欧元区这四个重要经济体重点展开讨论[1]，以对各经济体经常账户再平衡的驱动因素进行比较研究。

（一）储蓄投资缺口的调整

造成全球各经济体经常账户失衡的原因之一是储蓄投资缺口的拉大，因此，要实现全球经常账户再平衡，就需要各经济体缩小储蓄投资缺口，也即顺差国将部分储蓄转化为消费或投

---

[1] 选择美国、中国、日本、欧元区四个经济体作为研究对象是因为其是全球四大经济体，解释了以流量衡量经常账户调整中的绝大部分，地理区域涵盖了北美、亚洲、欧洲三个全球重要区域，并且包括发达国家和新兴市场国家。

资，而逆差国则应削减消费并提高储蓄率。

全球金融危机爆发后，美国的储蓄投资缺口迅速缩小（图4－5）。我们的测算表明，2008年至2015年，储蓄率的变动解释了美国储蓄投资缺口变动的54%，而投资率的变动解释了缺口变化的46%。[①] 2009年之后，美国储蓄率温和上升，在2014年更是达到了自2000年以来的峰值[②]。总储蓄由家庭部门、企业部门和政府部门的储蓄所构成。美国企业部门储蓄相对稳定，政府部门常年保持着负储蓄，因此危机后美国储蓄投资缺口缩小的主要原因是家庭部门储蓄的持续上升[③]。美国家庭部

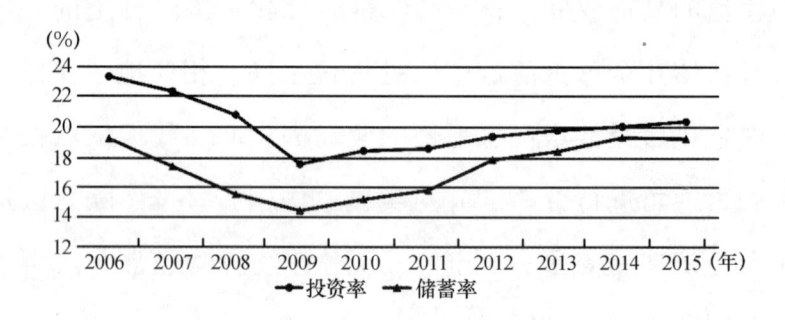

图4－5　美国储蓄投资缺口

说明：投资率为资本形成总额与GDP之比；储蓄率为年度总储蓄与GDP之比。

资料来源：世界银行数据库。

---

① 笔者自行计算了2008—2015年缺口变动中储蓄和投资贡献率，得出结果取平均值，计算过程受篇幅限制省略，四个经济体计算方法相同。
② 2014年总美国储蓄率为19.27%，是进入21世纪以来的峰值，数据来源于世界银行数据库。
③ 危机后美国家庭部门储蓄率迅速上升，根据美国经济分析局的数据，2009年美国家庭储蓄率同比增长3.6%。

门的储蓄变动可以由四个主要因素来解释：一是社会保障程度；二是居民部门的财富效应；三是全要素生产率的增长速度（也即持久性收入的变化）；四是居民信贷的便利程度。[①]我们认为，本轮全球金融危机后，美国居民部门储蓄率的显著上升，主要是由以下两方面因素导致的：第一，本轮全球金融危机后，美国政府实施的多轮量化宽松政策（QE）推升了金融资产价格，通过财富效应显著提振了居民部门的财富水平，进而推高了居民部门储蓄率；第二，本轮全球金融危机爆发后，美国的全要素生产率（TFP）持续下降，这显著影响了居民部门的持久性收入预期以及消费信心，增强了居民部门的预防性储蓄动机。[②]

全球金融危机爆发前，中国存在显著的储蓄投资缺口（图4-6），这主要应归因于政府部门和企业部门的高储蓄，而这两者的高储蓄主要是由于国民收入分配过度偏向于政府和企业部门、政府转移支付结构的失衡以及国企上交利润比重过低等因素所致。在本轮全球金融危机爆发期间，中国的储蓄投资缺口迅速缩小，这一方面表现为储蓄率平稳下降，另一方面表现为投资率的明显回升。我们的测算表明，2008年至2015年，储蓄率的变动解释了中国储蓄投资缺口变化的47%，而投资率

---

① 邵科（2011）给出了影响美国家庭储蓄率变动的影响因素。
② Chen（2006）、Iscan（2010）、杨天宇和刘莉（2013）的研究表明全要素生产率显著影响一国的储蓄率。

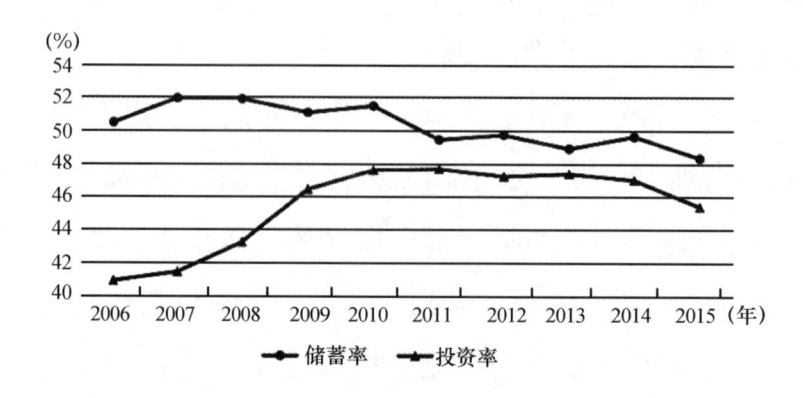

图 4-6 中国储蓄投资缺口

资料来源：世界银行数据库。

的变动解释了缺口变化的 53%。投资率的回升一方面是由 2009 年中国政府推出的四万亿财政计划掀起的基础设施投资浪潮所致，另一方面则是由于信贷扩张导致房地产市场进入一波新的牛市，进而推动了房地产投资增速回升。值得注意的是，自 2014 年以来，中国的投资率和储蓄率均呈现下降趋势。储蓄率的缓慢下降一方面是由于人口老龄化降低了居民储蓄，另一方面则是由于企业利润增长减缓、金融深化改善了企业外部融资渠道等原因，导致企业储蓄下降。投资率的下滑则是由于产能过剩凸显、民间资本投资回报率下滑以及外商直接投资流量的下降。相比之下，投资率的变动较储蓄率更为显著。

本轮全球金融危机爆发后，日本的储蓄投资缺口经历了显著调整，尤其是在 2011—2014 年一度迅速缩小（图 4-7）。我们的测算表明，在 2008 年至 2015 年期间，储蓄率的变动解释

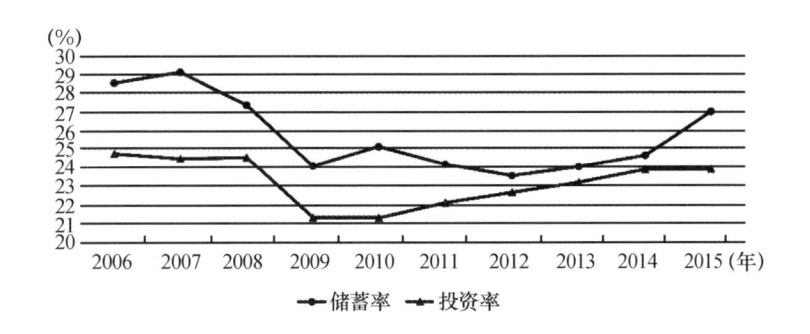

第四章　全球经常账户再平衡：特征事实、驱动因素与有效路径　◇

图 4-7　日本储蓄投资缺口

资料来源：世界银行数据库。

了日本储蓄投资缺口变化的68%，而投资率的变动解释了缺口变化的32%。日本的企业储蓄长期保持稳定，政府部门长期面临负储蓄，家庭部门储蓄率近年来显著下降。造成这一现象的主要原因包括：第一，全球金融危机爆发后，日本实际国民收入不升反降；第二，财政赤字和政府债务的居高不下，使得政府面临越来越大的负储蓄压力。[1]日本投资率的缓慢回升，则与危机后日本经济的复苏以及安倍上台后采取的一系列经济政策有关，包括量化宽松的货币政策、积极的财政政策以及结构性改革举措。

全球金融危机爆发以来，欧元区在初期保持着较小的储蓄投资缺口，但该缺口在2011年之后明显扩大（图4-8），主要原因包括：第一，欧债危机的爆发重创了欧元区国家的国内投

---

[1]　见 Feldstein《日本的储蓄危机》一文，转载于财经网，http://www.caijing.com.cn/2010-10-21/110548766.html。

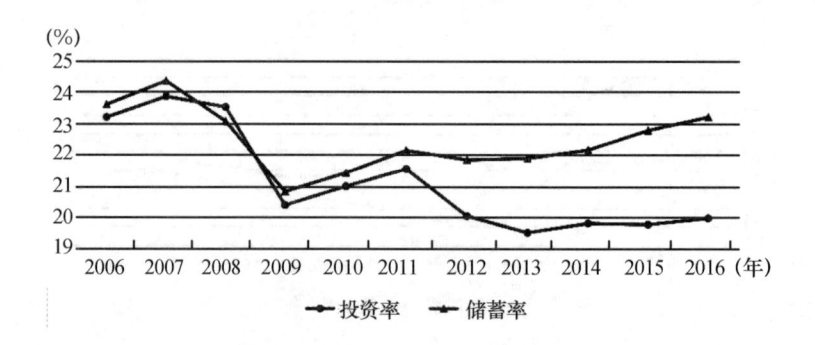

图4-8 欧元区储蓄投资缺口

资料来源：世界银行数据库。

资热情；第二，对经济前景的黯淡预期强化了居民部门的预防性储蓄动机。我们的测算表明，在2008年至2015年期间，储蓄率的变动解释了欧元区储蓄投资缺口变化的47%，而投资率

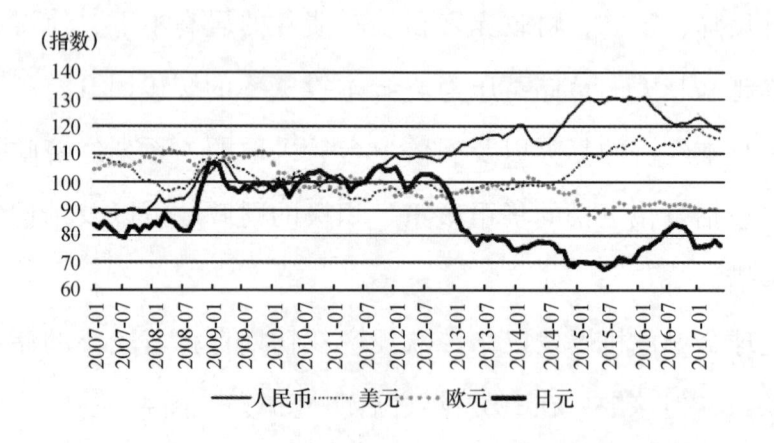

图4-9 全球主要经济体实际有效汇率指数走势

说明：实际有效汇率指数的走势，基年为2010年。

资料来源：国际清算银行BIS。

的变动解释了缺口变化的53%。值得一提的是，在欧元区内部，成员国的储蓄投资缺口也存在显著差异。

（二）实际有效汇率的调整

从实际有效汇率的角度来看，全球经常账户失衡是由于顺差国实际有效汇率被低估，逆差国实际有效汇率被高估导致。因此，全球经常账户再平衡也是实际有效汇率回归均衡汇率水平的过程。

表4－2　　　　　　全球主要货币实际有效汇率变动

时间 币种	2008.7—2010.7	2010.8—2014.1	2014.2—2017.5
美元汇率	上升3%	下降2.44%	上升17.46%
人民币汇率	上升8%	上升19.54%	下降1.72%
日元汇率	上升25%	下降27.48%	上升0.72%
欧元汇率	下降1.3%	上升1.47%	下降8.21%

说明：实际有效汇率变动为笔者自行计算；2008.7—2010.7为危机爆发期间，2010.8—2014.1为危机后经济复苏期间，2014.2—2017.5为全球经济增长分化期间。

资料来源：国际清算银行BIS。

如图4-9及表4-2所示，通过分析三个时期全球主要货币实际有效汇率的变动，我们可以得出以下结论。

首先，自全球金融危机爆发后至今（2008.7—2017.5），美元的实际有效汇率总体上贬值了6.63%，这对于美国的经常账户赤字起到了一定的纠正作用。但无论是在金融危机爆发期间还是2014年以来至今，美元的实际有效汇率都在持续上升，这意味着美元的贬值幅度依然偏小。

其次，无论是从整个时间段还是分段来看，人民币实际有效汇率的显著升值都有助于中国经常账户失衡的调整。从目前来看，人民币实际有效汇率已离均衡汇率不远。

再次，自全球金融危机爆发至今（2008.7—2017.5），日元的实际有效汇率贬值了9.11%。对于日本这样一个持续的经常账户顺差国而言，危机爆发至今，日元实际有效汇率的变动不利于日本经常账户再平衡。

最后，欧元区的实际有效汇率在前两段时期较为稳定，但在2014年至今出现显著贬值，这也正是近年来欧元区出现持续的经常账户盈余的重要原因之一。

从上述分析中不难看出，从实际有效汇率的变动出发来看，中国的调整要比美国与日本更大。要更加充分地实现经常账户的再平衡，美元应该有更大幅度的贬值，而日本应该有更大幅度的升值。

（三）全球价值链的调整

从全球价值链的视角出发，商品和服务贸易的不平衡可以归因于各国在全球价值链中的分工地位不同。位于全球价值链分工上游的国家掌握着产品和服务的专利或核心技术，这些国家在国际分工中负责产品设计及研发，并将生产环节转移给中下游国家。位于全球价值链中游的国家负责复杂度较高的产品生产环节；位于全球价值链下游的国家负责简单产品的制造及复杂产品的装配环节。在这一模式下，上游国家自然会比中下游国家更容易出现贸易逆差。根据2017年7月10日发布的《全球价值链发展报告2017——全球价值链对经济发展的影响：测度与分析》，世界上存在深度参与全球价值链的三大生产中心，即美国、亚洲大陆（中国大陆、日本和韩国）以及欧洲（特别是德国）。因此，主要经济体的经常账户再平衡也可以通过调整全球产业链的分工结构来实现。

本轮全球金融危机爆发后，全球价值链加速调整，呈现"生产活动加速分散、生产功能不断集中"的新趋势。一方面，人力资本、技术等高级要素流向以中国为代表的新兴经济体，使得这些新兴经济体的企业能够承接更高层次的价值链分工，加速了其在全球价值链中的地位提升；另一方面，基于对"产业空心化"与蓝领阶层失业加剧的担忧，自2011年以来，美国、日本和德国等发达经济体先后开启了再工业化政策，例如2012年美国的"先进制造业国家战略"、2013年德国的"工业4.0"战略、2015年日本的"科技工业联盟"战略。我们认为，上述全球价值链的重塑有利于促进经常账户的再平衡。

◇◇ 四 全球经常账户再平衡的有效路径

尽管自全球金融危机爆发至今，全球经常账户失衡得以显著改善。但关于这种改善究竟是周期性的还是结构性的，存在较大争议。如果经常账户失衡的改善主要是周期性的，那么随着全球经济的复苏，经常账户失衡将会卷土重来。因此，如何通过结构调整来增强全球经常账户再平衡的可持续性，就是各主要经济体面临的重要任务。我们从储蓄投资缺口调整、实际有效汇率变动和全球价值链变迁这三个视角来探讨全球经常账户再平衡的有效路径。

（一）储蓄投资缺口的调整路径

从储蓄投资缺口的调整来看，主要的顺差国与逆差国应通过国内经济政策的调整来避免储蓄投资缺口的再度恶化。

美国在未来扩大基础设施投资与教育投资已经是大势所趋，为避免储蓄投资缺口再度恶化，美国政府的当务之急是保证储蓄率不发生显著下降。这就意味着，第一，一旦当前均处于历史高位的美国股市与债市发生显著下跌，美国政府如何保证资产价格的修正不会造成家庭储蓄率显著下滑；第二，美国政府应该注意避免政府负储蓄的恶化，这就意味着需要控制财政赤字，实现更加平衡的财政收支安排；第三，美国政府应该努力保持本轮经济复苏的可持续性，避免货币政策过快紧缩扼杀来之不易的复苏。

为了实现更加可持续的经常账户再平衡，中国政府的主要工作包括：第一，通过向民间企业更快地开放服务业，来促进服务业投资，以抵消产能过剩造成的制造业投资下滑；第二，通过提供更高质量以及更广受众的教育、医疗、养老等公共产品来降低居民部门的预防性储蓄，通过政府减税以及提供更多的公共产品来降低政府部门储蓄，通过扩大国有企业上交红利比率以及改善民营企业融资性约束来降低企业部门储蓄。

为了避免未来储蓄投资缺口的再度恶化，日本政府的主要工作包括：第一，在人口老龄化注定导致居民储蓄率下降的背景下，如何避免政府储蓄的持续恶化将是当务之急，这意味着日本政府必须尽快缩减财政赤字；第二，如何激发持续疲软的企业投资也是日本政府面临的重要挑战，而加快国内市场对外国企业的开放可能通过加剧国内竞争来提振企业投资。

欧元区政府的主要任务则包括：一是如何保障本轮经济复苏的可持续性，因为唯有持续的经济复苏才会激发企业部门的投资热情；二是如何改善欧元区各成员国之间的经常账户失衡，这意味着德国这样的顺差国需要削减储蓄扩大投资，而南欧国家等逆差国则需要反其道而行之。

（二）实际有效汇率的调整路径

从实际有效汇率的调整来看，全球经常账户再平衡进程将会取决于主要经济体是否能够沿着正确的方向持续调整实际有效汇率，以显著改善本币高估或低估的状况。

首先，美元实际有效汇率应该继续贬值。Cline（2017）的测算表明，全球主要货币中美元实际有效汇率与均衡汇率的偏离程度最大，其币值被高估了8%。然而，考虑到美元在国际货币体系与全球金融市场中的特殊地位，美元汇率回归均衡水平最好是一个平稳而渐进的过程，以避免对全球市场造成显著负面的外溢冲击。

其次，应继续增强人民币汇率定价机制中的市场化程度。近十年来，随着人民币实际有效汇率的显著升值，中国的经常账户失衡已经得以显著改善，外汇市场上的双向波动显著增强，这意味着人民币汇率已离均衡水平不远。因此，中国央行应该继续增加市场供求（也即外汇市场收盘价）在人民币汇率定价机制中的作用，并在适当时候过渡至自由浮动的汇率制度。

再次，日元实际有效汇率应该继续升值。事实上，自安倍政府实施"三支箭"计划以来，加强版的量化宽松措施一度导致日元实际有效汇率显著贬值，这固然对出口导向的经济增长功不可没，但也加剧了经常账户失衡。因此，日本政府应选择在适当的时机降低量化宽松的规模，让市场力量更多地决定日元汇率的走向。

最后，尽管从整体来看，欧元区并不存在显著的经常账户失衡，故而欧元的实际有效汇率不需要进行显著调整。但欧元区政府的任务在于如何通过非汇率手段来促进欧元区内部各成员之间的经常账户再平衡，这意味着欧元区国家应该进一步加强包括劳动力在内的各要素在欧元区内部的自由流动，并且加强财政层面的跨国转移支付。

(三) 全球价值链的调整路径

与上述两种路径相比，全球价值链的调整是一个漫长的过程。各经济体可以通过优化产业结构、转变经济增长方式、调整全球价值链分工等手段来促进经常账户的再平衡。

美国位于全球价值链的上游核心地位，形成了美国以服务业为中心、外围国家以制造业为中心的分工结构，这事实上也是美国经常账户赤字凸显的根源之一。未来美国若想促进经常账户的再平衡，一方面应继续强化其在服务业出口方面的优势，另一方面也应该抓住新一轮技术革命的契机（例如3D打印、虚拟现实技术、人工智能等），重塑自身在某些高复杂度、高附加值制造业方面的优势。不过，特朗普政府提出的要重振美国传统制造业（例如钢铁行业）的计划，显然违背了美国的比较优势，注定将会徒劳无功。

中国位于全球价值链的中下游，逐渐形成了"两头在外、中间加工"的产业模式，这意味着中国的贸易顺差表面上看起来很大，但实际上留在国内的附加值并不多。要改善这一状况并促进经常账户的再平衡，中国政府一方面要顺应比较优势的动态变化，推动技术进步与产业升级，努力引进国外先进技术，实现自己在全球价值链上的持续攀升；另一方面也要鼓励符合条件的中国企业在海外开展直接投资，将较低附加值的产业转移到成本更低的其他新兴经济体或发展中经济体。

日本和德国位于全球价值链的上中游，一方面将技术密集型和资本密集型产业留在国内,另一方面又承接了来自美国的产品制造的复杂环节,故而长期以来都面临经常账户的持续盈余。要想实现经常账户的持续再平衡,日本与德国政府的主要工作包括:一是提高研发实力,继续提升自身在全球价值链的位置;二是进一步开放国内服务业市场,减少对进口与外商直接投资的限制,以促进国内服务业的发展;三是顺应全球技术变革、发展高端制造业。

◇ 五 结论

自本轮全球金融危机爆发以来,全球经常账户失衡的状况显著缓解,各主要经济体的经常账户走势在调整中呈现分化态势,中国和美国在此轮全球经常账户再平衡进程中均扮演着重要角色。

储蓄投资缺口的调整、实际有效汇率的变动及全球价值链分工的变迁均是全球经常账户再平衡的驱动因素。美国经常账户再平衡的主要驱动因素是家庭部门储蓄率的提升。中国经常账户再平衡的主要驱动因素是危机后的新一轮基建与房地产投资浪潮以及人民币实际有效汇率的显著升值;日本经常账户的调整主要源于家庭部门和政府部门储蓄率的变动;欧元区整体虽然不存在严重的经常账户失衡,但区内各国之间的失衡依然较为严重。

要保证全球经常账户再平衡的可持续性,各国要通过国内经济政策的调整来避免储蓄投资缺口的重新扩大,继续推动实际有效汇率沿着正确方向的调整,以及基于自身比较优势去挖掘在全球价值链方面的提升潜力。

最后值得一提的是,要实现全球经常账户的长期平衡,除各国自身努力之外,加强各国之间的政策协调与合作也是当务之急。当前全球地缘政治冲突不断、国内民粹主义与孤立主义情绪正在抬头,如何加强各国的政策协调与沟通合作,避免大规模贸易冲突甚至政治军事冲突的爆发,也是考验各国领导人勇气、智慧与决心的一大挑战。

第 五 章

中国国际收支双顺差：
演进前景及政策含义*

本章摘要 本章首先回顾了中国国际收支双顺差的历史与现状，分析了双顺差产生的根源、后果及相关福利损失。其次，本章对中国经常账户与资本账户余额的演进前景进行了展望。随着中国货物贸易顺差的相对下降、海外投资净收益的可能恶化、中国企业海外直接投资规模的上升，以及资本账户下证券投资与其他投资规模与波动性的增强，未来几年内中国国际收支双顺差的状况有望显著缓解。最后，本章讨论了中国国际收支双顺差收缩的政策含义，特别是对美国国债市场、人民币汇率、央行冲销行为以及中国资本账户开放等问题的潜在影响。

---

* 本章内容发表于《上海金融》2012年第6期。

一 引言

自 20 世纪 90 年代中期至今，中国的国际收支出现了持续的经常账户顺差与资本账户顺差。[①] 如图 5-1 所示，1999 年至 2011 年，中国已经连续 13 年出现国际收支双顺差。事实上，如果排除 1998 年东南亚金融危机期间由于国际资本流出造成的短暂资本账户逆差，中国从 1994 年起就出现了双顺差。和全球主要大国相比，中国如此长时间的双顺差是极其罕见的。例如，日本与德国同为出口大国，1991 年至今，日本仅在

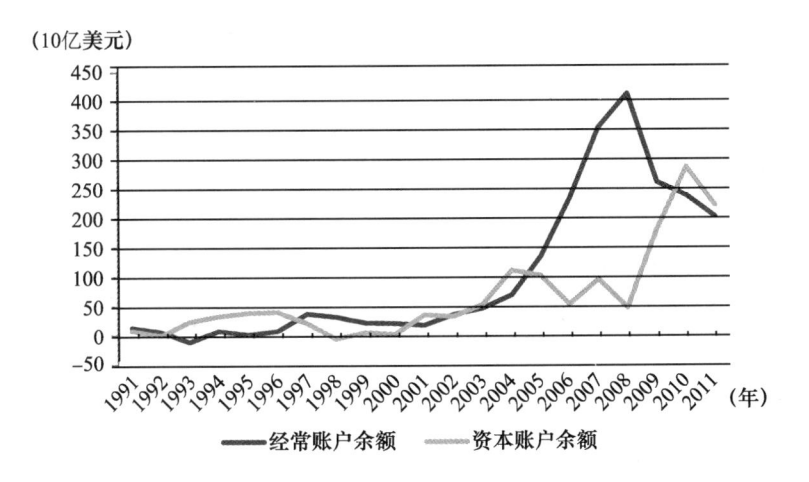

图 5-1 中国的经常账户与资本账户余额（1991—2011 年）

资料来源：CEIC 数据库。

[①] 本章中资本账户的概念沿用相关文献的惯例，是指国际收支表中资本账户（Capital Account）与金融账户（Financial Account）之和。

2003年与2004年出现过短暂的双顺差,在其余时间内,日本一直面临经常账户顺差与资本账户逆差的组合;德国仅在1999年出现过短暂的双逆差,1991年至2000年,德国面临过经常账户逆差与资本账户顺差的组合,2001年至今,德国转为面临经常账户顺差与资本账户逆差的组合。再如,1991年至今,美国仅在1991年出现过短暂的双顺差,1992年至今,美国一直面临经常账户逆差与资本账户顺差的组合。

孟晓宏(2004)认为中国的双顺差是在特定历史与政策环境下形成的,人民币汇率低估与严格的资本控制是主要原因。随着人民币汇率升值与资本账户开放,经常账户顺差与资本账户顺差均可能逆转。余永定与覃东海(2006)提供了一个分析中国双顺差的理论框架,指出中国双顺差的本质是中国并未利用外国储蓄进行国内投资、外资企业代替中资企业利用了中国储蓄,以及中国用自身股权交换外国债权资产。双顺差是中国长期推行吸引FDI(特别是加工贸易型FDI)优惠政策的结果,其最终是不可持续的。卢锋(2006)指出,中国双顺差的直接原因来自加工贸易与FDI的"结盟效应",深层次根源则是产品内分工时代背景与中国改革开放进程的互动关系,而自2002年以来的双顺差规模激增,则在相当程度上体现了人民币汇率低估的影响。张斌与贺冰(2006)认为中国国际收支不平衡的根源在于中国经济内部结构的不平衡,尤其是制造业快速发展、服务业发展滞后的产业结构失衡。唐建伟(2007)指出,中国双顺差的根源除了国内储蓄高于国内投资的结构性失衡、出口导向政策、引进FDI的优惠政策以及国际间的产业转移外，全球过剩流动性的输入也是重要原因之一。朱庆（2007）认为双顺差与中国的年龄结构有着密切联系，随着中国人口年龄结构的老化，双顺差的现象将会消失。贺力平、蔡兴（2008）发现，双顺差主要出现在汇率体制为非浮动汇率制的经济体中，且中国的双顺差从侧面表明中国私人部门以各类形式进行的对外投资均相对微弱。

中国国际收支双顺差的直接后果是外汇储备存量的不断攀升（图5-2）。1999年1月底中国的外汇储备存量仅为1451亿美元，2012年3月底已经达到3.31万亿美元，增长了近22

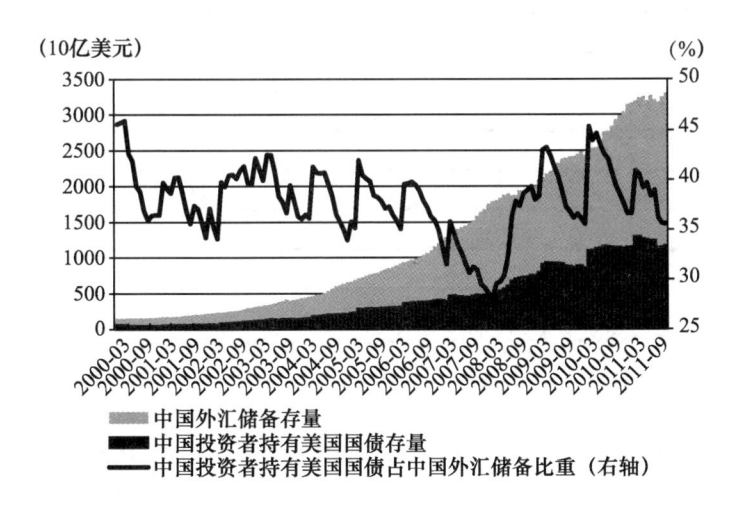

图5-2　中国的外汇储备存量与中国投资者持有美国国债存量

资料来源：CEIC数据库，笔者的计算。

倍。外汇储备的加速累积又产生了两个重要问题：一是中国投资者持有的美国国债规模迅速增加，二是外汇占款的攀升。如图5-2所示，中国投资者持有的美国国债存量，由2000年3月底的714亿美元增加至2012年1月底的1.16万亿美元。2012年1月底，中国投资者持有的美国国债存量占到外国投资者持有美国国债存量的23%，以及美国国债总量的8%。①如图5-3所示，中国外汇储备上升导致外汇占款同步增长。尽管基础货币M1的同比增速在大多数时间内低于外汇占款的同比增速，但两者之间呈现出较强的正相关性。事实上，2002年至今，外汇占款已经成为中国央行投放基础货币的最重要甚至唯

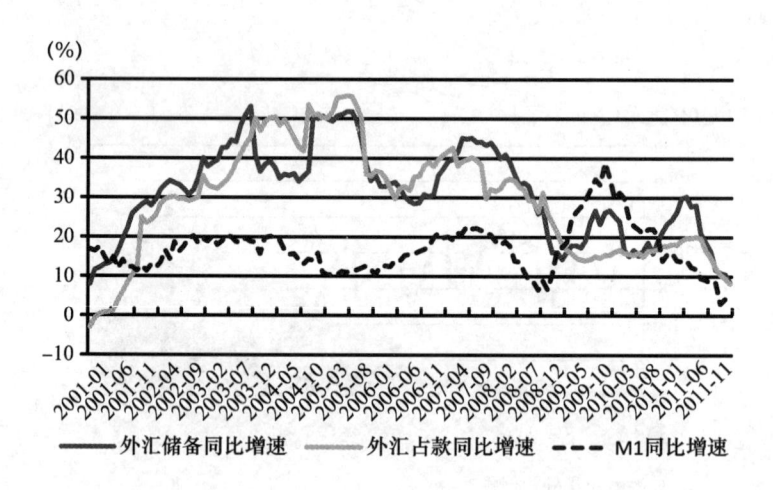

图5-3 中国外汇储备、外汇占款与基础货币的同比增速

资料来源：CEIC数据库，笔者的计算。

---

① 作者根据美国财政部TIC数据库数据计算。

一渠道。为避免外汇占款过快增长造成基础货币超发，中国央行在过去十年内频繁采用发行央行票据或提高法定存款准备金率的方式进行冲销。

毫无疑问，过去10余年时间内，国际收支双顺差对中国经济增长以及增强中国经济应对国际负面冲击的能力等功不可没。但与此同时，双顺差也给中国带来了巨大的福利损失。

一方面，国际收支双顺差的福利损失可以用四个以著名国际经济学家命名的问题加以概括（Yu，2012）。"多恩布什问题"是指发展中国家通过持续的经常账户顺差不断借钱给发达国家是荒谬的，因为发展中国家的投资回报率应该更高。"威廉姆森问题"是指发展中国家通常缺乏先进的技术与机器设备，因此会通过引入FDI来获得外汇资金，并利用这些外汇资金去进口发达国家的技术与机器设备。这意味着，发展中国家应该面临经常账户逆差与资本账户顺差的组合。中国的双顺差意味着中国未能将资本账户顺差转化为经常账户逆差，换句话说，中国引入FDI的目的似乎不是进口先进的技术与机器设备。"克鲁格曼问题"是指随着未来美元有效汇率的贬值，中国的外汇储备将遭受巨大的资本损失。"罗高夫问题"是指由于政府债务问题日益沉重，未来美国政府面临很强的激励去通过提高通货膨胀率来稀释自身债务，而这将导致中国对美国国债的投资面临巨大损失。

另一方面，国际收支双顺差的福利损失与央行的冲销行为有关。过去10年内，中国央行通过冲销既避免了人民币名义汇率的过快升值，又将通货膨胀率控制在很低水平上。然而，这一成功的冲销行为背后，是中国政府通过建立央行、商业银行与家庭部门"三位一体"的成本分摊机制，将大部分冲销成本转移给了商业银行与家庭部门。商业银行被迫接受低收益的央行票据以及更低收益的法定存款准备金，而家庭部门则长期面临实际存款利率为负的问题。如果综合计算央行、商业银行与家庭部门承担的冲销成本，则过去10年内央行冲销行为造成的福利损失是巨大的（Zhang，2012）。然而，如果央行不进行冲销或冲销不完全，那么外汇储备过快增长将造成国内流动性过剩，引发通货膨胀与资产价格泡沫，从而造成新的福利损失。

本章剩余部分的结构安排如下：第二部分分析中国经常账户顺差的发展趋势；第三部分展望中国资本账户顺差的发展趋势；第四部分探讨中国国际收支双顺差的收缩可能带来的潜在影响；第五部分为结论。

◇二 经常账户顺差的发展趋势

在1991年至2011年这21年间，除1993年外，中国均面临经常账户顺差。一般认为，如果一国经常账户余额占GDP的比率高于3%—4%，该国就面临经常账户失衡。2010年美国政府在G20峰会上的一项提议也建议把4%作为判断一国经常账户可持续性的标尺。如图5-4所示，中国经常账户顺差占GDP的比率从2002年起不断上升，到2007年达到10.1%的顶峰，之后逐渐回落，2011年该比率仅为2.8%。2005年至2009年这5年间，中国经常账户余额占GDP的比率明显超过了4%的标准，可以说出现了经常账户失衡。从2010年起，中国的经常账户余额已经回归到均衡区间内。然而问题在于，最近两年以来中国经常账户余额占GDP比率的下降，究竟是由周期性因素引发的呢，还是由结构性因素引发的。如果中国的经常账户再平衡是由全球经济低迷等周期性因素引发的，一旦全球经济回暖，中国的经常账户完全可能再度失衡；如果中国的经常账户再平衡是由人口年龄结构或产业结构变化等结构性因素引

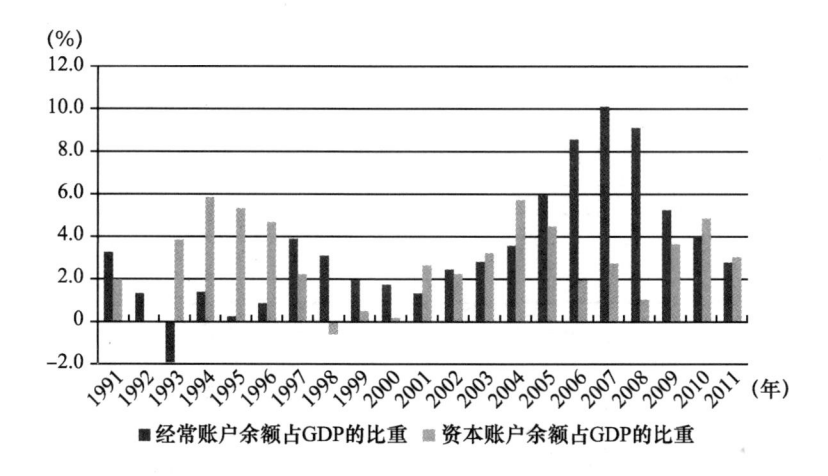

图 5-4 中国经常账户余额与资本账户余额占GDP的比率

资料来源：CEIC数据库。

发的，则未来中国的经常账户余额有望继续保持在合理范围内。

要进一步分析中国经常账户的变动趋势，有必要深入分析经常账户的组成部分。图5-5列示了中国经常账户的明细项目，从中不难得出以下结论：首先，在1991年至2011年这21年间，中国的货物贸易与经常转移项目分别有20年与21年为顺差，而服务贸易与收益项分别有19年与16年为逆差。其次，货物贸易顺差一直是中国经常账户顺差的主要来源。1991年至2011年这21年间，服务贸易、收益项与经常转移项三者之和有12年是负值，这意味着这些年内，货物贸易顺差是中国经常账户顺差的唯一来源。最后，中国经常账户自2005年之后的失衡，很大程度上与货物贸易顺差从2005年起的迅速飙升

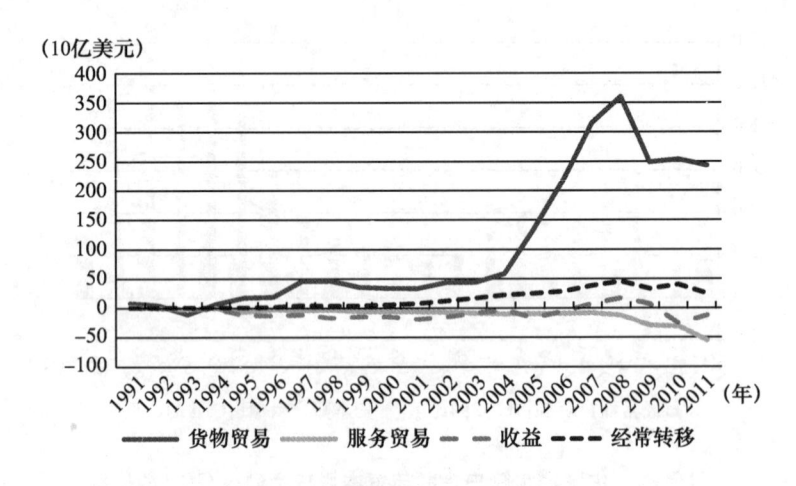

图5-5 中国经常账户的明细项目

资料来源：CEIC数据库。

有关。1998年至2004年这7年间,年均货物贸易顺差仅为427亿美元。而2005年至2011年这7年间,年均货物贸易顺差达到2536亿美元。中国货物贸易顺差从2005年起的飙升,最重要的原因是中国出口产业结构发生了显著变化,钢铁、汽车、手机、电脑、船舶等行业在21世纪初期的产能扩张使得上述行业取代了纺织、玩具等传统劳动密集型行业,成为中国货物贸易顺差的主要来源(姚枝仲,2008)。此外,在人民币单边升值预期的驱动下,短期国际资本通过国际贸易领域转移定价渠道的流入,也是造成中国货物贸易顺差显著放大的原因之一(张明,2011a)。

既然货物贸易顺差是中国经常账户顺差的主要贡献者,因此要判断未来中国经常账户顺差的发展趋势,就必须判断未来货物贸易顺差的发展趋势。笔者认为,基于如下两个原因,未来2—3年内中国货物贸易顺差占GDP的比率有望保持在低位,甚至可能进一步回落。

第一,从国内因素来看,随着农村劳动力向城市大规模转移过程的基本结束以及人口年龄结构老龄化的加剧,中国非熟练劳动力工资近年来显著上涨;国内土地、资金、资源、环境等要素价格的市场化改革将会导致企业生产要素价格上升;虽然人民币对美元名义汇率的升值幅度可能明显减缓,但人民币实际有效汇率仍将继续升值。以上这些结构性因素的变化都将造成中国出口商品价格上升,除非中国出口企业能够及时转型以调整其在全球产业链上的位置，否则中国的出口商品竞争力将明显下降，进而导致货物贸易顺差占GDP的比重下降。如图5-6所示，过去十余年时间内，中国出口同比增速与人民币实际有效汇率之间存在显著的负相关关系。只要未来中国制造业部门劳动生产率增速依然高于中国贸易伙伴的相应增速，人民币实际有效汇率仍将继续上升，而这将进一步抑制中国出口增速。

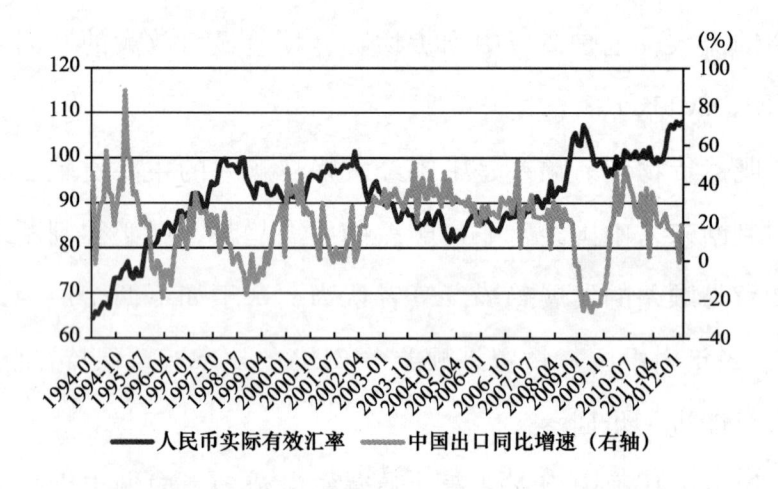

图5-6 中国出口同比增速与人民币实际有效汇率

说明：人民币实际有效汇率指数引自BIS的广义指数，2010年=100。

资料来源：CEIC数据库。

第二，从外部因素来看，如图5-7所示，过去十余年时间内，中国出口同比增速与反映全球需求强弱的OECD领先指数之间存在显著的正相关关系。更为重要的是，外国进口需求对中国出口额的影响远高于中国出口价格上升对中国出口额的影响。例如,根据姚枝仲等(2010)的估算,中国的出口收入弹性是出口价格弹性的大约4倍。目前,尽管美国次贷危机基本上已经结束,但欧洲主权债务危机仍在肆虐。更为重要的是,美、欧、日等几乎所有发达经济体,都面临着政府债务高居不下的问题。未来这些国家需要通过财政紧缩措施来降低政府债务,而财政紧缩通常会造成经济增速下降。根据IMF在2012年4月发布的全球经济展望的最新估计,2012年与2013年发达经济体经济增速仅为1.4%与2.0%,低于2010年的3.2%以及2011年的1.6%;2012年与2013年全球经济增速分别为3.5%与4.1%,低于2010年的5.3%以及2011年的3.9%。考虑到中国几乎所有的货物贸易顺差均来自欧美发达

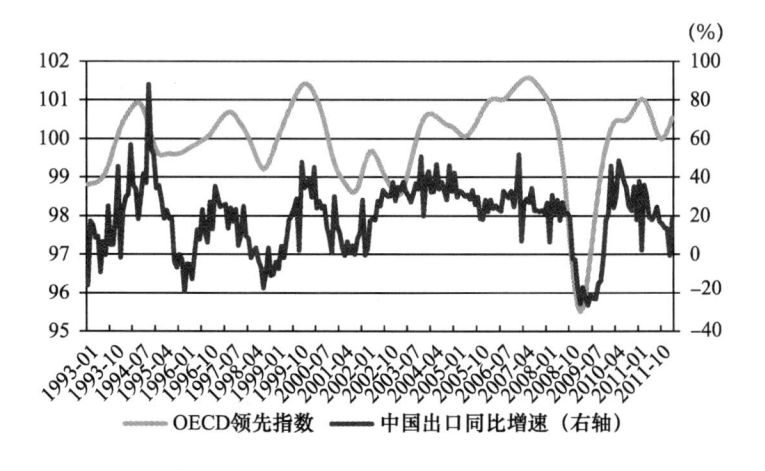

图5-7 中国出口同比增速与OECD领先指数

资料来源:CEIC数据库,OECD数据库。

经济体，未来几年内全球发达经济体增长疲弱，也将影响中国出口增长。

未来几年中国经常账户顺差占GDP比率可能下降的另一个原因，是经常账户中的收益项逆差可能恶化。如图5-8所示，2004年至2011年这8年间，尽管中国一直是国际净债权人（海外总资产大于海外总负债），但在2004年至2006年以及2010年至2011年这5年内，中国的海外投资收益均为负值。造成这一现象的根源在于中国的海外投资以债权投资为主，外国对中国的投资以股权投资为主，而从长期来看，股权投资的收益率显著高于债权投资。考虑到未来几年内，发达国家政府可能采用国内通胀与本币贬值的方式来稀释政府债务，因此中国的海外投资负收益很可能进一步恶化。在极端情况下，如果

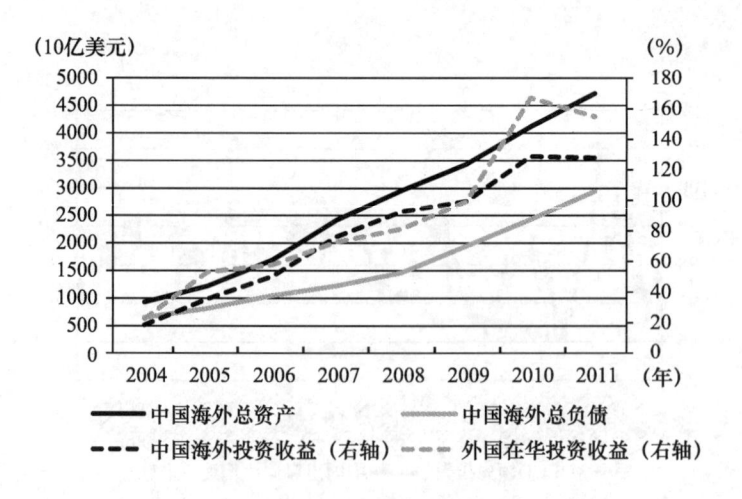

图5-8 中国的国际投资头寸与海外投资收益

资料来源：CEIC数据库。

海外投资负收益超过货物贸易顺差,则中国可能出现货物贸易顺差与经常账户逆差共存的局面。巴西在这一方面可以为中国提供重要的经验教训。2001年至2011年,尽管巴西每年都是货物贸易顺差国(年均货物贸易顺差278亿美元),但同时巴西每年的收益项都是逆差(年均收益项逆差292亿美元),再加上巴西的服务贸易也是持续逆差(与中国相仿),导致这11年间巴西的经常账户竟然有6年是逆差,尤其是在2008年至2011年期间,巴西的经常账户出现了连续4年的逆差。截至2011年年底,中国的FDI存量达到1.80万亿美元,一旦中国宏观经济形势恶化,外商投资企业可能集中汇出留存收益甚至撤资,这可能造成中国突然同时面临经常账户逆差(利润汇出)与资本账户逆差(本金撤出)的不利局面,甚至引发国际收支危机。[1]

◇◇ 三 资本账户顺差的发展趋势

如图5-4所示,在1993年至1996年、2001年、2003年至2004年、2010年至2011年期间,中国资本账户顺差均超过了经常账户顺差。为分析资本账户顺差的发展趋势,有必要深

---

[1] 姚枝仲、何帆(2004)通过一个理论框架说明了FDI集中撤出可能引发国际收支危机的风险。

入分析资本账户的组成部分。如图 5-9 所示，在 1997 年至 2011 年 15 年间，直接投资持续为正（年均余额 828 亿美元），而证券投资（年均余额 40 亿美元）与其他投资（年均余额 -63 亿美元）在正负区间内的波动性很强。与货物贸易顺差是中国经常账户顺差的主要贡献者相仿，直接投资顺差是中国资本账户顺差的主要贡献者。因此要判断未来中国资本账户顺差的发展趋势，就必须判断未来直接投资的发展趋势。

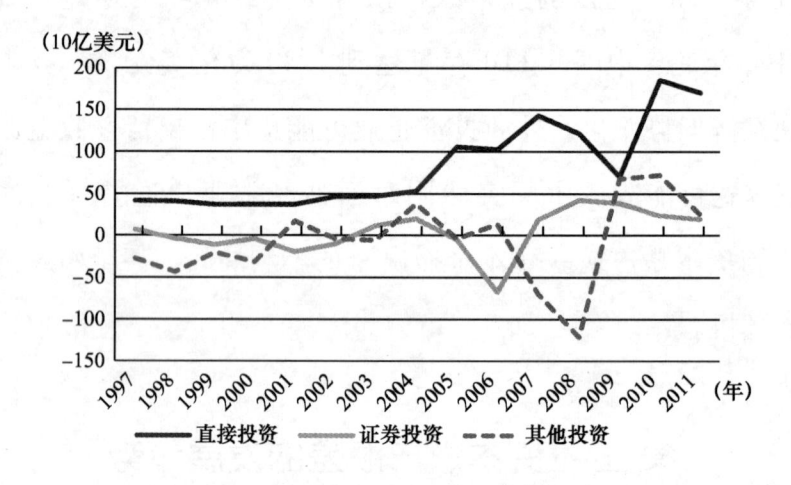

图 5-9 中国资本账户的明细项目

资料来源：CEIC 数据库。

如图 5-10 所示，1991 年至 2011 年，FDI 规模持续超过中国对外直接投资规模。2005 年中国利用的 FDI 规模显著上升。1991 年至 2004 年，中国年均利用的 FDI 规模为 367 亿美元，2005 年至 2011 年，中国年均利用的 FDI 规模上升至 1649 亿美元,2010年与2011年,中国利用的FDI规模均超过了2000亿美元。考虑到中国的国内储蓄持续高于国内投资(这从中国持续的经常账户顺差中可以看出来),中国每年依然引入规模如此之大的FDI是相当奇怪的。笔者认为,这既与中国政府招商引资的扭曲性政策有关,也与中国金融市场不完善、中小民营企业融资难有关。随着中国国内要素价格市场化(这将削弱对加工贸易型FDI的吸引力)、中外资企业享受真正平等的国民待遇以及中国金融市场的发展完善,预计未来几年内中国引入FDI的规模将会出现增速下降甚至绝对水平下降。

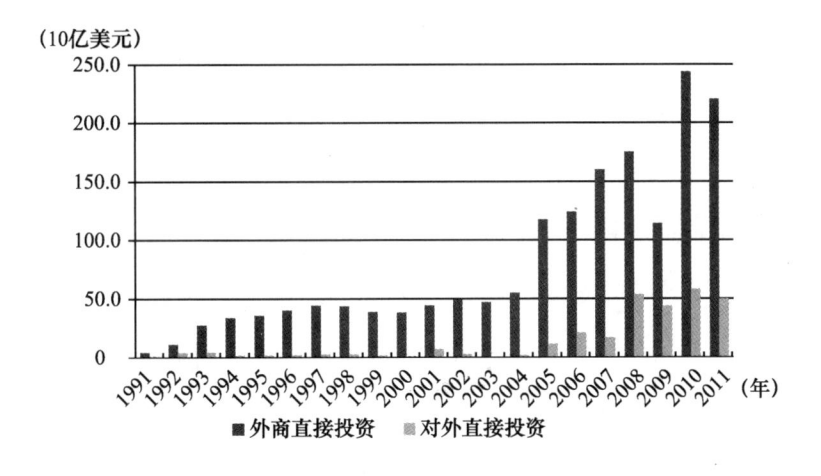

图 5-10 外商直接投资与中国对外直接投资的比较

资料来源:CEIC 数据库。

从2005年起,中国政府开始鼓励中国企业对外投资,这一方面是为了提高中国企业的全球竞争力,另一方面也是为了缓解外汇储备累积、降低人民币升值压力。如图 5-10 所示，2005 年之后，中国对外直接投资规模显著上升。1991 年至 2004 年，中国对外直接投资年均仅为 25 亿美元，2005 年至 2011 年，该规模上升至 364 亿美元，2008 年至 2011 年这 4 年间，该规模进一步上升至 513 亿美元。随着中国企业自身的发展壮大、中国外汇储备能够为国内企业的海外扩张提供更多的支持，以及全球金融危机爆发导致发达国家企业的市场估值相对便宜，预计未来几年中国企业的对外直接投资规模将继续快速上升。FDI 规模的相对下降与对外直接投资规模的快速上升，将会导致中国资本账户中直接投资项目余额趋于下降。

如图 5-9 所示，中国资本账户中的证券投资与其他投资余额除了波动性很强之外，近年来的流动规模也在不断放大。这是因为，证券投资与其他投资（主要是国际信贷与贸易融资）均属于短期国际资本的范畴，而短期国际资本的逐利性更强，资本流动的波动性与易变性也更强。例如，根据张明（2011b）的估算，1997 年至 2009 年，中国面临的直接投资、证券投资与其他投资的变异系数（年度数据）分别为 0.47、3.23 与 21.59。如图 5-11 所示，2003 年至今，中国在大多数时间内面临短期国际资本流入。短期国际资本持续大规模流出基本上都发生在国际金融危机造成全球金融市场动荡期间，例如 2008 年下半年美国次贷危机集中爆发、2010 年春夏之交欧债危机的爆发，以及 2011 年第四季度欧债危机的恶化等。随着人民币国际化的推进以及中国资本账户的进一步开放，预计未来几年内证券投资与其他投资的流动规模会继续上升，波动性将会依然处于很高的水平上。①

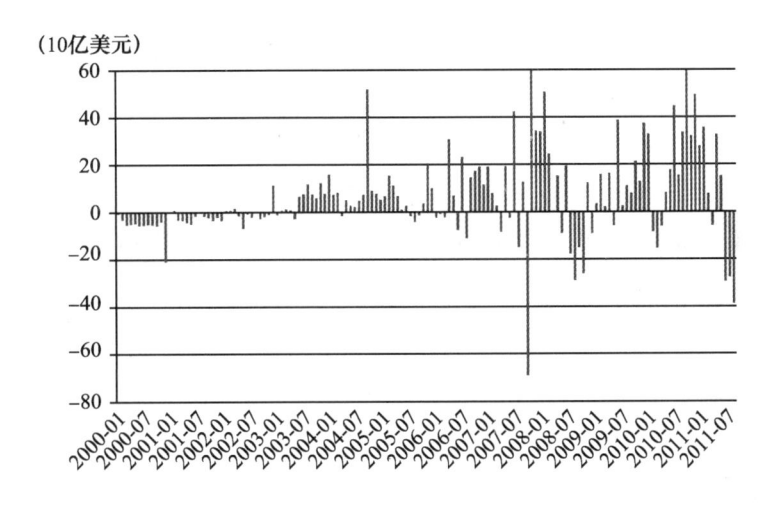

图 5-11　中国面临的短期国际资本流动

说明：计算方法为每月的外汇占款增量（换算为美元数）与货物贸易顺差以及实际利用 FDI 规模之差。

资料来源：CEIC，笔者的计算。

综上所述，由于未来几年内直接项目顺差有望逐渐下降，而证券投资与直接投资的流动规模将会放大、波动性依然很强，中国的资本账户顺差有望在波动中下行。一旦中国的内外

---

① 例如，2012 年 4 月，证监会、央行与外管局宣布，将合格境外机构投资者（QFII）的总额度由 300 亿美元扩大至 800 亿美元，将人民币 QFII 的总额度由 200 亿人民币扩大至 700 亿人民币。

直接投资趋于平衡，如果短期国际资本由于外部冲击或中国经济增长前景放缓而集中流出，则中国很可能会面临资本账户逆差。

◇◇ 四 中国国际收支双顺差收缩的政策含义

如前所述，未来几年内，中国经常账户顺差与资本账户顺差占 GDP 的比率都有望逐渐下降，且资本账户余额的波动幅度可能显著大于经常账户余额。中国国际收支双顺差收缩的直接结果是外汇储备的累积速度将会显著放缓。笔者认为，双顺差的缩小与外汇储备增量的下降至少具有以下几层政策含义。

首先，美国政府通过发行国债为其财政赤字融资将变得更加困难，导致美国政府对美联储购买美国国债的依赖程度进一步上升。美国次贷危机爆发后，美国政府财政赤字激增，导致美国国债发行量一路飙升。2001 年至 2008 年，美国联邦政府财政赤字年均为 2507 亿美元，美国国债净发行额年均为 5447 亿美元。2009 年至 2011 年，联邦财政赤字增加至年均 1.34 万亿美元，直接导致美国国债净发行额攀升至年均 1.59 万亿美元。[①]美联储与中国投资者是美国国债最大的两家购买者。截至

---

① 以上数据引自 CEIC 数据库。

2011年年底，美国国债存量为14.76万亿美元，其中美联储持有1.67万亿美元，中国投资者持有1.15万亿美元。[①]如果中国国际收支双顺差收缩导致新增外汇储备规模下降，则中国投资者购买新发行美国国债的规模将随之下降。来自中国投资者的购买需求的削弱可能导致美国国债市场上供过于求，从而推高美国国债收益率。为避免长期国债收益率上升加剧美国财政负担以及抑制宏观经济增长，美联储可能被迫加大对美国国债的购买量。2009年3月与2010年11月，美联储已经相继推出两轮量化宽松政策（Quantitative Easing，QE）；2011年9月，美联储再次推出出售短期国债、购入长期国债以压低长期国债收益率的扭曲操作（Operation Twist）。笔者预计，如果未来美国国债由于供过于求而收益率显著上升，则美联储推出QE3的可能性将会相应增大。

其次，人民币对美元汇率升值幅度将会显著放缓，同时呈现出更为显著的双向波动。国际收支双顺差的收缩导致外汇储备累积速度减缓，这降低了中国央行在外汇市场上进行干预的必要性。同时，中国经常账户占GDP比重的不断下降（目前已经降低3%以下），也使得过去经常用经常账户失衡来敦促人民币升值的发达国家失去了口实。在2005年7月汇改启动至2008年7月人民币重新盯住美元期间，人民币对美元汇率年均

---

① 以上数据引自美联储网站以及美国财政部TIC数据库。

升值幅度为7%；2010年6月汇改重启至2011年年底，人民币对美元汇率年均升值幅度为5%。笔者认为，未来2—3年内，如果没有意外情况发生，人民币对美元汇率年均升值幅度可能降低至2%—3%。随着人民币汇率单边升值预期的弱化，人民币对美元汇率的双向波动有望变得越来越显著。2012年3月的全国人大五次会议上，时任央行行长周小川表示，由于产业结构改进、贸易顺差减少等因素，目前人民币汇率距离均衡水平比较近，并逐步具备了加大汇率浮动的条件。从2012年4月16日起，中国央行将银行间即期外汇市场人民币对美元汇率波动幅度由0.5%扩大至1%。这表明中国央行正在利用当前的有利时机继续推动人民币汇率形成机制的改革。

  再次，中国央行的冲销压力将得以显著缓解，法定存款准备金率将进入新一轮下降周期，对商业银行贷存比的限制也可能松动。过去10年来，中国央行主要依靠发行央行票据与提高法定存款准备金率的方式来冲销由于外汇占款增加而释放的流动性。2003年至2008年，发行央行票据一度是中国央行冲销的主要工具。但随着央行票据存量的上升以及央票收益率的上升，从2006年下半年开始，中国央行开始越来越多地依赖提高法定存款准备金率进行冲销。央行迄今为止的冲销是相当成功的，但如前所述，央行、商业银行与家庭部门也共同承担了不菲的冲销成本，过高的法定存款准备金率也使得中小银行的流动性相当匮乏。随着国际收支双顺差收窄导致的外汇储备增量下降，未来几年内央行的冲销压力有望显著放松。这意味着，央行一方面将会降低央行票据的发行规模（实际上自2009年以来，央票每年的净发行量都是负值），另一方面将连续下调法定存款准备金率。如果外汇储备增量下降得太快，央行可能不得不寻求除了外汇占款之外新的基础货币发行方式。除继续下调法定存款准备金率之外，央行与银监会还可能取消对商业银行目前75%的贷存比限制。

最后，中国政府可能会加快资本账户的对外开放。中国政府过去之所以对资本账户开放保持谨慎，是因为担心在国际收支双顺差背景下，资本账户的开放会导致更大规模的国际资本流入，进一步推高中国外汇储备、加大央行冲销压力与人民币升值压力。由于当前国际金融危机仍在肆虐、短期国际资本流入压力明显放缓、人民币汇率升值预期出现分化，有观点认为，当前是中国政府加快资本账户开放的战略机遇期（中国人民银行调查统计司课题组和盛松成，2012）。2012年4月，中国政府增加了QFII与人民币QFII的额度，或许就反映了相关部门政策思路的变化。此外，中国政府目前正在大力推进人民币国际化，而迄今为止人民币国际化的实质其实就是加快资本账户的开放（余永定，2012）。笔者认为，其一，在国际金融危机仍在肆虐、主要发达经济体央行均在实施零利率与量化宽松政策、全球短期国际资本流动的规模与波动性显著增强的环境下，当前并非是中国政府加快资本账户开放的战略机遇期。

其二，在中国政府加快资本账户开放之前，必须尽快实现人民币利率与汇率的市场化，中国政府也必须在金融市场对外开放之前，首先实施金融市场的全面对内开放。其三，从国际金融的历史来看，货币国际化通常是市场选择而非人为推动的结果，货币国际化的推进不应该以损害中国宏观经济以及金融市场的稳定成长为代价。而日本的经验教训也表明，在完成利率市场化改革之前过快推进资本账户自由化，可能造成严重的资产价格泡沫（徐奇渊，2012）。因此，中国政府仍应该审慎、渐进、可控地推进资本账户开放，同时必须加快利率、汇率、金融市场对内开放等配套措施的改革。

◇◇ 五　结论

已经持续十余年的中国国际收支双顺差是在特定历史与政策环境下形成的，其成因包括出口导向发展策略、引进外资的优惠政策、低估的人民币汇率与盯住美元汇率制、资本账户管制、国内产业结构失衡、人口年龄结构、全球产业分工等。国际收支双顺差意味着国内资源的扭曲配置，它造成了外汇储备过度累积、中国投资者大量持有美国国债、巨大的冲销成本以及外国投资对本国投资的挤出等不利后果。

人民币实际有效汇率的持续升值以及外需的长期低迷，将会造成中国货物贸易顺差的相对萎缩。中国海外资产与海外负债的资产结构差异可能造成海外投资收益的进一步恶化。以上两个因素将导致中国经常账户占GDP的比率在未来几年内保持在低位甚至继续下降。FDI规模的相对下降以及中国企业海外直接投资规模的快速上升，将会造成中国资本账户占GDP的比率在未来几年内趋于下降。与此同时，证券投资与其他投资规模的放大以及波动性的增强，也给中国资本账户余额的变动带来了相当大的不确定性。

国际收支双顺差的收缩以及相应的外汇储备增速放缓具有重要的政策含义。美国政府通过发债为财政赤字融资的难度上升，这可能迫使美联储不得不加大对美国国债的购买力度。人民币对美元汇率的升值速度有望显著放缓，并呈现出越来越大的双向波动。中国央行针对外汇占款进行冲销的压力可能明显缓解，法定存款准备金率将会步入新的下降周期，对商业银行贷存比的限制也有望放缓。中国政府可能会加快资本账户开放，但在当前波诡云谲的国际环境下，在国内利率、汇率市场化改革以及金融市场对内开放并未到位的前提下，加快资本账户开放可能面临着较大风险。

第 六 章

中国何以成为一个反常的国际债权人？[*]

本章摘要 中国是一个反常的国际债权人，尽管拥有巨大的海外净资产，但出现了持续的海外投资负收益。造成这一现象的直接原因是中国对外资产的投资收益率显著低于对外负债的投资收益率。更深层次的原因包括：对外资产与对外负债的资产结构存在错配；对外资产与对外负债在公共部门与私人部门之间的分布不对称；中国投资者在投资经验与能力上仍落后于外国投资者。为转变成一个正常的国际债权人，中国政府应加快人民币汇率与利率形成机制改革、努力推动中国企业的海外直接投资、取消针对外商直接投资的各类优惠政策、逐步放松对居民部门海外投资的管制、大力发展国内金融市场。

---

[*] 本章内容发表于《建投投资评论》2013 年第 1 期（创刊号）。

第六章　中国何以成为一个反常的国际债权人？

◇ 一　引言

1994年至2012年，中国出现了连续19年的经常账户顺差。持续的经常账户顺差意味着中国源源不断地向外国提供资金支持，这使得中国逐渐成长为全球最重要的国际债权人之一。

1994年至2012年，中国的经常账户顺差累计达到2.24万亿美元。[①] 2012年年底，中国的海外净资产达到1.74万亿美元。2012年年底的中国海外净资产要比1994年至2012年中国的经常账户顺差累计额低5000亿美元。换句话说，中国每年向外国提供的信贷净流量之和，要显著高于2012年年底中国对外净债权存量。

相比之下，日本在1981年至2012年期间出现了持续32年的经常账户顺差，且该时期内经常账户顺差累计额为3.29万亿美元。2012年年底，日本的海外净资产为3.42万亿美元。这意味着，日本每年向外国提供的信贷净流量之和，基本上等于2012年年底日本对外净债权存量。

中国与日本同为全球范围内最重要的国际债权人，但为何中日之间存在上述如此迥异的区别呢？根本原因在于，与日本

---

① 1982年至2012年，中国的经常账户顺差累计为2.25万亿美元，这与1994年至2012年中国经常账户顺差的累计额相差无几。

相比，中国对外资产与负债的资产配置与币种配置存在严重问题，从而容易遭受不利的估值损失。中国对外资产多以外币计价，大部分投资于债权类资产。中国对外负债多以人民币计价，大部分属于外商直接投资。这不仅意味着中国对外资产的收益率远低于对外负债的收益率，而且意味着中国的海外净资产容易遭受人民币升值的不利冲击。例如，根据肖立晟与陈思翀（2013）的估算，仅在1998年至2011年期间，由汇率与资产价格变动所造成的中国海外净资产的损失就高达4212亿美元。

除上述根本原因外，本章认为，中国与日本的另一大不同之处在于日本是一个正常的国际债权人，而中国是一个反常的国际债权人。这主要体现在，同样作为国际债权人，日本每年在从其他国家收取利息，而中国每年却在向其他国家支付利息。

本章将分析中国作为反常的国际债权人的特征与成因，并提出如何将中国转变为一个正常的国际债权人的政策建议。本章剩余部分的结构安排如下：第二部分通过国际比较，揭示出中国作为一个反常的国际债权人的主要特征；第三部分分析中国成为反常的国际债权人的直接原因；第四部分进一步剖析中国成为反常的国际债权人的深层次原因；第五部分为结论与政策建议。

◇◇ 二 中国：一个反常的国际债权人

如图6-1所示，自2004年以来，中国的对外资产持续高于对外负债，也即中国一直是一个国际债权人。中国的海外净资产规模近年来不断扩大，由 2004 年年底的 2764 亿美元逐渐上升至 2012 年年底的 1.74 万亿美元。尽管中国是一个国际净债权人，但如图 6-2 所示，除 2008 年与 2009 年之外，在大多数年份中，中国的海外投资收益却一直低于外国的中国投资收益，这表明中国的海外投资净收益持续为负。作为国际净债权人，却不得不面对海外投资负收益的局面，这意味着中国是一个反常的国际债权人。换句话说，中国在借钱给外国的同时，还在向外国支付利息。

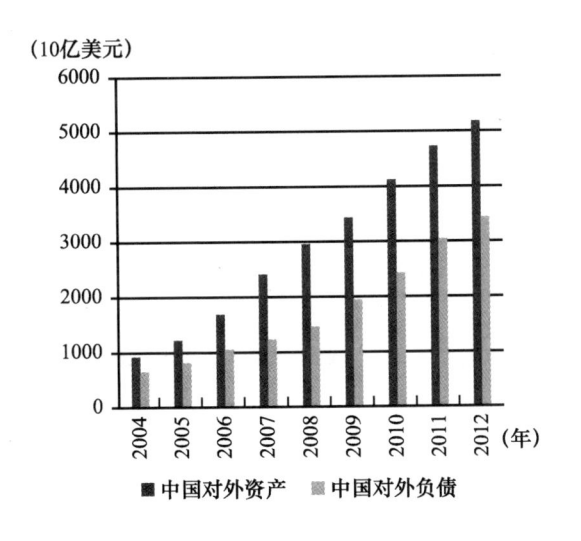

图 6-1 中国的对外资产与负债

资料来源：CEIC 数据库。

中国的状况与美国形成了完美的镜像。如图 6-3 所示，

(10亿美元)

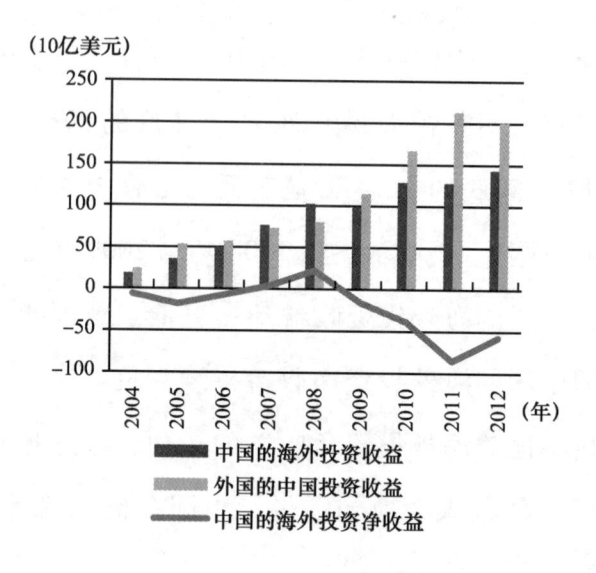

图 6-2 中国的海外投资收益

资料来源：CEIC 数据库。

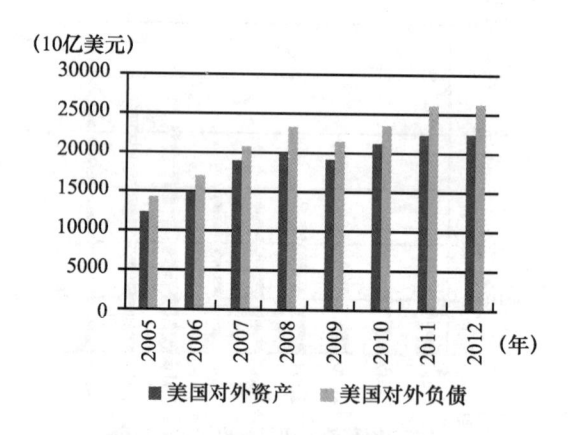

(10亿美元)

图 6-3 美国的对外资产与负债

资料来源：CEIC 数据库。

美国的对外资产持续低于对外负债，这意味着美国是一个国际净债务人。然而如图 6-4 所示，历年以来美国的海外投资收益均高于外国的美国投资收益,即美国存在持续的海外投资净收益。这意味着美国是一个反常的国际净债务人,在不断向外国借钱的同时,还在向外国收取利息。

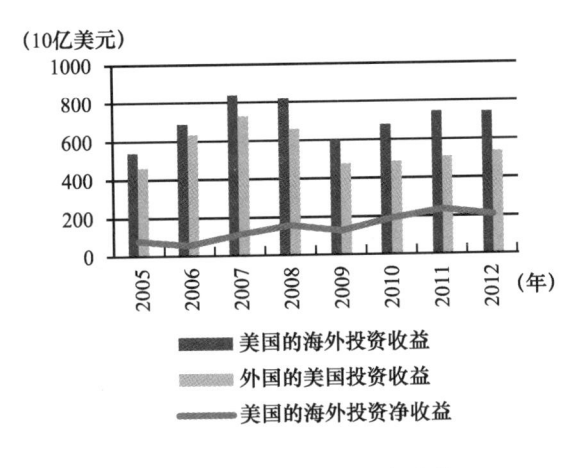

图 6-4 美国的海外投资收益

资料来源:CEIC 数据库。

针对美国为何是一个反常的净债务人,国际上相关研究表明,根源在于美国的对外资产收益率显著高于对外负债收益率。例如,Gourinchas 与 Rey(2007)的计算表明,1952 年至 2004 年,美国海外资产的年均收益率达到 5.72%,美国海外负债的年均收益率仅为 3.61%。此外,与布雷顿森林体系时期相比,美国海外资产与海外负债的收益率之差在随后的浮动汇率时期内明显扩大。又如,Lane 与 Milesi-Ferretti(2009)指出,在 2000 年至 2007 年期间,美国在国际投资头寸方面获得的估值收益恰好对应了海外债权国在国际投资头寸方面遭受的估值损失。

相比之下，日本与德国均是正常的国际债权人。一方面，它们均有着持续的国际投资净头寸（图6-5与图6-7）；另

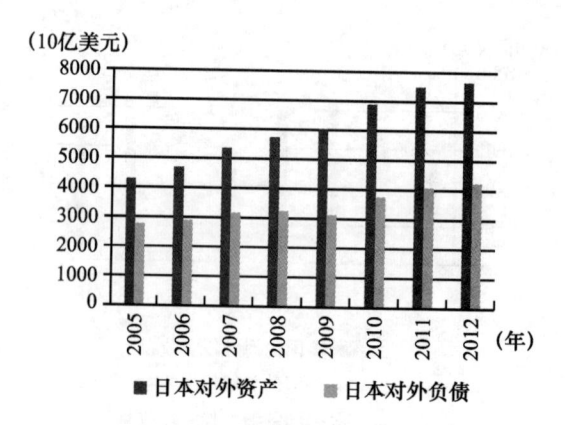

图6-5 日本的对外资产与负债

资料来源：CEIC数据库。

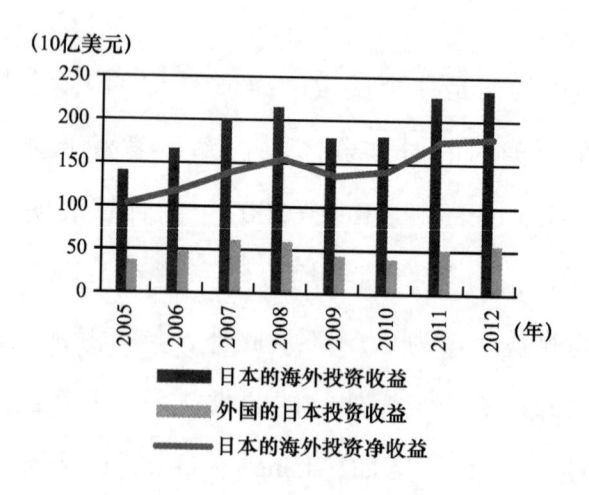

图6-6 日本的海外投资收益

资料来源：CEIC数据库。

一方面，它们均有着持续的海外投资净收益（图6-6与图6-8）。因此，要解释中国何以成为一个反常的国际债权人，可以通过与日本、德国等国家进行更为细致的比较研究来得出结论。

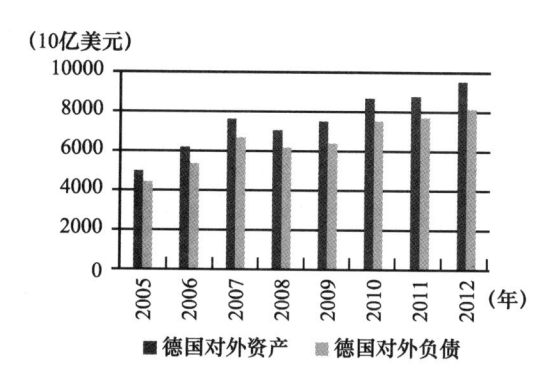

图6-7　德国的对外资产与负债

资料来源：CEIC数据库。

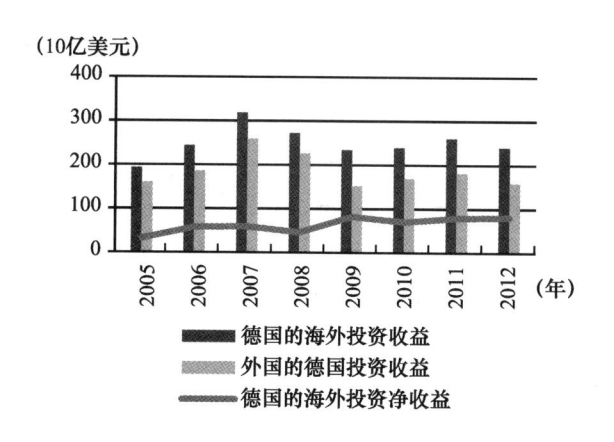

图6-8　德国的海外投资收益

资料来源：CEIC数据库。

◇◇ 三 直接原因

中国之所以成为一个反常的国际债权人，直接原因是中国对外资产的投资收益率远低于对外负债的投资收益率（如引言一样，对外负债的投资收益率提法值得推敲，似应为对外负债的成本率或利率，下同），从而造成尽管对外资产规模远高于对外负债规模，但中国的海外投资收益却显著低于外国的中国投资收益的局面。

笔者在图 6-9 中计算并比较了中国、美国、日本与德国各自对外资产与对外负债的投资收益率，这些收益率数据的统计性描述如表 6-1 所示。从表中可以看出，在这四个国家中，中国是唯一一个对外资产的投资收益率显著低于对外负债的投资收益率的国家，这正是中国为何成为一个反常的国际债权人的关键。2005 年至 2012 年这 8 年时间内，中国对外资产的年均投资收益率为 3.0%，而中国对外负债的年均投资收益率为 6.1%。从一国对外资产与对外负债的投资收益率之差来看，日本最高，达到 1.8%，美国与德国分别为 1.1% 与 0.4%，而中国却为 -3.1%。更进一步的比较显示，在这四个国家对外资产的年均投资收益率中，中国是最低的（3.0%），显著低于美国的 3.8%、日本的 3.3% 与德国的 3.4%。然而，在这四个国家对外负债的年均投资收益率中，中国却是最高的（6.1%），远远

第六章　中国何以成为一个反常的国际债权人？

高于美国的 2.7%、日本的 1.5% 与德国的 3.0%。

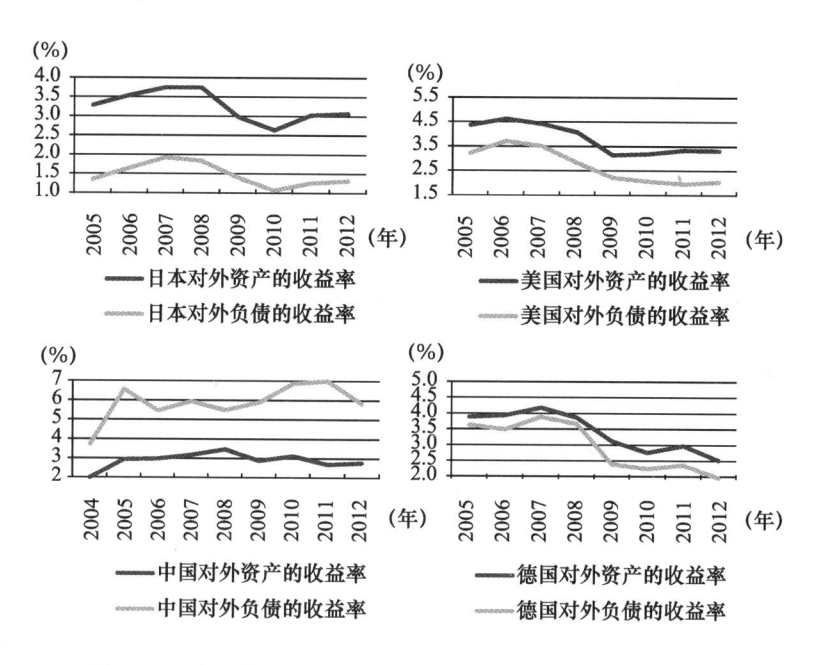

图 6-9　中、美、日、德对外资产与对外负债的收益率比较

说明：对外资产的收益率等于一国国际收支表中投资收益项贷方余额除以该国国际投资头寸表中的对外资产余额；对外负债的收益率等于一国国际收支表中投资收益项借方余额除以该国国际投资头寸表中的对外负债余额。

资料来源：CEIC 数据库，笔者的计算。

表 6-1　　　　　2005 年至 2012 年中、美、日、德对外资产

与对外负债的统计性描述

	年度	最高值（%）	最低值（%）	平均值（%）
中国对外资产的投资收益率	8	3.5	2.7	3.0
中国对外负债的投资收益率	8	7.0	5.5	6.1

续表

	年度	最高值（%）	最低值（%）	平均值（%）
美国对外资产的投资收益率	8	4.6	3.1	3.8
美国对外负债的投资收益率	8	3.7	2.0	2.7
日本对外资产的投资收益率	8	3.7	2.6	3.3
日本对外负债的投资收益率	8	1.9	1.1	1.5
德国对外资产的投资收益率	8	4.2	2.5	3.4
德国对外负债的投资收益率	8	3.9	2.0	3.0

说明：对外资产的收益率等于一国国际收支表中投资收益项贷方余额除以该国国际投资头寸表中的对外资产余额；对外负债的收益率等于一国国际收支表中投资收益项借方余额除以该国国际投资头寸表中的对外负债余额。

资料来源：CEIC 数据库，笔者的计算。

四 更深层次的原因探析

为什么其他国家海外资产的投资收益率显著高于海外负债的投资收益率，而中国海外资产的投资收益率却显著低于海外负债的投资收益率呢？更进一步的问题是，为什么中国海外资产的投资收益率仅略低于其他国家，而中国海外负债的投资收益率却远高于其他国家呢？笔者认为，这固然与中国投资者的投资经验与投资能力弱于外国投资者有关，但更深层次的原因还包括：中国对外资产与对外负债的结构与其他国家存在很大差别，中国对外资产与对外负债在公共与私人部门之间的分布方面也与其他国家存在很大差别。此外值得一提的是，这可能也与中国的经济增速显著高于全球的经济增速有关。但随着未来中国经济潜在增长率的下降，中国经济增速将逐渐与全球经济增速趋同。因此，本章将重点分析以下三个结构性因素。

（一）对外资产与负债的资产结构错配

图 6-10 与图 6-11 分别列示了中国对外资产与对外负债的资产类型分布。在对外资产方面，按资产占比由高至低排序分别为储备资产、其他投资、证券投资与直接投资。2005 年至 2012 年，上述 4 类资产占中国对外资产总额的平均比重分别为 67%、17%、9% 与 7%。在对外负债方面，按资产占比由高至低排序分别为直接投资、其他投资与证券投资。2005 年至 2012 年，上述 3 类资产占中国对外负债总额的平均比重分别为 61%、29% 与 10%。

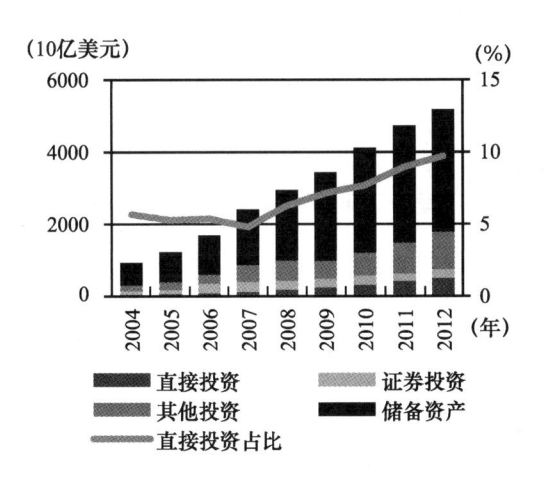

图 6-10 中国对外资产的结构

资料来源：CEIC 数据库，笔者的计算。

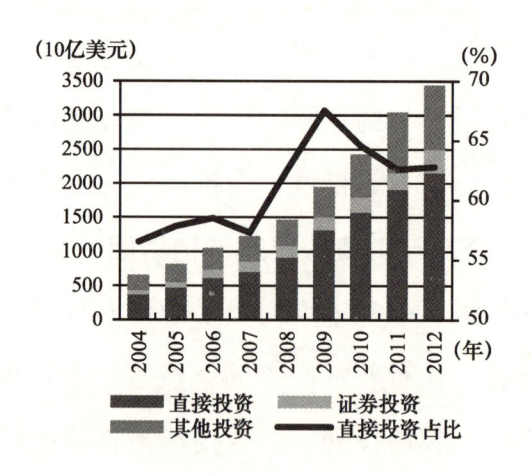

图 6-11 中国对外负债的结构

资料来源：CEIC 数据库，笔者的计算。

通常来讲，直接投资的收益率显著高于证券投资、其他投资与储备资产。因此，中国对外资产结构中直接投资占比最低，而中国对外负债结构中直接投资占比最高，直接造成了中国对外资产的投资收益率显著低于对外负债的投资收益率的现实。很多经验研究或调查显示，在中国对外资产中占比最高的储备资产的投资收益率，远远低于在中国对外负债中占比最高的外商直接投资的收益率。例如，张斌等（2010）的计算表明，2002 年至 2009 年，中国外汇储备投资的名义年均收益率仅为 5.7%；王永中（2013）的研究指出，2002 年至 2011 年，以名义美元计价的中国外汇储备的平均投资收益率为 5.9%，而以美元指数计价的中国外汇储备的平均投资收益率仅为 2.5%。又如，倪权生与潘英丽（2010）的研究显示，1999 年至 2009 年美国在华直接投资的年均收益率高达 18%。世界银行 2006 年对中国 120 个城市上万家企业的调查发现，外资企业在中国的投资回报率高达 22%。①

图 6-12 至图 6-17 分别显示了美国、日本、德国对外资产与对外负债的资产类型分布。从中可以看出它们与中国的明显不同：首先，在这些国家的对外资产中，储备资产占比均显著低于中国。2005 年至 2012 年，日本的储备资产占比平均为 18%，而美国与德国的相应占比均仅为 2%。其次，在这些国家的对外资产中，直接投资占比均显著高于中国。2005 年至

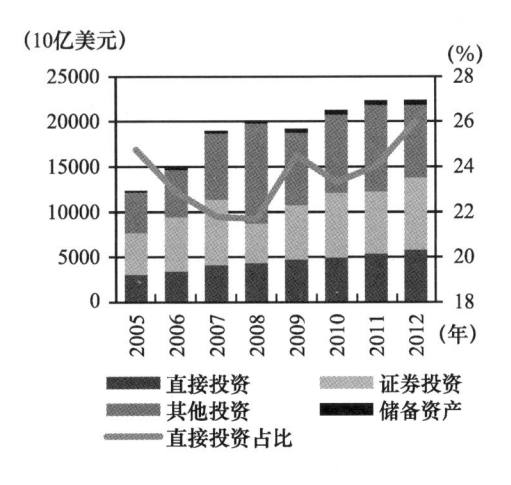

图 6-12 美国对外资产的结构

资料来源：CEIC 数据库，笔者的计算。

---

① 章苒：《世界银行：外资企业在中国投资回报率高达 22%》，2006 年 11 月 11 日，网易（http://news.163.com/06/1111/16/2VLNCQG6000120GU.html）。

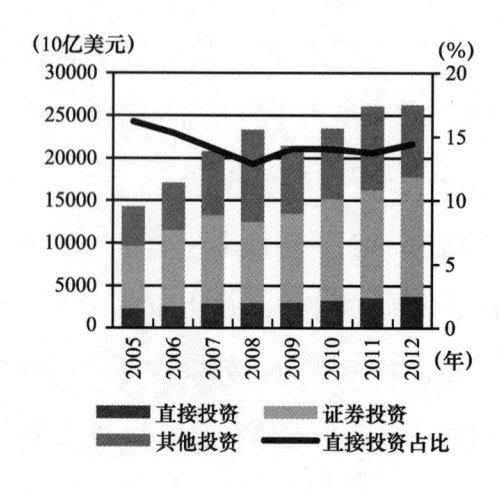

图 6-13　美国对外负债的结构

资料来源：CEIC 数据库，笔者的计算。

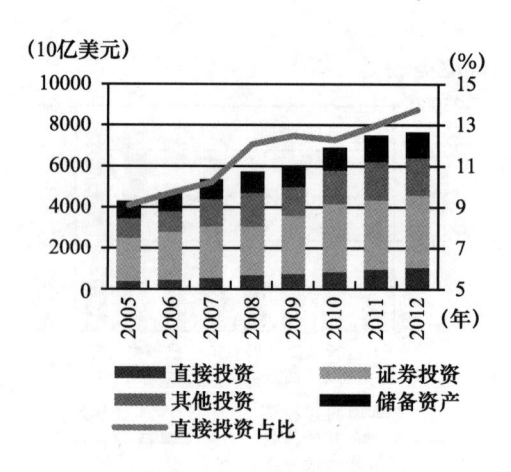

图 6-14　日本对外资产的结构

资料来源：CEIC 数据库，笔者的计算。

2012 年，美国、日本与德国的直接投资占比分别为 24%、12% 与 20%。最后，在这些国家的对外负债中，直接投资占比

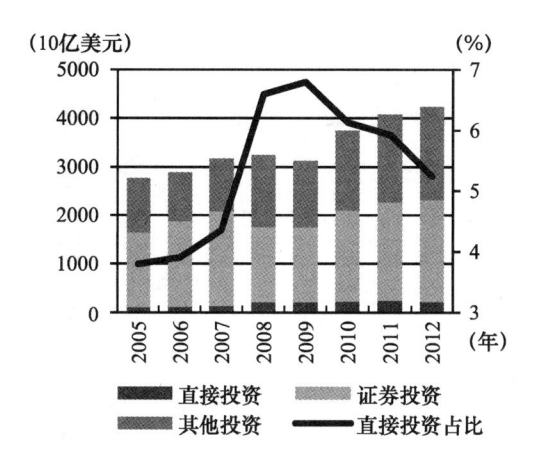

第六章　中国何以成为一个反常的国际债权人？

图 6－15　日本对外负债的结构

资料来源：CEIC 数据库，笔者的计算。

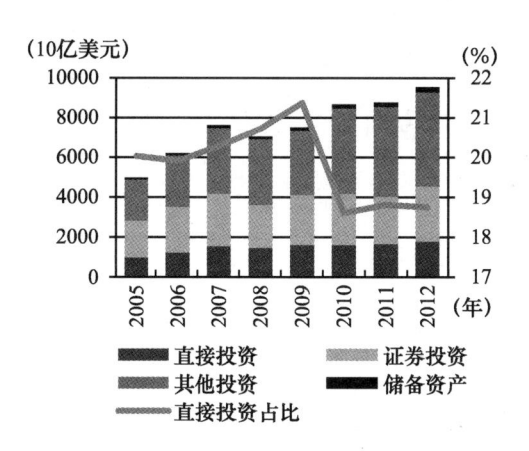

图 6－16　德国对外资产的结构

资料来源：CEIC 数据库，笔者的计算。

均显著低于中国。2005 年至 2012 年，美国、日本与德国的直接投资占比分别为 14%、5% 与 18%。其中值得一提的是，日本对外负债中直接投资占比仅为 5%，这是日本对外负债投资

· 155 ·

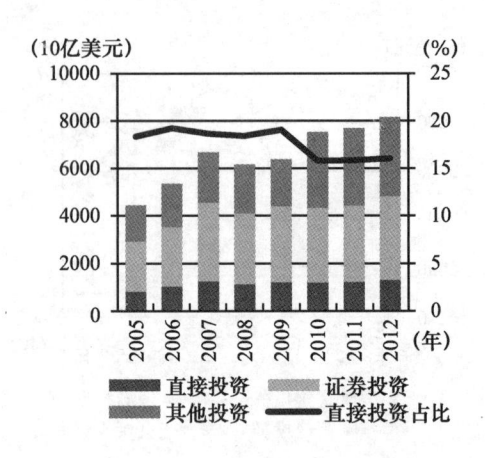

图 6-17 德国对外负债的结构

资料来源：CEIC 数据库，笔者的计算。

收益率不仅远低于中国，还显著低于美国与德国的根本原因。

（二）对外资产与对外负债在公共与私人部门之间的不对称分布

如图 6-18 所示，中国对外资产中储备资产占比约为 60%—70%，日本约为 10%—20%，而美国与德国不到 5%。这意味着中国政府是中国对外资产的主要持有者，而私人部门是其他国家对外资产的主要持有者。如图 6-19 所示，2005 年至 2012 年，尽管中国储备资产的投资收益率略高于对外证券投资的收益率，却显著低于对外直接投资的收益率。这意味着中国政府的海外投资收益率显著低于经过加权后的私人部门海外投资收益率。

从负债方来看，由于中国政府的外债规模极低，因此中国

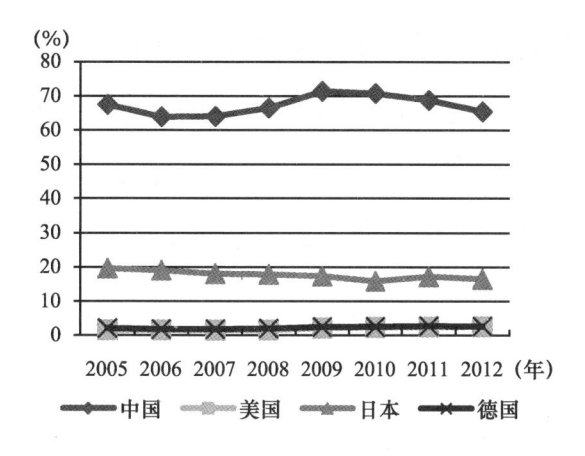

图 6-18　各国对外资产中储备资产占比

资料来源：CEIC 数据库，笔者的计算。

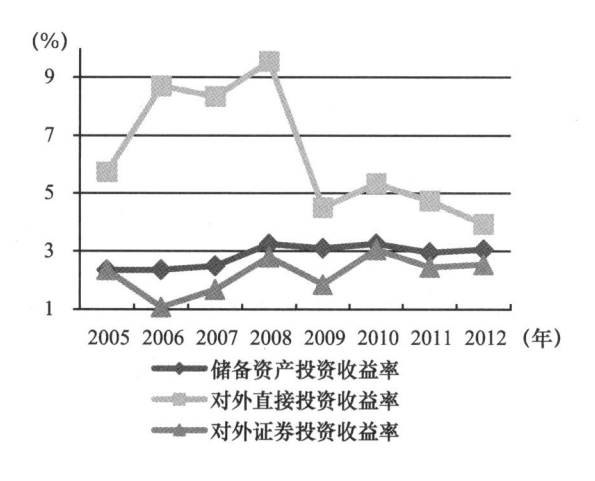

图 6-19　中国各类对外资产投资收益率

说明：各类资产投资收益率的计算方法为，用中国国际收支表中公布的各类资产投资收益贷方，除以国际投资头寸表中各类资产余额。

资料来源：CEIC 数据库，笔者的计算。

私人部门是对外负债的主要承担者。中国对外资产与对外负债在公共部门与私人部门之间的不对称分布，造成了如下事实，即尽管中国政府是一个国际净债权人,中国私人部门却是一个国际净债务人。虽然2012年年底中国的海外净资产高达1.7万亿美元,然而根据彭文生(2013)的估算,2012年年底中国私人部门的海外净负债高达1.5万亿美元。中国的这一现象与日本、德国形成了显著区别。2012年年底,日本与德国的海外净资产分别为3.2万亿美元与1.4万亿美元,与此同时日本与德国私人部门的海外净资产也分别达到2.7万亿美元与1.7万亿美元。至于美国,无论公共部门还是私人部门都是国际净债务人。

由于受到的激励与承担的责任不同,中国公共部门的海外投资收益率注定低于私人部门的海外投资收益率。因此,中国对外资产过度集中于中国政府手中的事实,自然会显著压低中国对外投资的整体收益率。

(三) 中国投资者与外国投资者的投资经验与能力差别

如图6-20所示,就中国海外投资净收益的资产来看,中国在证券投资方面的净收益可以忽略不计,在直接投资方面存在持续且不断扩大的投资负收益,而在其他投资方面(这里包含储备资产投资)存在持续且不断扩大的投资正收益。

事实上,造成中国海外投资持续负收益的原因,除了对外资产与对外负债的资产结构存在错配、对外资产与对外负债在公共部门与私人部门之间的分布不对称之外,中国投资者在投资经验与能力方面弱于外国投资者也是一个重要原因。这主要表现在，即使在同一种类型的资产上，中国投资者的投资收益率也显著低于外国投资者。如图 6-21 所示，在 2005 年以及 2009 年至 2012 年期间，中国对外直接投资的收益率显著低于外国在华直接投资的收益率，两者相差大约一倍。2005 年至 2012 年，中国对外直接投资的年均收益率为 6%，而外国在华直接投资的年均收益率达到 9%。[①] 相比之下，中国对外证券投资的平均收益率要略高于外国对华证券投资的平均收益率。2005 年至 2012 年，前者约为 2%，而后者约为 1%。

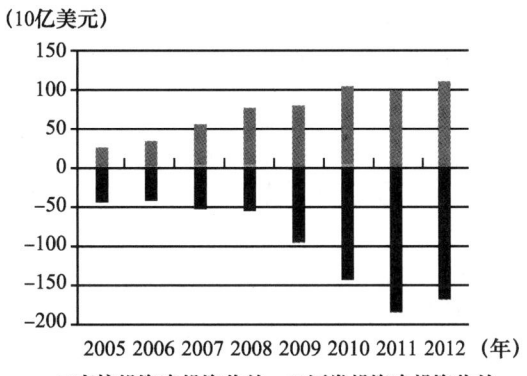

图 6-20 中国海外投资净收益的分布

资料来源：CEIC 数据库，笔者的计算。

[①] 必须指出的是，外国在华直接投资的收益率显著高于中国对外直接投资的收益率的另一个原因，是中国政府对外商直接投资提供了一系列优惠政策，例如在土地、税率差异、税收返还等方面的优惠。

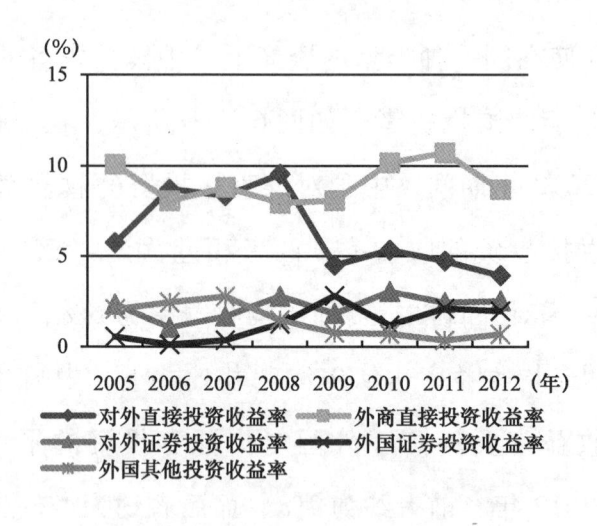

图 6-21 中国不同类型资产的投资收益率

说明：各类资产（负债）投资收益率的计算方法为，用中国国际收支表中公布的各类资产投资收益贷方（借方），除以国际投资头寸表中各类资产（负债）余额。

资料来源：CEIC 数据库，笔者的计算。

◇◇ 五 结论与政策建议

与日本、德国等正常国际债权人不同，中国是一个反常的国际债权人，这表现在尽管中国拥有巨大的海外净债权，但中国的海外投资收益却持续为负。中国作为反常的国际债权人的定位，与美国作为反常的国际债务人的定位，构成了完美的镜像。然而，这意味着中国遭受了巨大的估值损失，而美国获得了巨大的估值收益。

中国成为一个反常的国际债权人的直接原因，是中国对外资产的投资收益率显著低于对外负债的投资收益率。而更深层次的原因则包括：第一，中国对外资产与对外负债的资产结构存在错配：对外资产中以收益率很低的储备资产为主体，而对外负债中以收益率很高的直接投资为主体。① 第二，中国对外资产与对外负债在公共部门与私人部门之间的分布不对称：中国政府是对外资产的主要拥有者，而私人部门是对外负债的主要承担者。第三，中国投资者在投资经验与能力上仍落后于外国投资者，这表现在即使在同一类型的资产上，中国对外投资的收益率也低于外国在华投资的收益率。除上述三个结构性因素外，中国经济增速高于全球经济增速，以及中国政府对外商直接投资采取的优惠政策，也是造成中国对外资产收益率低于对外负债收益率的重要原因。

为了将中国从一个反常的国际债权人转变为像日本、德国那样的正常的国际债权人，笔者在此提出如下政策建议。

第一，进一步推动人民币汇率与利率形成机制的市场化。这一方面有助于缓解中国的经常账户失衡，降低外汇储备的继续累积；另一方面有助于促进外汇资产在中国政府与私人部门之间更合理的分配。例如，如果存在持续的人民币升值预期的话，那么私人部门将没有动力持有外汇资产，这会造成外汇储

---

① 其实，在证券投资内部也存在类似的资产结构错配。例如，张明（2012a）指出，在中国对外证券投资中，以收益率较低的债券投资为主体；而在外国在华证券投资中，却以收益率较高的股权投资为主体。这也是中国对外资产的投资收益率低于对外负债的投资收益率的原因之一。

备的加速增长。对人民币汇率形成机制而言,未来的改革重点是如何降低央行对人民币汇率中间价的干预。对人民币利率形成机制而言,未来的改革重点则是如何进一步放开存款基准利率限制。

第二,在直接投资方面,一方面应努力推动中国企业对外直接投资,另一方面应全面取消针对外商直接投资的各种扭曲性优惠政策。如前所述,中国对外资产收益率低于对外负债收益率的最重要原因之一,是对外资产中直接投资占比太低,而对外负债中直接投资占比太高。中国政府应进一步减少对中国企业对外直接投资的各种行政审批,通过市场机制为中国企业对外直接投资提供资金支持,尤其是应大力鼓励中国民营企业进行对外直接投资。此外,中国政府应尽快取消给予外商直接投资企业的各种优惠政策,实现内外资企业的真正同等待遇,从而使得中国能够只引进真正具有较强竞争力的外商投资企业。中国政府在对地方政府官员进行政绩考核时,应该取消引入 FDI 规模的指标。

第三,中国政府应逐步放松居民部门对外投资的限制,促进居民部门的海外投资。一直以来,由于中国政府对居民部门海外投资管得较严,导致居民部门海外投资渠道匮乏,从而缺乏动力积累外汇资产,从而导致大部分外汇资产集中到政府手中,不得不进行收益率很低的外汇储备投资。中国政府应逐步取消居民部门的换汇限制与海外投资管制,提高居民部门持有外汇资产的积极性,从而实现外汇资产从中国政府持有到居民部门持有的转换,进而提高中国对外投资的收益率。不过,考虑到过快的资本账户开放可能引发系统性金融危机,中国政府仍应渐进、审慎、可控地开放资本账户(余永定等,2013)。

第四,中国政府应大力发展国内金融市场,尤其是应尽快实现金融市场向国内民间资本的开放。美国之所以是一个反常的国际债务人,中国之所以是一个反常的国际债权人,归根结底,是因为美国的金融市场非常发达,而中国的金融市场较为落后,以至于中国国内储蓄向国内投资的转化,在一定程度上不得不依赖于美国金融市场的媒介(Gourinchas 和 Rey,2007)。[①] 中国政府应大力发展国内金融市场,并应在向外资金融机构全面开放金融市场之前,尽快向国内民间资本全面开放金融市场。一旦中国金融市场获得快速发展,国内储蓄与国内投资之间的转化渠道将更为通畅,中国的国际收支双顺差现象将会消失,而中国的国际投资净头寸也有望稳定在适当水平上。

---

① 中国政府通过购买美国国债,将中国储蓄借给美国人。美国人在获得资金融通后,到中国进行外商直接投资。这意味着,美国金融市场在中国国内储蓄向国内投资转化的过程中,实际上扮演了投融资媒介的角色。当然,这是以中国出现较大的福利损失为代价的。

下 篇

国际货币体系：演进过程与改革方向

第七章

国际货币体系演进：
货币锚与调整机制视角*

本章摘要 本章从货币锚与调整机制的视角分析了国际货币体系的演进。货币锚由实物锚转变为信用锚使得国际货币体系由通货紧缩倾向转变为通货膨胀倾向。国别央行货币政策信誉充当货币锚，造成储备货币发行与国际收支失衡挂钩，也为储备货币发行国实施以邻为壑的货币政策留下了空间。21世纪以来不断恶化的国际收支失衡说明，当前体系下的顺差国与逆差国都通过一些手段推迟了必要的汇率调整。多极化储备货币体系是将储备货币之间的竞争作为货币锚，而超主权储备货币体系是将全球央行货币政策信誉作为货币锚。国际货币体系演进前景的不确定性，导致当前中国政府采用了一种三位一体式的国际金融战略。

---

* 本章的合作者为郑英。

一 引言

国际货币体系（International Monetary System，IMS）由货币本位（Currency Standards）、汇率制度（Exchange Rate Regimes）与国际收支调整机制（Adjustment Mechanisms of International Payments）三部分组成。货币本位与汇率制度一起，为特定的国际货币体系提供了实现物价稳定的货币锚（Currency Anchor）。例如，在金本位制、金块与金汇兑本位制与布雷顿森林体系下，通过规定全部或部分货币的含金量并承诺实施充分的或有限制的黄金与货币之间的自由兑换，黄金在上述体系下均扮演了货币锚的角色。而在当前的牙买加体系下，国际储备货币美元与黄金彻底脱钩，美联储货币政策信誉取代黄金成为该体系的货币锚。本轮全球金融危机爆发后，美联储实施的"以邻为壑"的量化宽松政策从根本上动摇了美联储货币政策信誉，削弱了当前国际货币体系下货币锚的稳定性，从而增强了改革当前国际货币体系的必要性。未来国际货币体系的演进也必然会以货币锚的重构为基础逐渐展开。

国际收支调整机制对恢复全球国际收支均衡至关重要。在各种形式的金本位制下，国际收支调整通过黄金跨境流动而造成的物价水平变化来实现。在布雷顿森林体系与牙买加体系下，国际收支调整通过贸易失衡国的汇率运动来实现。进入21

世纪之后逐渐加剧的全球经常账户失衡,反映了失衡国可以通过各种手段(例如顺差国通过干预外汇市场)来限制汇率调整的事实。实际上,全球经常账户失衡背景下各种资金从新兴市场国家到美国的流动,是导致次贷危机爆发的根源之一。[①]危机爆发以来,二十国集团(G20)关于全球失衡指标的讨论,实际上蕴含了新的国际收支调整机制。

本章将从货币锚与调整机制的视角出发,分析历史上国际货币体系的演进脉络,探讨未来国际货币体系的发展方向,并评述中国政府在新形势下的国际金融战略。本章剩余部分的结构如下:第二部分梳理国际货币体系的内涵并将其作为全文分析的起点;第三部分从货币锚与调整机制的角度梳理国际货币体系从金本位制到牙买加体系的变迁;第四部分讨论国际货币体系的发展方向;第五部分为结论及对中国政府当前国际金融战略的评论。

◇◇二 分析的起点:国际货币体系的内涵

国际货币体系由货币本位、汇率制度与国际收支调整机制三部分组成。简单而言,货币制度回答"如何通过储备货币实

---

① 关于美国次贷危机根源的更详细分析请参见张明、付立春《次贷危机的扩散传导机制研究》,《世界经济》2009 年第 8 期。

现体系内物价稳定"的问题;汇率制度回答"各种货币以何种形式与储备货币相联系"的问题;国际收支调整机制回答"如何重新实现全球国际收支平衡"的问题。

货币本位是指国际货币体系内部的储备货币（Reserve Currency）是什么。货币本位的演进经历了从实物本位到信用本位的转变。历史上的实物本位主要是黄金，但也时常出现对储备货币商品篮的讨论。迄今为止的信用本位主要是国别货币（例如美元），但未来的信用本位可能扩展至区域货币（例如欧元）甚至全球货币（例如SDR）。

汇率制度是指体系内各成员国的货币之间以何种比价相联系。汇率制度主要包括浮动汇率制与固定汇率制。浮动汇率制的主要形式为自由浮动汇率制（Free Floating）与管理浮动汇率制（Managed Floating）。固定汇率制主要指可调整盯住汇率制（Adjustable Pegging），但也包括货币局（Currency Board）或货币区（Currency Area）等极端形式。

国际货币体系的一大核心功能是以何种形式帮助体系内的成员国实现物价稳定。我们认为，货币本位加上汇率制度，实质上形成了特定国际货币体系的货币锚。顾名思义，货币锚实现的是稳定物价的功能。例如，在金本位制下，通过规定各国货币的含金量以及各国央行承诺实现黄金与货币的自由兑换，这就限制了成员国央行过度发行货币，从而实现了体系内的物价稳定。又如，在当前的牙买加体系下，理论上来讲，美联储为实现国内物价稳定会主动限制美元的发行数量；其他国家央行为维持本国货币对美元汇率的相对稳定，也将相应限制本国货币的发行数量，从而也间接实现了体系内的物价稳定。

国际收支调整机制是指国际货币体系在失衡发生后，采用何种方式重新实现国际收支平衡。调整机制主要涉及三个问题：第一是由谁来承担国际收支失衡的调整责任，是顺差国、逆差国还是由两者共同承担？第二是如何进行调整，是通过汇率运动来调整，还是通过成员国国内结构性改革（以缩小储蓄—投资缺口）来调整？第三是国际货币体系能否提供关于国际收支调整的奖惩机制？

◇◇ 三 国际货币体系的演变：基于货币锚与调整机制的历史分析

迄今为止，国际货币体系的演变经历了金本位制（Gold Standard，1870 年至 1914 年）、金块与金汇兑本位制（Gold Bullion & Gold Exchange Standard，1922 年至 1936 年）、布雷顿森林体系（Bretton Woods System，1945 年至 1971 年）与牙买加体系（Jamaica System，1976 年至今）四个阶段。关于国际货币体系演变的文献汗牛充栋，本章并不打算简单重复，而是试图从货币锚与调整机制的视角出发展开论述。在分析每个国际货币制度时，我们主要回答三个问题：第一，该制度的典型特征是什么？第二，该制度的主要优点是什么？第三，该制度为什么会终结，即该制度的根本缺陷是什么？

（一）金本位制

金本位制可谓是迄今为止最为平等的一种国际货币体系。在该制度下，各成员国货币并没有"中心""外围"之分。在金本位制下，黄金而非国别货币扮演着储备货币的角色。该体系有两大特征：第一，各国政府均宣布本国货币的含金量；第二，各国政府承诺实现本国货币与黄金之间的自由兑换，境内外居民、企业与外国政府均能与本国政府进行交易，按固定价格实现货币与黄金的自由兑换。

金本位制的主要优点在于：第一，通过宣布各国货币的含金量，各国货币通过盯住黄金而间接实现了彼此之间的固定汇率。汇率风险的消除极大地促进了全球贸易与投资的增长，以至于金本位制时期被称为第一次全球化时代。第二，由于公布了本国货币的含金量，同时承诺实现黄金与货币之间的自由兑换，各国政府过度发行货币的能力受到限制，从而实现了全球范围内的物价稳定。第三，国际收支失衡的调整通过黄金的跨国流动而自动完成。顺差国黄金流入、本币多发、物价上涨、出口产品竞争力下降，从而逐渐实现贸易平衡。逆差国黄金流出、本币少发、物价下降、出口产品竞争力上升，也能逐渐实现贸易平衡。这是一种少有的由顺差国与逆差国共同承担调整责任的机制。

金本位制的根本缺陷，一是总量上的，二是结构上的。从总量来看，由于全球黄金存量的增长速度远低于世界经济的增长速度，这意味着金本位制具有内在的通货紧缩倾向，即黄金增量的不足难以为世界经济增长提供足够的流动性。各国政府定期调低本国货币的含金量或许能够弥补金本位制的这一缺陷，但含金量的定期调整会留下明显的套利空间，可能造成全球经济与金融市场的巨大波动。从结构上来看，一旦某些成员国具备了较强的出口竞争力，甚至使得黄金流入造成的物价上涨不足以完全抵消出口商品的竞争力，那么黄金将持续由其他国家持续流入上述国家，加剧全球黄金分布的不均衡。持续顺差国固然会面临不断上升的通货膨胀，但持续逆差国受到的冲击更大，本国黄金的过度流失会造成金本位制难以为继。

第一次世界大战爆发后，随着各国开始扩军备战，各国政府均需要通过多印钞票来弥补财政支出，随着各国政府纷纷宣布本币与黄金脱钩，金本位制迅速瓦解。

(二) 金块与金汇兑本位制

一战期间，各国货币之间汇率频繁波动，损害了全球贸易与投资增长。一战结束后，各成员国都很怀念金本位制下的汇率稳定。然而，由于一战后全球黄金分布已经极不均匀，大多数黄金集中于英国、法国、美国等几个资本主义大国手中，在全球范围内重新实施金本位制已经不具备可行性。在这一背景下，金块与金汇兑本位制应运而生。

金块与金汇兑本位制是一种典型的"中心—外围"式国际货币体系。该体系的典型特征为：第一，中心国家（英国、法国、美国）实施所谓的金块本位制，即政府宣布本币的含金量，本国国内仅流通纸币，但允许各类主体与本国政府进行交易，按固定价格实现本币与黄金之间的自由兑换。不过为了限制兑换黄金的货币数量，各国均规定了用于兑换黄金的货币最低限额。第二，外围国家实施所谓的金汇兑本位制，即维持本国货币与一个实行金块本位制国家货币的固定汇率，本国国内仅流通纸币，且纸币与黄金之间不能自由兑换。第三，中心国之间的国际收支失衡由黄金流动引发的价格调整来实现再平衡，中心国与核心国之间的国际收支失衡由固定汇率的调整来实现再平衡。在这种"中心—外围"式国际货币体系下，形成了英镑区、法郎区与美元区。从表面上来看，英镑、法郎与美元取代黄金成为全球储备货币，但黄金在该体系下依然扮演了货币锚的角色。

金块与金汇兑本位制的主要优点包括：第一，适应了当时黄金在全球范围内分布不均、集中于少数几个大国的现实；第二，各国货币通过盯住黄金或盯住中心国货币间接实现了彼此之间的固定汇率，从而促进了贸易与投资的增长以及一战后世界经济的复苏；第三，中心国为了维持黄金与货币之间的自由兑换，外围国为了维持与中心国的固定汇率，这也会限制上述国家过度发行货币，从而实现了体系内物价稳定。

金块与金汇兑本位制的缺陷与金本位制是非常类似的。其一，作为货币锚的黄金产量显著低于世界经济增长速度，该体系会内生出一种通货紧缩倾向；其二，对实施金块本位制的中心国而言，黄金可能持续流向劳动生产率更高、具有较强出口竞争力的国家（例如美国）。随着全球经济在1929年至1933年陷入大萧条，各国政府均需要通过扩张性货币政策来刺激经济增长，这导致中心国不得不宣布停止黄金与本币之间的自由兑换，金块与金汇兑本位制在1936年走向终结。

（三）布雷顿森林体系

两次大战期间混乱的国际金融秩序以及剧烈的"汇率战"使得各国认识到建立一个稳定的国际货币体系的好处，在第二次世界大战结束前，各主要国家在美国新罕布什尔州布雷顿森林开会，美国的"怀特方案"战胜了英国的"凯恩斯方案"，布雷顿森林体系应运而生。

布雷顿森林体系事实上无非是金块与金汇兑本位制的新版本，美国成为唯一一个有能力实施金块本位制的国家。该体系的典型特征为黄金与美元的双挂钩制：首先，美国政府宣布美元的含金量（1盎司黄金兑换36美元），但仅允许外国政府用美元向美联储兑换黄金；其次，其他国家的货币以固定汇率盯住美元；最后，该体系下国际收支失衡的调整机制为，当成员国之间的固定汇率存在"根本性失衡"时，允许调整固定汇率水平，同时建立IMF为成员国的短期国际收支逆差提供融资支持。

布雷顿森林体系的主要优点在于：第一，适应了二战之后全球黄金储量的一半以上集中于美国手中的现实；第二，黄金与美元的双挂钩制使得各国货币以固定汇率相连接，再次消除了汇率风险，促进了全球贸易与投资的发展，催生了战后20年经济增长的黄金时代；第三，从理论上而言，为维持美元与黄金的挂钩，美国政府会限制美元过度发行，而其他国家政府为维持本币与美元的固定汇率，也会限制本币的过度发行，这有助于维持体系内的物价稳定。

布雷顿森林体系的最大缺陷自然是著名的"特里芬两难"（Triffin Dilemma）：一方面，为满足全球范围内对国际清偿力的需要，美国必须源源不断地输出美元；另一方面，如果美国输出的美元数量足够多，美国政府就难以继续维持美元与黄金之间的自由兑换。事实上，随着二战后联邦德国与日本经济的不断崛起，美国政府开始大量进口上述国家的商品，导致美元不断流出。当其他国家政府开始担忧黄金与美元间自由兑换的可持续性，开始纷纷用手中的美元向美国政府兑换黄金之时，布雷顿森林体系就难以为继了。

进入20世纪70年代之后，石油危机的爆发导致油价上升，美国的贸易逆差扩大。由于难以应对汹涌的外国政府兑换黄金浪潮，尼克松政府被迫在1971年宣布停止美元与黄金的自由兑换，布雷顿森林体系就此崩溃。

(四) 牙买加体系

牙买加体系与其说是一种全新的体系,不如说是对布雷顿森林体系崩溃后国际货币体系现状的一种追认,因此被称为"无体系的体系"。又因为美元延续了其在布雷顿森林体系下的储备货币角色,因此该体系又被称为"美元本位制"(Dollar Standard)(McKinnon,2007)或者"复活了的布雷顿森林体系"(Revived Bretton Woods System)(Dooley 等,2003)。

牙买加体系的基本特征包括:第一,没有任何货币再有含金量的规定,没有任何货币当局承诺本币与黄金之间任何形式的自由兑换,这意味着黄金不再在该体系内扮演重要角色。第二,尽管已经与黄金脱钩,但受制度惯性、网络外部性等因素的影响,再加上美国经济与金融市场的全球地位,美元依然扮演着全球储备货币的角色。第三,一般而言,发达国家通常实施浮动汇率制度,但它们并不愿意本币对美元大幅波动;新兴市场国家通常实施各种形式的盯住美元汇率制以维持出口导向的发展战略。第四,几乎所有的发达国家与部分新兴市场国家均逐渐开放了资本项目,全球资本流动的规模与波动性显著放大。

牙买加体系的主要优点包括:第一,货币发行与黄金彻底脱钩,使得全球经济增长不再受到通货紧缩的困扰。第二,美联储的货币政策信誉取代黄金成为新体系下的货币锚。美联储被国际社会广泛视为一个负责任的、独立的货币当局。在20

世纪80年代初期上台的美联储主席保罗·沃尔克力排众议，不惜以加剧经济衰退为代价，通过大幅加息来遏制通货膨胀，此举显著地增强了美联储货币政策信誉。之所以很多新兴市场国家愿意将本币盯住美元，很大程度上就是想通过借助美联储的低通胀倾向来稳定国内的通货膨胀预期。第三，浮动汇率制的广泛实施使得成员国之间能够更加方便地通过汇率变动来平衡国际收支。第四，实施浮动汇率制的成员国获得了货币政策的独立性，实施盯住美元制的成员国获得了快速的出口增长。

牙买加体系的根本缺陷在于：其一，发行全球储备货币的美国依然难以克服"广义的特里芬两难"。一方面，为满足全球范围内对国际清偿力的需要，美国不得不通过经常账户逆差源源不断地输出美元；另一方面，持续扩大的经常账户逆差导致美国对外净债务不断上升，这最终可能引发国际债权人对美国债务可持续性的担忧。而一旦国际债权人拒绝继续为美国经常账户赤字融资，金融危机就将会爆发。其二，在该体系下，国际收支的必要调整被屡屡推迟，导致全球经常账户失衡愈演愈烈。对经常账户逆差国美国而言，由于拥有全球最发达的金融市场，它可以通过资本账户顺差来弥补经常账户逆差，从而推迟美元的汇率调整；对经常账户顺差国而言，为保持出口的竞争优势，它们通过干预外汇市场来避免本币对美元升值，并将干预外汇市场积累起来的外汇储备再投资于美国的金融市场，帮助美国实现国际收支平衡。全球经常账户失衡可能在两种情景下崩溃：一是美国海外净负债的规模超过了国际债权人能够承受的极限，国际债权人拒绝继续为美国融资并开始集体减持美元资产。二是全球流动性回流美国导致美国国内形成资产价格泡沫，最终泡沫破灭并引发金融危机。在次贷危机爆发前，经济学家更担心前一种情景的发生（Roubini 和 Setser，2005）；次贷危机的爆发则意味着后一种情景变为现实。其三，由于美元彻底与黄金挂钩，美元发行缺乏外在硬性约束，而仅靠美联储货币政策信誉的内在约束。试想，如果在某些条件下，美元的发行不会导致美国国内通胀率相应上升，那么美国政府就很可能通过过度发行美元来实现其他政策目标。换句话说，当国别央行货币政策信誉取代黄金成为国际货币体系的货币锚后，国际货币体系内生的通货紧缩倾向就已经彻底地被通货膨胀倾向所取代。

本轮全球金融危机的爆发进一步冲击了牙买加体系。房价下跌与衍生品泡沫的破灭使得美国经济陷入持续的信贷紧缩。为降低长期利率以刺激消费与投资增长，美联储在将联邦基金利率降至0—0.25%的区间之后，迄今为止已经实施了两轮大规模的量化宽松政策。量化宽松政策的实质，是通过央行直接购买金融资产，向市场注入大规模流动性。这说明，为了刺激短期经济增长，美联储已经不惜以牺牲当前全球物价稳定以及中期内美国国内物价稳定为代价。这也反映了自本轮全球金融危机爆发以来，美联储的所作所为已经严重损害了它过去几十年来好不容易建立起来的货币政策信誉。[①]如果当前体系的货币锚受到严重削弱,那么世界经济很可能会进入一个高通胀阶段。这也意味着当前的国际货币体系已经沦落到非改革不可的境地。

◇◇ 四　国际货币体系的演进方向

当前关于国际货币体系改革前景的探讨主要集中于两个方向:方向之一是创建一个多极化储备货币体系,方向之二是创建一种超主权储备货币体系。多极化储备货币体系是在承认现状基础上的改良,而超主权储备货币体系是推倒重建另起炉灶。从可操作性来看,前者的可行性远高于后者。换种角度来讲,超主权储备货币体系可能是国际货币体系改革的终极目标,而多极化储备货币体系可能是通向终极目标的中间阶段。

(一) 多极化储备货币体系

本轮全球金融危机的爆发无疑会显著削弱美元的储备货币地位,但迄今为止我们并没有看到任何货币有彻底取代美元地位的潜力。因此国际货币格局最自然的演变是,美元的相对地位下降,其他货币(例如欧元与人民币)的相对地位上升,国

---

① 关于这方面的更详细分析请参见张明《次贷危机对当前国际货币体系的冲击》,《世界经济与政治》2009 年第 6 期。

际储备货币由一极扩展为多级,从而形成多极化储备货币体系。

多极化储备货币体系的典型特征是:由多种国别货币或区域货币同时扮演国际储备货币的角色,其他成员国可以自由调整其储备资产的币种构成。例如,未来可能形成由美元、欧元与某种亚洲货币(亚洲货币单位或人民币)构成的三足鼎立的多极储备货币体系。随着各自区域经济一体化的深入,未来甚至可能形成美元区、欧元区与亚洲货币区,即所谓的"全球金融稳定性三岛"。

多极化储备货币体系的主要优点包括:首先,储备货币之间的竞争能够克服储备货币发行机构过度发行本币的冲动,从而实现体系内的物价稳定。例如,如果美联储过度发行美元,那么其他成员国可以用脚投票,通过增持欧元或亚洲货币资产、减持美元资产的方式向美联储施压。为避免美元国际储备货币地位的下降,美联储将不得不实施更负责任的货币政策。其次,同理,储备货币之间的竞争也能够避免任何一个储备货币发行国出现持续的经常账户逆差。以上两方面分析意味着,在多极化储备货币体系下,储备货币之间的竞争取代了美联储货币政策信誉成为新的货币锚。除非所有的储备货币发行机构之间发生共谋(这样的概率极低),否则这种竞争机制将对任何储备货币发行国产生实质性约束。

多极化储备货币体系的主要缺陷则是,与单极化储备货币体系相比，前者可能变得更加不稳定。正如金德尔伯格所指出的，稳定的国际金融秩序实质上是一种全球公共产品，其提供既不能依赖于世界政府，也不能寄希望于国家之间的自发合作。"若要使世界经济变得稳定，必须要一个稳定者，而且只能有一个稳定者"（Kindleberger，1973）；与单极储备货币体系相比，多极储备货币体系下的汇兑成本以及汇率之间的波动性可能变得更高，这将对国际贸易与投资造成负面影响。

如果我们信奉最优货币区理论，那么随着全球经济一体化的深入，多极储备货币体系终究会回归到单极储备货币体系。这意味着多极储备货币体系很可能仅仅是国际货币体系演进的一种中间形态或过渡形态，而非最终形态。

（二）超主权储备货币体系

超主权储备货币的倡导者认识到，任何国别货币充当全球货币，均不能从根本上克服"广义的特里芬两难"，即该国向外部输出国际清偿力必然导致其经常账户收支恶化、海外净债务上升，最终会引发全球对国际清偿力的需求与国际清偿力的币值稳定之间的冲突。要从根本上克服此冲突，就必须切断国际储备货币发行与任何国家经常账户之间的联系，这意味着必须创建一种超主权储备货币来取代当前美元的储备货币地位（United Nations，2009）。

超主权储备货币体系的典型特征为：第一，由全球央行根据世界经济增长状况确定超主权储备货币的发行规模；第二，

第七章 国际货币体系演进：货币锚与调整机制视角

超主权储备货币发行的铸币税按照某种被广泛认可的规则在全球范围内分配，或者用于提供全球减贫、缩减温室气体排放等公共产品。

超主权储备货币体系的主要优点在于：其一，由于全球央行承诺按照世界经济的理想增长速度来确定储备货币的发行规模，并接受全球范围内的监督，这就使得全球央行货币政策信誉取代美联储货币政策信誉，成为新体系下的货币锚，这将有助于实现全球范围内的物价稳定；其二，由于超主权储备货币的发行并未与任何国家的国际收支逆差挂钩，这意味着全球范围内对流动性需求的增长不会加剧全球国际收支失衡；其三，与美元霸权格局相比，世界各国均能分享储备货币发行带来的铸币税，或享受到由铸币税提供融资的全球公共产品供给，这有利于增进全球公平。

然而，在现阶段创建超主权储备货币体系，将至少面临如下问题：首先，从头开始创建一种全新的超主权储备货币需要很长时间。如果根据某些个人或机构的建议，将 IMF 的 SDR 发展为超主权储备货币，但目前 SDR 距离全球范围内被广泛使用的货币还有很长距离。例如，SDR 定值货币篮中仅包括美元、欧元、英镑、日元四种货币；SDR 只能用于 IMF 与成员国之间的官方结算，而不能用于私人部门交易；当前 SDR 发行规模与存量均很低；SDR 的分配与成员国份额挂钩的做法值得商榷，等等。其次，要从无到有创建一家全新的全球央行，需要经过漫长的博弈。而如果SDR成为全球储备货币，这意味着IMF将扮演全球央行的角色，IMF目前并不具备足够的合法性。例如，在当前IMF的份额与投票权分配中，新兴市场国家占有的比重过低，与新兴市场国家在全球经济中的重要性不符；美国依然保持着IMF重大决策的一票否决权；IMF的总裁按照惯例只能由欧洲人担任，等等。最后，当前仍在肆虐的欧洲主权债务危机深刻地表明，如果世界各国在经济周期与经济结构方面差异太大，且全球范围内各类生产要素不能充分自由流动，那么使用超主权储备货币的成本可能过高。例如，由于货币政策掌握在被核心国家所控制的全球央行手中，外围国家将丧失用于调控宏观经济波动的政策工具。

上述问题意味着，在当前的国际环境下，创建超主权储备货币决不能一蹴而就。它将是一个长期渐进的过程，可能会与全球经济一体化同步，甚至显著滞后于全球经济一体化。如果IMF试图成为未来的全球央行，那么IMF必须加快治理结构改革，尤其是份额与投票权分配机制改革。如果SDR要成为未来的超主权储备货币，那么SDR在定值货币篮、使用范围、发行规模与分配机制方面都亟待改革。[①]在此之前，多极化储备货币体系或许是国际货币体系演进的更现实方向。

---

① 关于IMF与SDR改革的更详细分析请参见张明《国际货币体系改革：背景、原因、措施及中国的参与》，《国际经济评论》2010年第1期。

◇◇ 五 结论与政策建议

本章从货币锚与国际收支调整机制这两个视角来分析国际货币体系的演进。

从货币锚的演进来看，第一，货币锚从实物锚（黄金）到信用锚（货币当局信誉或储备货币竞争机制）的演变是不可逆转的。任何形式的将储备货币发行与黄金挂钩的机制都将面临黄金储量增长显著滞后于世界经济增长的问题。货币锚从实物锚向信用锚转变的后果，是国际货币体系内生的通货紧缩倾向转变为通货膨胀倾向。第二，在由国别货币充当全球储备货币、由国别央行货币政策信誉充当全球货币锚的情形下，储备货币的发行将导致发行国出现持续的经常账户赤字，这一方面加剧了全球国际收支失衡，另一方面也最终会损害储备货币自身的购买力。此外，当储备货币发行国面临的国内经济状况与全球经济状况相背离时，储备货币发行国可能实施"以邻为壑"的货币政策，将国家利益凌驾于全球利益之上。第三，最理想的前景是创建超主权储备货币，以全球央行信誉取代美联储信誉作为新的货币锚。但考虑到创建全球央行与超主权储备货币的难度，短期内更现实的选择是塑造多极化储备货币体系，引入储备货币之间的竞争机制作为新的货币锚，来约束货币超发以及发行国的国际收支逆差。

从国际收支调整机制来看，它先后经历了金本位制下黄金跨境流动导致的国内价格调整，以及其他本位制下逆差国货币贬值、顺差国货币升值的汇率调整阶段。在当前的牙买加体系下，顺差国通过干预外汇市场、积累外汇储备以推迟必要的本币升值；顺差国资金流入美国金融市场，帮助美国平衡了整体国际收支，推迟了必要的美元贬值；上述两方面力量的综合作用导致全球国际收支失衡日益凸显。如果国际收支失衡不能及时调整，国际货币体系可能面临两种危机：一是顺差国最终对美元币值与美元资产失去信心，拒绝为美国提供新的融资并开始减持美元资产，这将导致美国长期利率上升，美国经济衰退并冲击全球金融市场与实体经济；二是持续的资金流入导致美国出现巨大的资产价格泡沫，资产价格泡沫破灭导致美国爆发金融危机与实体经济衰退，最终传递至全球其他国家。次贷危机的爆发验证了第二类危机的可能性，而目前正在酝酿的美国主权债务危机则可能演化为第一类危机。未来国际收支调整机制的演变方向可能是：第一，从调整成本的分担来看，顺差国与逆差国应承担大致相同的调整责任；第二，从具体调整方式来看，国内结构性调整（缩小储蓄投资缺口）与汇率变动可能双管齐下。

对国际货币体系未来演进前景的判断，无疑将会影响当前中国国际金融战略的设定。

如果多极化储备货币体系成为国际货币体系的演进方向，

那么中国政府国际金融战略的重点就在于,如何让人民币成为未来国际储备货币中的重要一极。提升人民币在国际货币体系中的地位有两种思路:一是通过推进人民币国际化,直接将人民币塑造成国际货币;二是通过加强亚洲区域货币合作,将某种人民币在其中扮演重要角色的亚洲货币塑造成国际货币。

目前中国政府正在同时推进人民币国际化与区域货币合作,不过相对而言政策重点放在人民币国际化方面。自2009年下半年以来,中国政府积极推进跨境贸易人民币结算,跨境贸易人民币结算规模在2010年已超过5000亿元,在2011年超过1万亿元。从2011年初开始,中国政府开始推进在对外直接投资过程中采用人民币计价结算的试点。此外,中国政府还在大力发展香港离岸人民币金融中心,截至2011年5月底,香港人民币存款已经接近5500亿元。

在区域货币合作方面,亚洲区域货币合作向来具有危机驱动的特征。在本轮全球金融危机之后,清迈倡议多边化取得了重要进展,总额1200亿美元的东亚储备库得以建立。中日政府一直在争夺东亚区域货币合作的领导权,现阶段集中体现在双方对亚洲宏观经济研究办公室(Asian Macro-economy Research Office,AMRO)的主导权博弈上。此外,中国政府还力争在亚洲债券市场(尤其是本币计价债券市场)的发展方面发挥更为积极的作用,这不仅包括香港点心债券与内地熊猫债券的发行，也包括中国内地政府债券与企业债券市场各自的整合。①

如果超主权储备货币体系成为国际货币体系的演进方向，那么中国政府国际金融战略的重点就在于，如何增强中国在 IMF 中的地位与影响力，以及如何增强人民币在 SDR 中所扮演的角色。

在危机以来 IMF 治理结构的改革中，中国已经成为一个主要的受益国。经过几轮份额调整之后，中国在 IMF 中的份额与投票权有望超过 6%，成为美国与日本之外的第三大成员国，但该比例依然显著低于中国经济占全球经济的比重。IMF 总裁更迭之后，朱民成为首位来自中国的 IMF 副总裁。IMF 内部已经就是否应该将人民币等新兴市场国家货币纳入 SDR 定值货币篮展开了多次辩论。美国等发达国家试图在此问题上敦促中国政府进一步让人民币升值以及开放资本账户，而中国政府试图敦促 IMF 修改一国货币加入 SDR 货币篮的前提条件，即"被自由使用的货币"究竟是不是指本国资本账户完全开放的货币。

正是由于国际货币体系的演进前景依然具有不确定性，中国政府自本轮全球金融危机以来实施了一种"三位一体"式的

---

① 关于亚洲债券市场的更详细的分析请参见张明《亚洲债券市场的发展与中国地位的提升》，《国际金融研究》2010 年第 10 期。

国际金融新战略,即努力倡导国际货币体系改革、积极参与东亚区域货币合作,以及大力推进人民币国际化。①或许是认识到国际货币体系改革并非一夕之功、区域货币合作需要达成集体行动,中国政府才将人民币国际化作为当前国际金融战略的重点加以推进。

本轮全球金融危机爆发以来,中国政府积极推进国际金融新战略自然是无可厚非的。然而必须指出的是,中国在国际货币体系中地位的不断崛起,最终依然取决于中国经济能否在未来二三十年内继续取得持续高增长,而这又取决于我们能否把握住当前的宝贵时机,加快推进国内收入分配改革、产业结构改革、要素市场化改革,尽快将中国经济的增长模式由投资与出口驱动,转变到由消费与投资平行驱动的模式上来。中国在国际货币体系中的地位变迁,最终依然要靠"苦练内功"。

---

① 关于中国国际金融新战略的更详细分析请参见 Zhang Ming, "China's New International Financial Strategy amid the Global Financial Crisis", *China & World Economy*, No. 5, Volume 17, September-October 2009。

第八章

国际货币体系演进:资源流动视角[*]

本章摘要 迄今为止的国际货币体系全都呈现出中心—外围式构架,并且伴之以通货(金融资产)和实体资源的流动。位于这一构架中心的国家通过输出通货获得了实体资源的注入,得到了铸币税的好处,位于这一体系外围的国家通过输出实体资源获得了国际流动性和金融资产。在全球化和多极化的世界里,单中心构架的国际货币体系不具有系统相容性,因此区域货币充当世界货币的多中心构架将成为未来国际货币体系的演进方向。

◇ 一 引言

迄今为止的各种国际货币体系中始终存在中心—外围构架。位于这一构架中心的国家担负着提供国际货币的职能,而

---

[*] 本章内容发表于《世界经济与政治》2005年第12期,合作者为覃东海。

第八章 国际货币体系演进：资源流动视角

中心国家向外围国家输出国际货币过程的对应面，就是外围国家向中心国家注入实质资源的过程。换句话说，外围国家以支付国际铸币税为代价，获得了使用国际货币的便利。波多（Bordo）和弗兰德若（Flandreau）比较了金本位制下的中心—外围构架和当前的中心—外围构架后认为，在金本位制下，中心国家把货币和黄金固定，外围国家或者仿效中心国家和黄金固定，或者实行浮动汇率。因为外围国家的大量外债以核心国家的货币计值，因此外围国家容易遭受金融危机和债务失败的打击。货币贬值意味着外围国家债务负担更重，它们不得不在"保持汇率浮动的同时严格限制外国借款"和"投入巨大资源维持与中心国家的硬钉住"之间进行痛苦的选择。在当前的中心—外围构架下，中心国家能够成功地实行浮动汇率，而外围国家的金融市场不成熟，依然需要借入大量以中心国家货币计值的债务，并且同样害怕汇率波动。为了能够进入国际资本市场，它们不得不选择钉住中心国家的货币。中心—外围构架的形式不断演进，但实质并没有改变，即中心国家对整个构架具有支配权，外围国家只能是被动依附（Bordo 和 Flandreau）。

我们认为，国际货币体系的演进属于诱致性制度变迁。在一种全新的国际货币体系被引入初期，总能适应该时期国际贸易和投资对于国际流动性和清偿力的要求，从而能够促进世界经济的发展；经历了一段较长的时间之后（往往是几十年时间,例如金本位制和布雷顿森林体系都延续了30年左右的时间),由于国际经济中出现了一些新特点,特别是主要大国之间的相对实力发生了变化之后,原有的国际货币体系已经变得不再具有可持续性,或者说变得系统不相容了。此时,旧体系就会被新体系所取代(张明,2002)。

值得注意的是,国际货币体系的中心—外围构架具有动态演进的特征,突出表现在以下两个方面:第一,中心国家和外围国家彼此之间可能相互转化,经济实力的衰落可以使中心国家蜕变成外围国家(例如金本位制下的英国和布雷顿森林体系下的英国,地位就完全不同),经济实力的上升或者国家之间的联合可以使外围国家升级为中心国家(例如牙买加体系下的日本和德国升级到未来三大货币区鼎立体系的日本和德国)。第二,中心国家的数量可能发生改变,既可以只有一个中心(例如布雷顿森林体系和牙买加体系),也可以有多个中心(例如金本位制和未来三大货币区鼎立体系)。在国际货币体系中心—外围构架的演进过程中,国际货币的输出方式和实质资源的注入方式也相应发生了显著变化。本章的主要目的在于从这种资源流动的视角来分析国际货币体系中心—外围构架的变迁,并且对未来国际货币体系的发展方向进行预测。并给出几点具有普遍意义但有待于进一步检验的结论。①

本章剩余部分的结构安排如下：第二、三、四部分分别分析金本位制、布雷顿森林体系、牙买加体系下的资源流动；第五部分分析三大货币区鼎立体系下的资源流动；第六部分为结论。

◇◇ 二 金本位制下的资源流动

在金本位制下，主要资本主义国家的货币与黄金挂钩。实行金本位制的30多年时间里，英、美、法等主要资本主义国家货币的汇率平价几乎没有发生变动（Baldwin 和 Martin，1999）。黄金事实上充当了世界货币，金币可以自由流动、自由兑换，甚至自由铸造或融化。金币的自由流动保证了各国货币比价的相对稳定；金币的自由兑换保证了黄金与其他代表黄金流通的金属铸币和银行券之间比价的相对稳定；金币的自由铸造或融化保证了各国物价水平的相对稳定。因此，金本位制作为一种比较稳定的固定汇率体系，促进了该时期国际汇率的

---

① 在对国际货币体系的变迁进行分析之前，有必要首先明确一下我们对国际货币体系的划分。我们把从19世纪70年代至今的国际货币体系划分为四个时期：金本位时期（1870—1914年）、两次世界大战之间的间隔期（1918—1939）、布雷顿森林体系时期（1944—1973年）、牙买加体系（全球浮动汇率体系）时期（1973年至今）。本章不讨论两次世界大战之间的间隔期，因为这一时期里并没有成熟稳定的国际货币体系。

稳定、国际贸易和国际资本流动的发展。

但是，如果我们想要深入理解金本位制下的国际货币构架的话，就不能脱离这个时代的特征去孤立地分析。这一时代最为显著的特征就是三大货币区鼎立的货币体系，英镑区、法郎区和美元区以各自的殖民地为核心进行构筑。在殖民地国家里，整个经济体系和货币制度都严重依赖于殖民者所在的国家。很多殖民地国家甚至没有本国货币；即使在存在本国通货的国家里，也基本上把殖民者国家的货币视为官方认可的硬通货。在这一制度的基础上，我们认为金本位制下的中心—外围构架如图 8-1 所示。

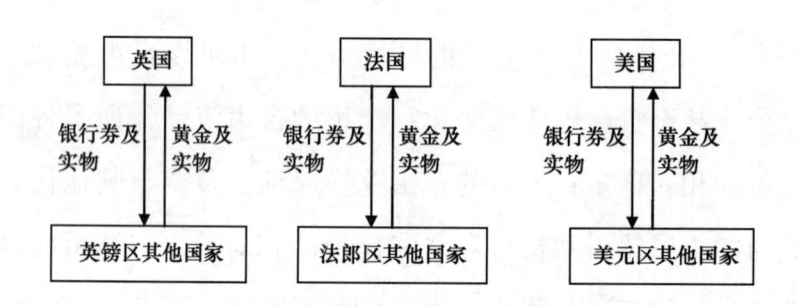

图 8-1　金本位制下的中心—外围构架和资源流动

在图 8-1 中，位于这一构架中心的国家包括英国、法国、美国等世界主要资本主义国家（因此该体系是一个多中心的构架）。位于这一构架外围的国家是各货币区的其他国家，主要是各中心国的殖民地国家。以英国和英属殖民地为例，英国把英镑输出到英属殖民地，这往往是通过两种手段，第一种是进口殖民地的资源和初等工业品，第二种是到殖民地进行直接投资，而这两种手段都换来了来自殖民地国家的实际资源的注入。我们也可以把这一过程视为英国向所述殖民地国家征收国际铸币税的过程，英国获得了实际资源，而殖民地国家获得了国际流动性便利（因为殖民地国家的本国货币不能用于国际支付）。

不过，我们也可以看到，在金本位制下，中心国家的英国、法国和美国的经常项目都保持有持续性顺差（见表8-1），也就意味着上述的第一条路径在净值上是反向的。既通过进口发出的银行券又通过出口收回来了，而且收回来的更多。换句话说，从净值意义上而言，金本位制下的中心国家只能通过上述第二条渠道（资本项目渠道）来输出货币和得到实体资源。外围国家向中心国家注入的资源一方面是资源等初级产品，另一方面是大量的黄金。金本位制下的中心国家以经常项目持续顺差和黄金持续不断累积为特征，外围国家则以经常项目持续逆差和黄金不断流失为特征，黄金越来越集中于中心国家手中。

金本位制下的中心—外围构架是一种比较稳定的构架，金本位制的崩溃有三个方面的原因：一是货币区外围国家不断向中心国家输出黄金，从而无法维持本国货币对黄金的平价。二是各中心国家内部发生了问题，中心国家之间也会进行商品贸

表8-1 金本位时期各主要发达国家经常项目占GDP比例的平均值

国家	整个样本期间		1885—1913年	
	原始经常项目	调整后的经常项目	原始经常项目	调整后的经常项目
澳大利亚	-3.9	-4.2	-2.4	-2.8
加拿大	-3.5	-3.4	-7.2	-6.9
丹麦	-0.2	-1.2	-2.6	-2.6
芬兰	-5.2	-5.1	-5.8	-5.8
法国	2.6	2.6	3.1	2.6
德国	1.2	1.2	1.6	1.6
意大利	-1.3	-1.3	0.8	0.8
日本	-0.2	0.1	-0.8	-0.3
挪威	-1.7	-1.7	-3.2	-3.1
俄罗斯	-1.0	-0.4	-1.0	-0.4
瑞典	-0.8	-0.8	-2.3	-2.4
英国	2.3	2.3	4.8	4.6
美国	0.5	0.5	0.1	0.1

说明：整个样本期各国的时间范围为：澳大利亚（1861—1945年）、加拿大（1870—1945年）、丹麦（1874—1914年，1921—1945年）、芬兰（1872—1945年）、法国（1851—1913年，1919—1938年）、德国（1877—1913年，1925—1938年）、意大利（1861—1936年）、日本（1885—1944年）、俄罗斯（1885—1913年）、瑞典（1875—1945年）、英国（1869—1945年）、美国（1870—1945年）。

资料来源：Jones和Obstfeld（2001）。

易，随着国家经济实力的相对变化，黄金越来越集中在个别大国手里（例如英国），从而造成其他资本主义国家的金本位制难以为继。从表8-1中我们也可以看到，英国的经济实力很强大，一方面通过经常项目的持续顺差从世界范围内吸收黄金，另一方面通过资本项目的持续逆差向世界范围内输出国际通货。三是金本位制具有过于刚性的弊端，它使得世界经济的增长受制于黄金产量的增长。上述原因决定了金本位制最后走向衰亡。

◇◇ 三 布雷顿森林体系下的资源流动

经过两次世界大战之后，美国的综合实力大为增强，再加上资本主义国家对于社会主义国家阵营的孤立和封锁，美国就成为资本主义世界唯一的超级大国。因此，在二战之后建立的布雷顿森林体系，就必然是美国承担主要义务和占有主要收益的货币体系。在布雷顿森林体系中，美元和黄金挂钩，其他国家的货币和美元挂钩，这种双挂钩结构赋予了美元在布雷顿森林体系中的核心地位。布雷顿森林体系适应了该时期主要国家之间的经济实力对比，各国货币直接或者间接与黄金挂钩，维持了各国间的汇率稳定，从而促进了国际贸易和国际投资的发展，赢得了二战后20年的"黄金时期"。

布雷顿森林体系下的中心—外围构架如图8-2所示。美元位于这一体系的中心位置，而其他各国位于这一体系的外围。美国在这一体系下也是通过两条渠道向世界范围内发行通货，并从世界范围内吸收实质的资源。第一条渠道是经常项目渠道，美国通过经常项目逆差，源源不断地向全世界输出美元，从而获得商品和服务的注入。而其他国家通过经常项目顺差获得美元，扩充自身的美元储备，以满足自己进行国际支付和偿还外币贷款的需求。但是，在整个布雷顿森林体系，美国在大多数年份都是保持经常项目顺差（见图8-3），只是在布雷顿森林体系的最后几年，这一渠道才逐渐显现出来。第二条渠道是最主要的渠道，即美国通过资本项目的持续逆差。主要

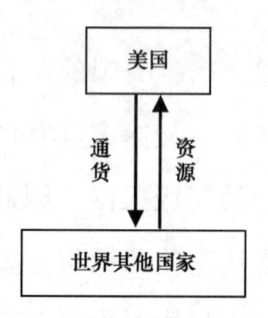

图8-2 布雷顿森林体系下的中心—外围构架和资源流动

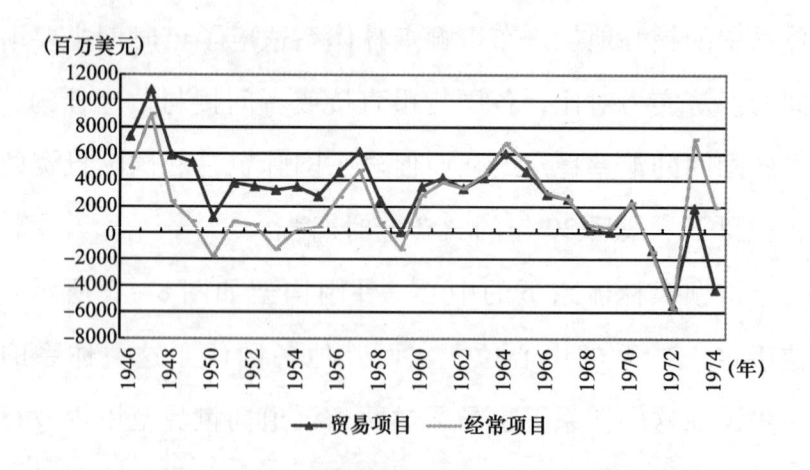

图8-3 布雷顿森林体系下美国经常项目

资料来源：The White House, *Economic Report of the President*, United States Government Printing Office, Washington, 2005, p.328。

是美国公司大量到海外投资，不断向世界范围内提供通货。

布雷顿森林体系是一种单中心的构架，即单一国别货币充当世界货币的体系。国别货币充当世界货币具有内在的不稳定性，这就是著名的特里芬两难。国际贸易的增长需要以更多的美元作为支付手段，而美元的输出要么以美国经常项目赤字的不断累积为代价（布雷顿森林体系崩溃前几年），要么以资本项目的持续逆差为代价（布雷顿森林体系的大部分年份）。无论哪一种赤字累积到一定水平时，其他国家就会对美元的价值和信誉产生疑虑，于是就会不断把美元兑换成黄金，并最终导致了布雷顿森林体系的崩溃。布雷顿森林体系之下美国的国际收支特点为：经常项目长期顺差，资本项目长期逆差，黄金储备持续减少（见图8-4），美元信誉最终难以维系。

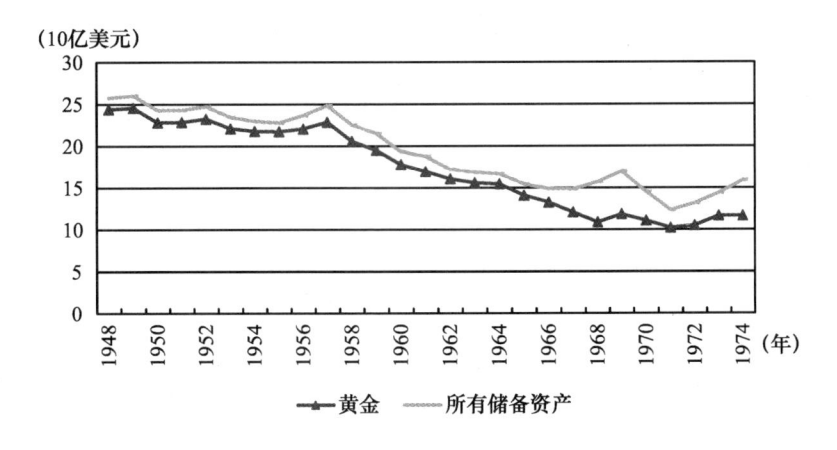

图8-4　布雷顿森林体系下美国储备资产变动情况

资料来源：IMF, *International Financial Statistics* (CD-ROM), September 2004。

◇四　牙买加体系下的资源流动

布雷顿森林体系崩溃之后，各主要资本主义国家相继采用了浮动汇率制度。这一全球浮动汇率体系被称为"牙买加体系"。在牙买加体系之下，全球经济的波动幅度显著增强，货币危机和金融危机频仍。在这一时期内，东亚国家的经济增长、美国的新经济以及欧元的诞生是一些为数不多的亮点，而我们更多看到的是资本主义国家的滞胀、日本"失去的10年"、拉美国家的积弱不振和债务危机以及东亚奇迹的破灭和美国新经济下的公司丑闻与经济衰退。可以说，牙买加体系本身就是一个不稳定的体系，这一体系对于世界经济的促进作用，相对而言还比不上前面两种国际货币体系。

牙买加体系下的中心—外围构架如图8-5所示。美元依旧在这一体系中占据着核心位置，而位于这一构架外围的是两类国家：一类是执行出口导向战略的国家（主要是东亚国家），这些国家依然把美国作为最主要的出口市场，它们通过经常项目顺差积累了大量的美元储备，然后以购买美国国债等资产的形式保留这些储备。美国则通过输出美元获得了实际资源的注入，此外这些输出的美元往往又通过出售美国国债的手段回笼到美国国内。另一类外围国家是欧洲国家和拉美国家（包括一些经济合作与发展组织成员），这些国家的投资者购买了大量由美国公司或者美国政府发行的金融资产（例如股票和债券等）。美国通过出售这些金融资产，向外围国家融入了大量的真实资本，并且把这些资本运用于国内建设或者对外直接投资（FDI）（Dooley等，2003）。

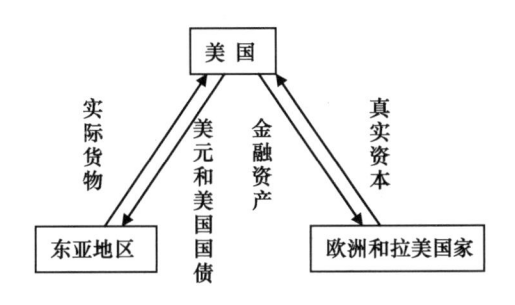

图8-5 牙买加体系下的中心—外围构架和资源流动

特别指出的是，美国在与第二类外围国家的往来中获得了两大好处：第一，由于金融资产的收益率平均低于实际投资的收益率，通过向海外出售金融资产，美国企业可以赚取这两种收益率之间的差价。第二，向海外出售金融资产，把投资的风险转嫁给海外的投资者。特别是对于股票而言，股票的发行商并没有义务承诺一个确定的收益率，而且发行股票并没有还本的压力，此外股票的涨落对于股票发行公司而言并没有太大的影响（如果该公司不继续融资需要的话）。牙买加体系的特征有三：一是美国经常项目持续逆差，资本项目持续顺差以及美国负的净国际投资头寸不断累积（见图8-6）；二是东亚地区经常项目持续顺差和外汇储备不断累积（见图8-7）；三是欧

◆ 下篇 国际货币体系：演进过程与改革方向

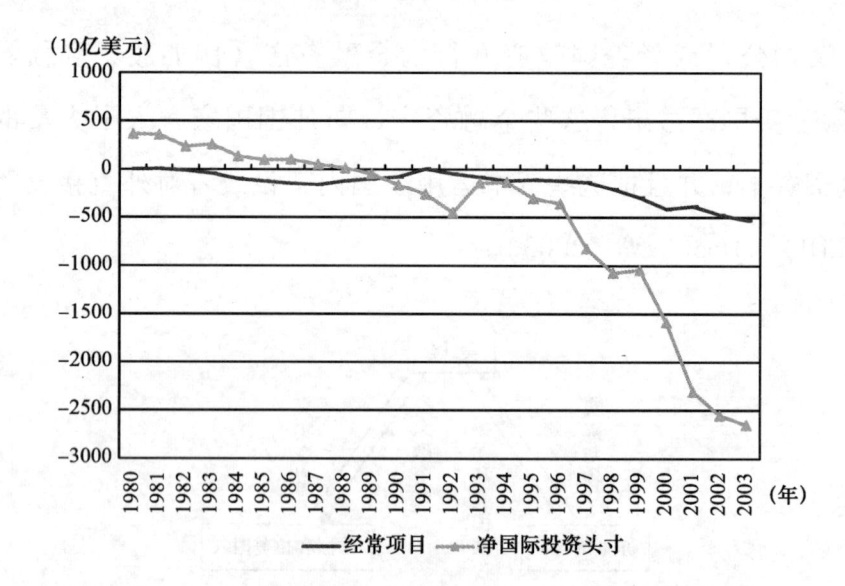

图 8-6 牙买加体系下美国净国际投资头寸和经常项目变动情况

资料来源：IMF, *International Financial Statistics* (CD-ROM), September 2004。

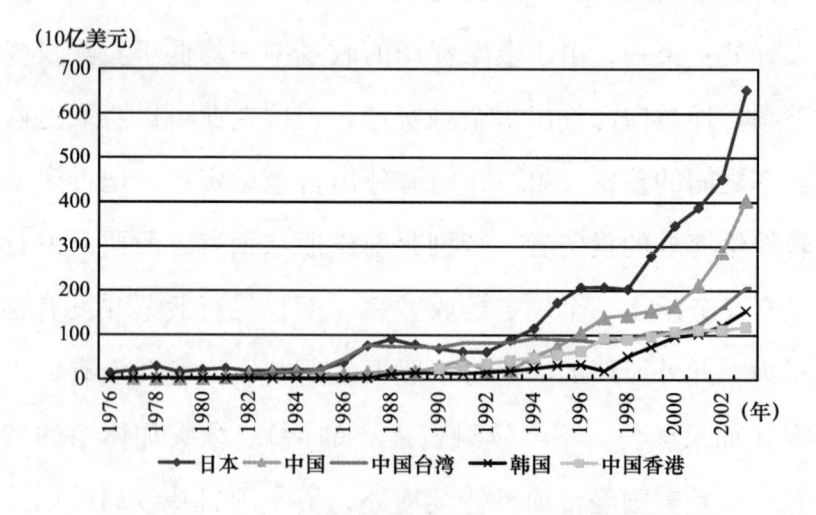

图 8-7 牙买加体系下东亚地区外汇储备累积情况

资料来源：IMF, *International Financial Statistics* (CD-ROM), September 2004。

洲国家经常项目持续逆差、资本项目持续顺差和储备资产的基本不变。

牙买加体系下的中心—外围构架具有内在的不相容性。在这一体系下，中心国家享受了更多的收益（例如铸币税和通货稳定），而外围国家则承担了更多的成本（例如资源输出、通货膨胀和金融危机）。这种收益与成本的不对等分配使得外围国家日益边缘化，并且把维持系统相容性的任务过多地集中到中心国家身上。而作为中心国家的美国，事实上常常拒绝履行自己维持系统相容性的责任和义务。国际货币体系的不平衡使得全球金融体系处于不稳定状态之中，集中体现为该体系下多次爆发的货币金融危机。在过去25年间，有80—100个国家出现过金融危机（约瑟夫·斯蒂格利茨，2002）。除了1992年的英镑危机发源于处于体系中心的发达国家外，20世纪80年代的拉美债务危机、1994—1995年的墨西哥金融危机和20世纪90年代末的东南亚金融危机以及随后的俄罗斯、巴西和阿根廷的货币金融危机均发端于处于体系外围的发展中国家或新兴市场经济体。

卡明斯基（Kaminsky）和瑞因哈特（Reinhart）考察了金融危机的系统性和地区性问题，区分出冲击的3种传递途径：（1）外围国家→外围国家→外围国家；（2）外围国家→中心国家→外围国家；（3）中心国家→外围国家→外围国家。结论为：如果外围国家的危机没有触及中心国家的资产市场，只会在外围国家发生区域性危机，不会造成波及全球的系统性危机；而中心国家出现金融危机以后，很容易通过溢出效应影响到外围国家（Kaminsky 和 Reinhart，2001）。一个自然的推论是货币金融危机在"中心—外围"国家间的危机传染具有单向特征：中心国家出现危机时，外围国家成了中心国家危机的泄洪区；外围国家出现危机时，危机不会继续传染到中心国家。

中心—外围式的国际货币体系使得国际金融风险逐渐在外围国家累积，金融危机频繁爆发，国际货币领域的收益与风险处于严重的不均衡状态。在金融全球化日益加剧的背景下，如果处于外围的发展中国家发生金融危机，处于中心地位的发达国家也很难独善其身，因为金融危机可以通过贸易、金融或者预期心理等渠道进行扩散和传染。如果位于系统中心的发达国家经济出了问题，整个国际货币体系都面临着均衡被打破的危险。因此我们认为牙买加体系注定是一种过渡性的体系，国别货币充当世界货币具有内在的不稳定性，因而必将被区域货币充当世界货币的构架所取代。欧元的诞生和逐渐走强已经使得未来的国际货币体系初现雏形。为了维持系统的稳定性，必须依靠国家之间进行货币合作，尤其是中心国家和外围国家之间的南北合作。外围国家可以通过相互间的合作增强与中心国家的对话力量。

五 国际货币体系的未来:三大货币区鼎立体系下的资源流动

在今后很长一段时间内,金融的区域化和集团化将成为金融全球化的主要发展方向。因此,未来的国际货币体系很可能出现三大货币区鼎立的结构,即所谓的"全球金融稳定性三岛"(Mundell,2000)。我们认为,在21世纪,全球浮动汇率制可能会以货币联盟的方式向新固定汇率制复归,国际货币体系可能呈现出"全球金融稳定性三岛"的基本构架,并且伴生欧元区、美元区和亚元区三大紧密货币合作区的雏形(钟伟和张明,2001)。[①]

在三大货币区鼎立的国际货币体系中,依然存在中心—外围构架(如图8-8所示)。因为在每一个货币区中都存在中心国家:在欧元区内是德国和法国;在美元区内是美国;在亚元区内是日本和中国。虽然在货币区内所使用的货币未必是国别货币,但是这些中心国家依然能够控制货币区内的货币政策,

---

① 随着东亚货币合作的进展,在东亚地区可能形成共同货币区,并且逐渐扩展到亚洲其他地区。亚元区可能采用核心国家的货币,例如日元或者人民币;可能采用区域外国家的货币,例如美元;也可能采用新创立的区域货币,例如 ACU(Asian Currency Unit,亚洲货币单位)。亚元区的中心国家包括所有参与东亚货币合作的国家,外围国家是指其他不参与合作但是使用亚元的国家。

特别是对区域货币的利率和发行量具有决定性的投票权。因此这些中心国家依然可以向货币区内的外围国家征收铸币税——实体资源的注入，或者在分享铸币税上占据优势，或者在政策外部性上占据优势。我们甚至可以进一步推论，即使在遥远的将来出现了统一的世界货币，那么到时候占据世界主导地位的国家依然可以通过自己对于世界货币政策的支配性权利向其他国家征收铸币税。

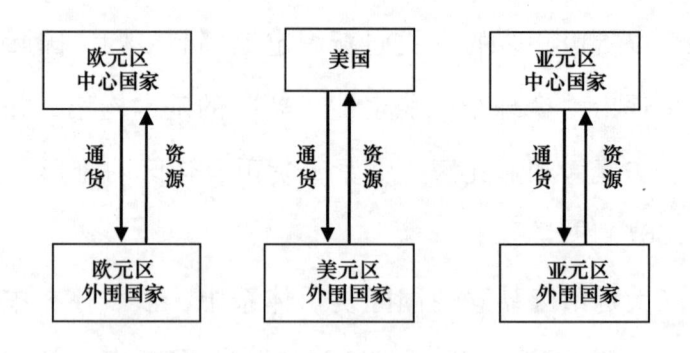

图8-8　未来的中心—外围构架和资源流动

有趣的是，我们可以发现，未来国际货币体系的中心—外围框架和金本位制下的中心—外围框架颇为相似。这种从多中心构架向单中心构架发展，再从单中心构架向多中心构架复归的趋势表明，单中心构架只适合全球只有一个主导国家的情况，而多中心构架和全球多极化趋势更相符合。当然，金本位制下的中心—外围构架和未来的中心—外围构架也存在不同之处，即金本位制下主要是由国别货币来充当区域货币，由黄金来充当全球货币；

而未来的国际货币体系是以区域货币来充当全球货币。

◇◇ 六　结论

第一，在迄今为止的各种国际货币体系内，均存在不同形式的中心—外围构架。在这种构架下，中心国家向外围国家输出通货，不但能够征收铸币税，而且更主要的是掌握了根据国内具体情况实施宏观经济政策的主动性。

第二，中心—外围构架里中心国家数量的多少是与各国实力对比相关的。单中心构架和世界的单极化相关联，而多中心构架与世界的多极化相关联。由此可以断定，未来的国际货币体系必将出现多中心的构架。

第三，国别货币充当世界货币具有内在的不稳定性，因为对于国际清偿力的需求增长与该国别货币的信誉之间存在不可调和性。由于中心国家的经常项目逆差，或者资本项目的持续逆差，或者储备资产的长期减少是不可能长期持续的，因此该国际货币体系就常常面临均衡被打破的危险。区域货币充当世界货币将成为未来国际货币体系的大势所趋。

第四，未来的国际货币体系要想维持长期的系统相容性，就必须合理地在中心国家和外围国家之间分配收益和成本。例如应该在中心和外围国家之间建立分享铸币税的机制，而且中心国家应该主动地承担更多的维持系统相容性的责任和义务。

第九章

国际货币体系演进:次贷危机的冲击[*]

本章摘要 在美元本位制下,美国持续的经常账户赤字导致净对外负债不断增长,造成其他国家对美国经常账户赤字的可持续性以及美元汇率的稳定性产生怀疑。次贷危机的爆发与深化导致美国政府动用了大量的财政与信贷资源用于救市,从而加剧了美国的债务负担以及美元贬值的可能性。因此,次贷危机的爆发可能加快国际收支失衡的调整以及国际货币体系的演变。在未来的国际货币体系中,美元独大的格局将转变为美、欧、亚货币共同扮演中心货币角色,而改革成功的国际货币基金组织有望在国际货币体系中继续扮演重要角色。

一 引言

最近10年来,国际货币体系的最大特征是全球国际收支

---

[*] 本章内容发表于《世界经济与政治》2009年第6期。

失衡。经济学家普遍担心，由美国持续的经常账户赤字所导致的美国净对外负债的上升，一旦超过了市场能够容忍的程度，新一轮的美元危机可能爆发，从而启动国际货币体系的重构。然而，很少有人预测到，全球金融危机将会以次贷危机的形式爆发出来。在次贷危机过程中，市场对美国金融产品丧失了信心，且美元汇率短期内不降反升。为应对危机冲击，美国政府采取的史无前例的财政货币政策又埋下了美元中长期内大幅贬值的种子。这可能会加快整个国际货币体系的重构。国际货币体系的发展方向将是区域货币充当全球货币，这将为储备货币发行国引入新的约束机制。本章的结构如下：第二部分概述次贷危机爆发前国际货币体系的特征；第三部分剖析次贷危机对国际货币体系的具体冲击；第四部分为结论。

◇二 次贷危机爆发前国际货币体系的特征

自布雷顿森林体系在20世纪70年代初期解体之后，国际货币体系进入所谓牙买加体系。但由于牙买加体系缺乏类似于布雷顿森林体系下黄金美元双挂钩制的约束性很强的制度安排，前者也被称为无体系时期。美元延续了在布雷顿森林体系下的中心货币地位，依然是全球范围内最普遍使用的计价尺度、交易手段和储备货币。日元在20世纪80年代的勃兴以及

90年代末欧元的诞生都没有从根本上撼动美元的地位。因此当前的国际货币体系又被称为美元本位制（dollar standard）。例如，在2007年年底的全球外汇储备中，美元资产占64%，欧元资产占26%，日本资产仅占3%。[①]

在美元本位制中，以美国为代表的发达国家位于体系的中心，以东亚国家为代表的新兴市场国家和以中东国家为代表的资源输出国位于体系的外围。东亚国家输出实体商品，中东国家输出资源，作为其交易对手，美国用美元购买商品与资源。东亚国家和中东国家获得了贸易顺差、积累了外汇储备、实现了出口导向的经济增长，东亚国家还通过出口行业发展解决了就业问题。与此同时，东亚国家和中东国家的大部分外汇储备又以投资于美国金融资产的形式回流美国，压低了美国金融市场利率，使得美国消费者能够以较低价格消费实体商品与资源，甚至借债消费。由于美元本位制的中心国家与外围国家均从该体系的资源流动中获得了好处，导致交易不断扩大，从而加剧了全球国际收支失衡（张明和覃东海，2005）。

全球国际收支失衡具体表现为美国出现持续的经常账户赤字，而东亚国家和中东国家出现持续的经常账户盈余。用世界各国经常账户余额绝对值之和占全球国内生产总值（GDP）的

---

① 根据 IMF Currency Composition of Official Foreign Exchange Reserves（COFER）提供的相关数据进行计算。

比重来衡量的全球国际收支失衡指标，自2002年以来不断恶化。该指标由2000年的3.7%一路攀升至2008年的5.9%，已经远远超过1974年石油危机后的4.3%。[①]全球国际收支失衡的另一具体表现是全球范围内外汇储备的累积。从1998年到2007年这十年时间内，全球外汇储备由1.6万亿美元上升至6.4万亿美元，增长了300%。[②]全球外汇储备以购买发达国家金融资产的方式回流发达国家，从而压低了发达国家金融市场的长期利率。长期实际利率的下降对发达国家尤其是美国与英国的房地产泡沫起到了推波助澜的作用。

从本质上来看，美元本位制是一种全球范围内实体商品与金融资本的"双循环"。来自新兴市场国家与资源输出国的实体商品与资源流向美国，美国向新兴市场国家与资源输出国支付美元。而新兴市场国家与资源输出国又将出口获得的美元投资于美国金融市场上的金融产品。美国获得了实体商品与资源的注入以及外汇储备回流的双重好处。这些好处的一个不可避免的代价就是美国出现持续的经常账户赤字，而其他国家出现持续的经常账户盈余。美元本位制能否持续的关键，在于新兴市场国家与资源输出国是否愿意继续用外汇储备购买美元资产，而这又取决于美国经常账户赤字的累积是否会导致美元大

---

① 以上数据引自 IMF World Economic Outlook Database, October 2008。
② 以上数据引自 IMF Currency Composition of Official Foreign Exchange Reserves (COFER) 数据库。

幅贬值。

全球国际收支失衡的加剧引发了各界对于后布雷顿森林时代国际货币体系稳定性的担忧。学者对此有着截然相反的观点。其中有代表性的一派观点认为，当前的美元本位制实质上是布雷顿森林体系的复苏与变形。东亚国家取代了布雷顿森林体系下德国与日本的外围国家角色，采纳了以汇率低估、资本管制、积累中心国家金融资产、利用中心国家金融市场为本国资金流通提供媒介的出口导向发展战略。即使美国持续的经常账户赤字导致美元贬值的风险不断积累，外围国家依然将持续为美国提供融资以促进本国出口。由于外围国家认为促进出口的重要性远高于外汇储备的保值增值，因此当前的美元本位制是非常稳定的（Dooley 等，2003）。

另一派观点则认为，当前的美元本位制是非常不稳定的。第一，与布雷顿森林体系下的外围国家相比，当前体系下的外围国家异质性更强、更缺乏凝聚力。东亚国家缺乏共同的历史背景，因此很难形成恰当的集体行动机制来保障当前体系的稳定性。第二，在布雷顿森林体系时期美元的对手是垂死的英镑，但当前美国具有欧元这一强大对手。因此与20世纪70年代相比，退出美元本位制的成本要低得多。第三，与布雷顿森林体系下的美元与黄金可兑换性相比，当前中心国家维持币值稳定的承诺的可信度要低得多。事实上当前美国政府对美元汇率以及经常账户赤字采取了一种"善意忽略"（benign neglect）

的态度（Eichengreen，2007）。更有激进的经济学家认为美元本位制将在2006年就会崩溃，其主要论据包括：在美国的过度消费以及对利率敏感部门（房地产、金融）的过度就业中存在扭曲、美国存在非贸易品的过度供给与贸易品的供给不足、中国冲销美元资产（从而将通胀压力保持在可控范围内）的成本越来越高、中国越来越难以忍受美元储备发生汇兑损失的风险等（Roubini和Setser，2005）。

我们认为，与布雷顿森林体系一样，由国别货币充当世界货币的美元本位制也难以解决所谓的"特里芬两难"，即国际货币发行国很难在满足其他国家对国际货币的需要的同时，维持国际货币的汇率稳定。当世界经济走向繁荣时，其他国家对国际货币的需求上升，这意味着国际货币发行国需要发行更多的货币，并通过持续的经常账户赤字输出这些货币。然而，国际货币发行国经常账户赤字的扩大则会加剧其他国家对于国际货币汇率贬值的担忧。如果国际货币发行国的货币超量发行与经常账户赤字最终导致国际货币大幅贬值，从根本上损害了其他国家对于这种国际货币的信心，那么国际货币体系就可能发生重构，新体系可能取代旧体系。正如20世纪70年代石油危机加剧了美国经常账户赤字，导致美元最终与黄金脱钩，造成布雷顿森林体系崩溃一样，本次次贷危机的爆发可能加剧美元未来大幅贬值的可能性，这可能加快当前美元本位制的解体。

◇◇ 三 次贷危机对国际货币体系的冲击

在次贷危机爆发之前,几乎所有预测美元本位制将会崩溃的文献都指出,根本原因在于美国对外净负债的累积损害了其他国家对美元汇率的信心,从而不再愿意向美国提供融资,这将导致美元大幅贬值、美国长期利率攀升及经济衰退。但次贷危机却从一种出人意料的角度对国际货币体系产生了冲击,金融危机的爆发使得投资者对美国金融市场以及美国金融产品丧失了信心,而美国政府应对次贷危机的政策则进一步加剧了市场对于美元汇率大幅贬值的担忧。

次贷危机的爆发与深化加剧了国际社会对于美元本位制能否继续维持的担忧。一方面,随着美国股市与房地产市场的资产价格下跌以及商业银行对贷款审核标准的加强,美国居民已经很难维持举债消费。一旦美国居民开始压缩消费,东亚国家和中东国家就必须相应压缩出口。在发达国家经济陆续陷入衰退,新兴市场国家经济增长明显减速的背景下,各国的贸易保护主义必然抬头,全球自由贸易面临严重威胁。而一旦全球贸易发生萎缩,新兴市场国家与资源输出国的外汇储备积累速度必然下降,这将会降低美元资产的购买规模。另一方面,自次贷危机爆发以来,美国财政部与美联储实施了极为宽松的财政货币政策以应对危机的负面冲击。要为巨额救市成本融资,美国不得不加大美国国债的发行规模。而一旦美国国债市场出现供过于求的局面，这将会造成新增国债收益率上升，存量国债市场价值缩水以及美元大幅贬值。美元显著贬值首先将造成新兴市场国家与资源出口国的外汇储备急剧缩水，其次会损害上述国家对美元作为国际货币的信心，最终可能导致美元本位制的崩溃。

自次贷危机全面爆发以来，美国政府动用了史无前例的大规模财政货币政策用于救市，从而引发了市场对于美国政府如何为救市成本融资的疑虑。从历史上来看，美国政府主要通过发行国债来弥补财政赤字。如图 9-1 所示，自 1990 年以来，美国历年的国债净发行额与财政赤字水平大体相符。自 1996 年以来，每年国债净发行额均高于财政赤字水平，这一差额在 2008 年达到 1000 亿美元以上，主要原因是 2008 年下半年新发行的国债可能被用来为未来两年的财政支出融资。2002—2007 年，美国国债发行量一直稳定在 5000 亿美元左右，2008 年则飙升至 1.47 万亿美元。2002—2007 年，美国的财政赤字平均为 4270 亿美元。[①] 然而根据奥巴马政府的预算，2009 财年的财政赤字将达到 1.75 万亿美元，超过美国 GDP 的 12%。[②] 美国

---

① 以上数据引自美国财政部网络数据库。
② 以上数据引自《奥巴马提交下年度预算报告概要　开源节流减赤字》，2009 年 3 月 1 日，搜狐网（http://news.sohu.com/20090301/n2625 29491.shtml?）。

◆ 下篇 国际货币体系：演进过程与改革方向

财政部表示，计划在 2009 财年发行 1.5 万亿—2.5 万亿美元国债，并且这个数字还不包括联邦刺激方案和金融业救援计划成本。①

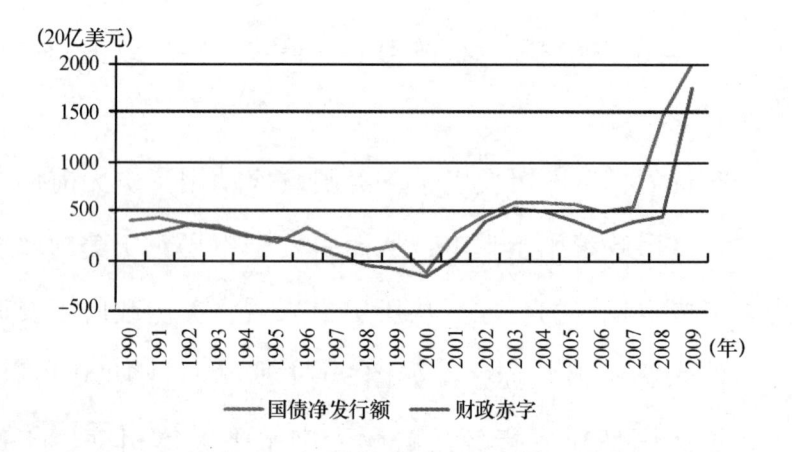

图 9-1 美国历年国债净发行额与财政赤字水平

资料来源：国债净发行额数据引自美国财政部（US Treasury）网络数据库，财政赤字数据引自美国商务部 Bureau of Economic Analysis 网络数据库。

现在来分析美国国债的市场需求。如图 9-2 所示，2002—2008 年，外国投资者净购买额占美国国债净发行额的比重平均为 48%，这一比重在 2008 年达到 52%。2008 年美国政府净发行国债 1.47 万亿美元，其中外国投资者购买了 7720 亿美元，

---

① 以上数据引自胡婧薇《熊在呼唤：2009 美国债发行或超 3 万亿》，2009 年 2 月 19 日，新浪网（http://finance.sina.com.cn/stock/usstock/c/20090219/00205872970.shtml）。

剩下的部分由美国国内投资者购买。

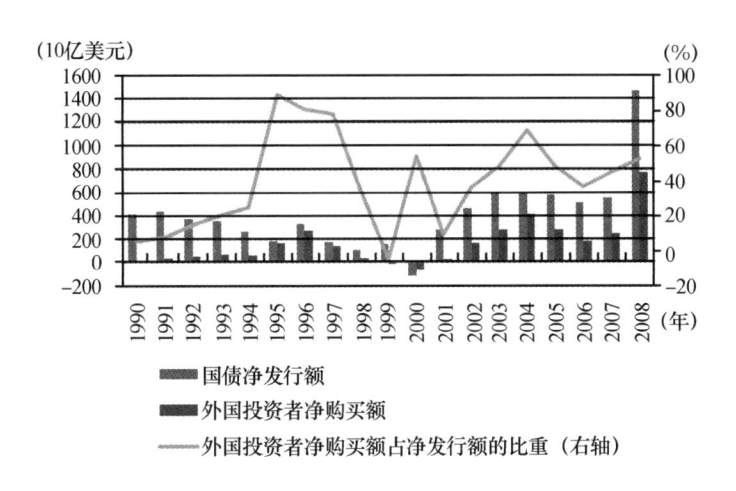

图 9-2　美国历年国债净发行额与外国投资者
净购买额所占比重

资料来源：数据均引自美国财政部（US Treasury）网络数据库。

关键问题在于，2009年国内外投资者对美国国债的需求继续扩大的可能性较小，而收缩的可能性较大。对外国投资者而言，出口增速大幅下降造成东亚新兴市场国家外汇储备增加额显著下降，全球能源与大宗商品价格低迷造成资源出口国外汇储备增速明显减缓，再加上短期国际资本从新兴市场国家源源不断地流出，这都将导致外国投资者的美元储备下降，从而将降低外国投资者对美国国债的需求。对本国投资者而言，随着可支配收入增速的下降及金融财富的缩水，他们对美国国债的需求也将下降。因此，最乐观的估计是，即使考虑到国际机构投资者的去杠杆化，2009 年国内外投资者能够维持 2008 年 1.47 万亿美元的购买额也已经是万幸了。

即使考虑到美国居民的储蓄率能够从 2008 年年底的 1.8% 提高到历史平均水平的 8%，并假定美国居民增加的储蓄全部用于购买美国国债，新增对美国国债的购买需求也不过 6600 亿美元。而且，储蓄率的上升并非一年时间就能完成，我们假定美国居民储蓄率在 2010 年年底达到 8%，这意味着 2009 年只会增加 3300 亿美元的需求。

综合考虑以上因素，2009 年国内外投资者对美国国债的总需求约为 1.8 万亿美元，这显著低于 2 万亿美元的国债发行目标，形成了至少 2000 亿美元的供需缺口。如果该缺口不能弥补，则新发国债的收益率将大幅上升，造成存量国债市场价值下降，从而可能诱使投资者抛售存量国债，影响美国国债市场的稳定。在这一背景下，美联储在 2009 年 3 月 18 日宣布将在未来半年内购买 3000 亿美元长期国债的计划，从而成为美国国债市场的最后购买人（the last resort of buyer），就显得顺理成章了。

尽管美联储出手购买美国国债在短期内有助于弥补国债市场的供需缺口，从而有利于维持较低的国债收益率、稳定存量国债的市场价值，然而，美国政府用于稳定国债市场供需状况的短期举措，中长期内则埋下了严重通胀与美元大幅贬值的种子。

事实上，我们不能从孤立的角度来分析美联储购买美国长期国债。这一举措实质上是美联储宽松货币政策的一大组成部分。自次贷危机全面爆发以来，美联储首先以降息来应对危机，在很短时间内将联邦基金利率由5.25%削减至0—0.25%，已经不存在进一步降息的空间。为了进一步提振市场与实体经济，美联储不得不仿效泡沫经济破灭后的日本，实施所谓的量化宽松政策，这意味着美联储通过购买国债、机构债、企业债或股票等金融资产的方式，向货币市场直接注入流动性，以进一步降低市场融资难度，并消除通缩压力。自2008年9月中旬雷曼兄弟破产后，美联储大张旗鼓地推进数量宽松政策。一个明显的证据是，美联储的资产负债表规模由2008年9月中旬的9500亿美元左右，飙升至2008年年底的2.3万亿美元左右。尽管该规模到目前回落至1.9万亿美元，但考虑到美联储3000亿美元国债加8500亿美元机构债的购买计划，则2009年美联储资产负债表可能膨胀至3万亿美元。

由于美联储的资本金没有变动，因此资产负债表的扩张意味着美联储负债的扩张，即美联储不断向市场注入基础货币。由于目前市场信心尚未恢复，投资者风险偏好很低，即使美联储大举注入流动性，这些流动性并未转化为信贷与广义货币，即目前的货币乘数很低。然而，一旦美国金融市场趋于稳定，实体经济有所反弹，则投资者将开始重新配置风险资产，这意味着基础货币将加速转化为信贷与广义货币，货币乘数开始上升。一旦美联储不能及时从货币市场中抽回流动性（互联网泡沫破灭后，即使经济开始反弹，美联储仍持续实施宽松货币政策，已经证明了这一点），那么随着货币乘数的反转，通缩压力可能旦夕之间转变为通胀压力。而一旦通胀压力击碎了投资者对美元汇率的信心，美元大幅贬值以及黄金、能源与大宗商品价格飙升就难以避免。

简言之，为应对次贷危机对美国金融市场与实体经济的冲击，美国财政部与美联储均积累了大量负债。当传统渠道（增发国债）不足以为这些负债融资时，美国政府将面临通过制造通货膨胀与美元贬值来缓解债务负担的强大激励。而一旦美国政府走上印刷钞票、制造通胀与美元贬值的道路，则全球货币体系将面临新一轮的源自中心国家的通货膨胀狂潮，持有大量美元储备的外围国家将遭受严重的资产损失。全球货币体系将迎来新的动荡局面，美元本位制则面临突然解体的危险。

此外，次贷危机除放大美元汇率风险外，也使其他国家更加强烈地感受到，以美元为中心的国际货币体系的诸多缺陷对本国、本地区的经济发展与金融稳定形成了若干制约。例如，对东亚国家而言，尽管区域内贸易已经在东亚贸易中占据着至关重要的地位，但鉴于美元的中心角色，这些区域内贸易依然用美元计价，导致东亚国家普遍形成了巨额外汇储备。1997—1998年东南亚金融危机期间，美国主导的国际货币基金组织（IMF）对危机反应不及时、对东亚国家提供的贷款又附加了实施紧缩性财政货币政策的条件性，也是导致东亚国家通过积累外汇储备方式来避免危机再度发生的重要诱因。然而，次贷危机爆发后，美元贬值风险大幅增加，东亚国家的外汇储备面临市场价值显著缩水的风险。在这一背景下，东亚国家再次认识到加强区域货币金融合作的重要性，因为只有这样做才能最终摆脱美元的制约。2009年2月22日，东盟"10+3"特别财政会议在泰国普吉联合公布了《亚洲经济金融稳定行动计划》。该计划的核心内容是将东亚共同储备基金由800亿美元提高到1200亿美元，提议建立独立的区域监控实体，并将共同储备基金的使用与IMF条件性贷款的挂钩比例从目前的80%进一步降低。这一行动计划是《清迈协议》的重要扩展，标志着东亚区域金融合作进入了新的发展阶段。此外，中国政府也力图通过加快人民币国际化来逐渐降低对美元的依赖程度。自2007年12月以来，中国央行已经先后与韩国、中国香港、马来西亚、白俄罗斯、印度尼西亚等国家或地区的央行签署了双边本币互换协议，从而为在跨境贸易中使用人民币计价做好了基础工作。简言之，次贷危机的爆发加剧了新兴市场国家货币区域化与国际化进程，而这可能进一步削弱美元在国际货币体系中的主导地位，进一步加快美元本位制的调整。

◇◇ 四 结论：国际货币体系的演进方向

次贷危机不过是国际货币体系演进过程中的一段插曲，正如 20 世纪 70 年代石油危机的爆发加剧了布雷顿森林体系的崩溃一样，次贷危机可能加剧美元本位制的崩溃。但即使次贷危机没有爆发，美元本位制最终也必然走向没落。国际货币体系演变的根本因素在于，作为"上层建筑"的国际货币金融安排必须符合世界经济不断增长这一"经济基础"提出的新要求。金本位制崩溃的根本原因在于黄金产量的增长跟不上世界经济增长对国际货币的需求，从而自然产生了一种通货紧缩压力，制约了世界经济的进一步增长。布雷顿森林体系崩溃的根本原因在于，世界各国对美元流动性的需求上升与美元作为一种国际购买力的币值稳定之间注定将产生难以调和的矛盾。在美元本位制下，美元虽然与黄金脱钩，但这种国别货币充当世界货币的安排仍然难以逃脱特里芬难题的诅咒。美元超发与美元汇率稳定之间的矛盾依然是不能调和的。

当前美元本位制的最大问题在于，美国持续的经常账户赤字导致净对外负债不断增长，造成其他国家对美国经常账户赤字的可持续性及美元汇率的稳定性产生怀疑。次贷危机的爆发与深化导致美国政府动用了大量的财政与信贷资源用于救市，从而加剧了美国的债务负担以及美元贬值的可能性。因此，次贷危机的爆发可能加快国际收支失衡的调整以及国际货币体系的演变。

要调整当前的国际收支失衡，一方面需要相关汇率变动，即美元贬值与经常账户盈余国货币升值；另一方面需要重新平衡全球范围内的需求与储蓄，即美国居民应该压缩消费增加储蓄，东亚国家居民应该刺激消费降低储蓄。关键问题在于，这种必要的和不可避免的调整，是由政策协调来启动，还是由金融市场来启动。前者是由主要国家通过政策协调实施主动调整，后者是放任全球国际收支失衡继续发展下去，最终由金融市场上的突然情绪变化来触发被动调整。前者是渐进和可控的调整，而后者是爆发性与破坏性的调整。市场情绪主导的调整可能导致关键汇率与资产价格突然地和过度地变动、加剧国际贸易摩擦，并带来全球经济衰退（Ahearne，2007）。

笔者曾讨论了全球国际收支调整的三条可能路径，这些路径目前仍具有可能性：一是由金融市场来主导调整（即全球投资者突然大规模减持美元资产）；二是顺差国在美国压力下实施集体升值，即达成新的广场协议；三是各国就成本分担机制达成实质性协议，从而主动实施国内政策调整（张明，2007）。第一种情景意味着将现状一成不变地维持下去，但一旦调整起来破坏性很强，是最糟糕的一种可能。第二种情景意味着美国不进行结构性调整，而把调整负担完全转移给顺差国。这不能从根本上改变全球失衡的局面，结果无非是顺差国由东亚国家转变为其他国家而已，最终仍需进行调整。第三种情景对全球经济的可持续增长而言是最理想的，但意味着逆差国与顺差国均要进行痛苦的结构性调整，面临的政治阻力反而可能最大。全球国际收支失衡如何进行调整，是考验世界各国政府集体行动智慧的一大挑战。

从国际货币体系的演进来看，在中期内，美元作为中心货币的地位将被逐渐削弱，欧元与亚洲货币（人民币、日元或者ACU）的地位将会逐渐上升。美元独大的国际货币体系可能被美、欧、亚三种货币共同充当全球储备货币的格局所取代。美元本位制将会让位于"全球金融稳定性三岛"：北美洲与拉丁美洲国家使用美元，欧洲、中东与北非国家使用欧元，亚洲国家使用亚元，三种货币之间最初自由浮动，随着世界各国经济周期逐渐趋于一致，三种货币之间的波幅越来越小，最终改为用固定汇率连接。区域货币充当全球货币这种多中心货币的构架其实也更加符合全球多极化趋势（张明和覃东海，2005）。中国央行行长周小川最近提出的创造一种与主权国家脱钩，并能保持币值长期稳定的国际储备货币的建议，① 则表现出一种更长时间维度的期望，区域货币充当全球货币的格局最终可能演化为全球统一货币的格局。

---

① 周小川：《关于改革国际货币体系的思考》，2009年3月23日，中国人民银行网站（http://www.pbc.gov.cn/detail.asp?col=4200&id=279）。

作为未来三大货币区中最弱的一环,亚洲需要在区域性货币金融合作方面迎头赶上。对于东亚地区这种经济异质性较强、存在重大历史遗留问题的地区,货币金融合作往往具有危机推动的特征。1997年的东南亚金融危机催生了《清迈协议》这一双边性货币互换的制度性成果,而次贷危机的爆发则可能将东亚货币合作在此基础上再向前推进一步。将货币互换多边化、成立制度化的负责实施区域监控的协调机构、将资金救援与 IMF 条件性贷款完全脱钩、将东亚储备库倡议做实做大、加快发展东亚区域债券市场,将是未来东亚货币合作的发展方向。

第十章

国际货币体系改革：危机以来的进展以及中国应如何参与[*]

本章摘要 本章从货币本位制、国际金融机构与国际金融监管体系三个角度来分析全球金融危机爆发前后的国际货币体系。传统的美元本位制很难解决国际收支周期性失衡的问题，且全球金融危机的爆发可能进一步削弱美元的地位。未来的货币本位制可能是多极货币共同充当全球储备货币，这将为储备货币发行引入新的竞争机制，且较好地克服特里芬两难。IMF在次贷危机前面临份额、贷款、监测与资源四个方面的挑战。危机爆发以来，IMF在贷款与资源层面的改革取得了重要进展，然而在份额与监测方面乏善可陈。全球金融危机的爆发揭示了全球范围内跨境金融监管机制的缺失，危机除了促进全球监管机构反思监管理念外，也将金融稳定委员会塑造为未来实

---

[*] 本章内容发表于《国际经济评论》2010年第1期。

施跨境金融监管的重要平台。中国应积极参与国际货币体系改革，包括进一步推进人民币的区域化与国际化、敦促IMF进行治理结构改革，以及通过国内结构性改革来促进国际多边合作。

一 引言

本章致力于分析国际货币体系改革的方向以及中国如何更好地参与国际货币体系改革的进程。本章的结构安排如下：第二部分梳理本轮全球金融危机爆发前国际货币体系的主要特点；第三部分分析危机后国际货币体系的改革方向；第四部分提出中国如何更好地参与国际货币体系改革的相关政策建议；第五部分为结论。

二 危机爆发前的国际货币体系

本节将从货币本位、国际收支失衡、国际货币基金组织与跨境金融监管体系这四个角度来梳理本轮全球金融危机爆发前国际货币体系的主要特征。

（一）美元本位制：单极信用储备货币体系

自布雷顿森林体系崩溃后，国际货币体系进入了浮动汇率时期。这一时期内的国际货币体系被称为牙买加体系（Jamaica

System），该体系也被称为美元本位制（Dollar Standard）。

在美元本位制下，美元是全球最重要的国际储备货币，行使着全球计价尺度、交易媒介与价值储存的功能。尽管欧元、英镑、日元等发达国家货币也或多或少地扮演着国际货币的角色，但与美元相比，其他国际货币的重要性不免相形见绌。例如，在2008年年底全球外汇储备的币种构成中，美元约占64%，而欧元、英镑、日元各占27%、4%与3%。[①]因此，当前的美元本位制事实上是一种单极储备货币体系。

与金本位制或布雷顿森林体系相比，美元本位制的最大特征是一种信用储备货币（Fiat Money）体系。在金本位制下，各国货币以固定比价与黄金挂钩，货币能够按照该比价与黄金自由兑换。在布雷顿森林体系下，黄金以固定比价与美元挂钩，美元再以固定比价与其他各国货币挂钩，美元能够按照该比价与黄金自由兑换。而在美元本位制下，美元币值不再与任何贵金属或者实体商品篮子挂钩。各国投资者之所以愿意使用美元，是因为对美元币值的稳定性具有信心。美元币值的稳定性一方面与美联储实施反通货膨胀货币政策的声誉有关，另一方面与美国经济的活力以及美国强大的政治军事实力有关。在金本位制与布雷顿森林体系下，对国际储备货币的发行是有硬

---

① 根据IMF Currency Composition of Official Foreign Exchange Reserves（COFER）数据库的相关数据进行计算。

第十章　国际货币体系改革：危机以来的进展以及中国应如何参与

性约束的：一种储备货币的发行规模与该国货币当局拥有的黄金储量挂钩。布雷顿森林体系崩溃的根源恰恰在于美国国际收支逆差造成美元黄金比率的上升，从而损害了外国投资者对于美联储能够维持美元以固定比价兑换黄金的信心，最终引发的兑换浪潮迫使尼克松政府关闭黄金窗口。而在美元本位制下，对美元发行数量并没有任何硬性约束。各国投资者对美元币值的信心取决于他们对美国货币政策的信心，即美联储会竭尽全力避免国内发生显著的通货膨胀。

美元本位制是一种中心—外围式的国际货币体系。美国处于该体系的中心，广大新兴市场国家与发展中国家处于该体系的外围。由于外围国家的本国货币不能用于国际支付，外围国家必须通过出口商品与服务，或者吸引中心国家的投资来获得美元。反过来，美国可以通过购买商品与服务（即通过经常账户赤字）的方式输出美元，或者通过对外围国家的直接投资或证券投资（即通过资本账户赤字）的方式输出美元。然而，由于美国金融市场是全球最大最宽最深的金融市场，该市场承担了为金融市场欠发达国家进行资金媒介与融通的功能，这就意味着美国将存在持续的资本账户盈余而非资本账户赤字。因此，在美元本位制下美国主要通过经常账户赤字来输出美元。如图10-1所示，美国出现持续的经常账户赤字其实是20世纪80年代以来的事情。1982年至2008年这27年，除1991年外，其他年份美国均存在经常账户赤字。1992年至2007年，赤字规模不断扩大。

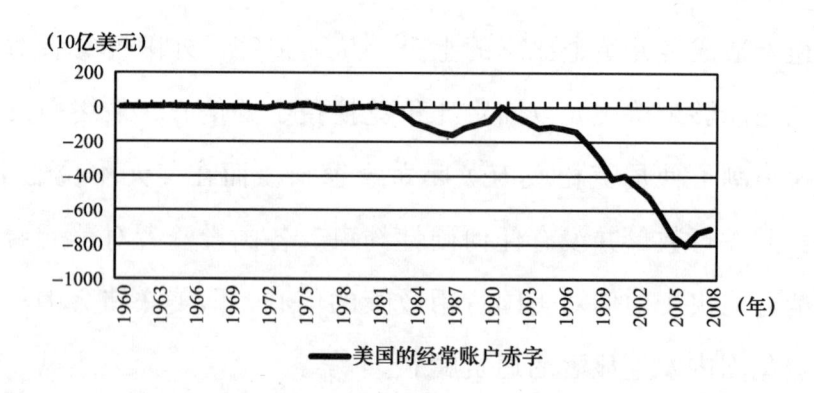

图 10-1　美国经常账户赤字的绝对规模

资料来源：US Bureau of Economic Analysis (BEA)。

在美元本位制下，尽管发达国家大多实施浮动汇率制度，但对于很多新兴市场国家和发展中国家（尤其是东亚新兴市场经济体而言），它们依然选择实施事实上（De Facto）的钉住美元汇率制。外围国家实施钉住美元汇率制的主要原因包括：第一，这类国家普遍实施出口导向的经济发展战略，为了降低汇率波动对出口商品价格竞争力的冲击，这些国家普遍选择了钉住主要国际计价货币（美元）的汇率制度。此外，为了提升本国产品贸易竞争力，这些国家存在普遍的本币汇率低估。第二，外围国家一般缺乏成熟的金融市场，这些国家既不能以本币对外借债，甚至在国内也难以获得长期贷款，因此这些国家的银行体系存在货币与期限的双重错配，即银行的负债方是美元短期借款，而资产方是本币长期贷款。这种金融体系的原罪（Original Sin）使得外围国家不愿意采用浮动汇率制度，因为汇率大幅波动可能导致银行体系的破产（Eichengreen 和 Hausmann，1999）。

根据国际经济学中的三元悖论，在资本自由流动条件下，既然外围国家选择了钉住美元的汇率制度，它们就不得不放弃独立自主的货币政策。例如，当美联储下调联邦基金利率时，为防止本币对美元升值，外围国家也必须相应调低基准利率。这就意味着，美国货币政策的变动给其他国家货币政策造成了显著的溢出效应（Spillover Effect）或者外部性（Externality）。Devereux 等（2003）分析了全球美元本位制下货币政策的制定。假定所有贸易品均由美元定价，这就产生了一种不对称性，即汇率变动对美国 CPI 的传递效应（Pass-through Effect）是零，而对其他国家 CPI 的传递效应为正。在这种环境下，美国在制定货币政策时不必明显地考虑汇率的波动性，而其他国家必须给汇率波动性一个较高权重。在美国与其他国家进行货币政策博弈的纳什均衡中，美国的偏好是占有策略，最终均衡等于美国独立制定全球货币政策。

（二）不可持续的全球国际收支失衡

进入 21 世纪以来，全球国际收支失衡（Global Imbalance）日益成为困扰美元本位制的突出问题。随着经济与金融全球化的深入发展，外围国家对全球储备货币的需求日益增加，而外围国家只能通过商品与服务贸易的顺差来获得全球储备货币，这就造成新兴市场国家与发展中国家形成了持续的经常账户盈余，而美国则形成了持续的经常账户赤字。如图10-2所示，2001年至2008年，美国存在持续的经常账户赤字，赤字规模在2006年达到占GDP6.0%的峰值；亚洲新兴市场经济体与中东石油输出国存在持续的经常账户盈余，且中东国家经常账户失衡的程度远超过亚洲新兴市场经济体；尽管在欧元区内部，德国、荷兰等国家存在持续的经常账户盈余，西班牙、葡萄牙、希腊等国家存在持续的经常账户赤字，但欧元区从整体上而言处于经常账户基本平衡的状态。

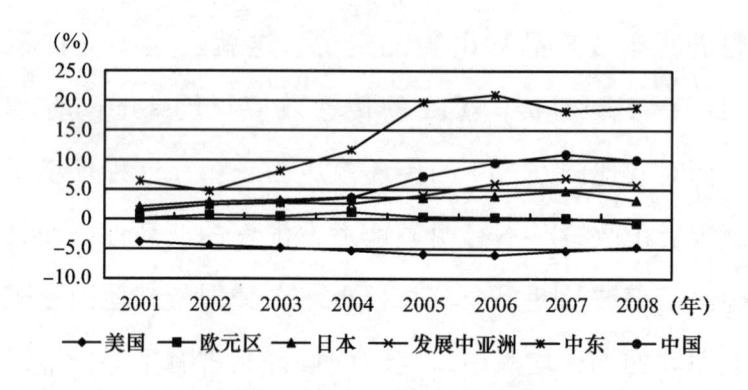

图10-2　全球国际收支失衡的分布状况

资料来源：IMF：World Economic Outlook，April 2009。

关于全球国际收支失衡的成因，存在两种相互对立的观点。一种观点认为，美国国内的储蓄率下降和投资率上升造成了美国的经常账户赤字（Freund，2000）。美国人口结构的老龄化、持续经济增长导致居民对未来收入的预期提高，以及近年来美国房地产市场繁荣带来的财富效应，共同导致了美国居民储蓄率的下降。自从布什政府上台以来，政府预算迅速从盈余转变为赤字，导致美国政府储蓄率的下降。美国20世纪90年代后期的互联网泡沫以及21世纪中期的房地产泡沫导致美国国内投资率上扬，从而导致作为储蓄投资差额的经常账户赤字不断扩大。另一种观点认为，东亚国家和石油输出国的储蓄过剩（Saving Glut）造成了美国的经常账户赤字（Bernanke，2005）。东亚国家向来具有很高的居民储蓄率，在1997年东南亚金融危机之前，东亚国家的投资率更高，从而整体上存在经常账户赤字。但在东南亚金融危机之后，东亚国家（除中国外）的投资率迅速下降，而且这一期间东亚国家的政府储蓄率也显著上升。以上因素导致东亚国家的国内储蓄大于国内投资。东亚国家的过剩储蓄主要流向了美国，压低了美国金融市场的长期利率，推动了美国房地产市场的繁荣，房价上涨的财富效应刺激了美国居民的过度消费，从而降低了美国的居民储蓄率。低利率同时也给政府带来了为财政赤字进行低成本融资的机会，从而降低了政府储蓄率。美国国内总储蓄率的降低造成了持续的经常账户赤字。我们认为，上述两种观点均具备一定程度的合理性，全球国际收支失衡是美国过度消费与顺差国储蓄过剩共同造就的。

1997年至1998年，东南亚金融危机的惨痛教训让新兴市场经济体认识到，在金融危机爆发后指望IMF的援助是不现实的，更好的方法是通过积累大量外汇储备来提供一种自我保险机制。东南亚金融危机之后，新兴市场国家（尤其是东亚国家）纷纷将通过持续经常账户顺差获得的外汇收入以外汇储备的形式保留下来。因此，全球范围内外汇储备的持续累积，就成为全球国际收支失衡的一大特征性事实。如图10-3所示，全球外汇储备规模由1998年的1.6万亿美元上升至2008年的6.7万亿美元，增长了3.2倍。其中发达国家外汇储备规模仅增长了1.5倍，新兴市场与发展中国家外汇储备规模增长了6倍。[①]新兴市场国家与发展中国家外汇储备的很大一部分，是以各类美国金融资产（包括国债、机构债、企业债与股票等）的形式持有的。这意味着美国通过进口商品与服务输出的美元，又通过外围国家购买美国金融资产的形式流回美国。美元资金的回流压低了美国金融市场的长期利率，使得美国居民能够继续维持借债消费的模式，从而延缓了美国经常账户赤字的调整。此外，长期低利率造成美国资产价格（尤其是房地产价格）不断上涨，形成了美国历史上史无前例的房地产价格泡沫，从而埋下了次贷危机的种子。在次贷危机爆发前，资产价

---

① 根据IMF Currency Composition of Official Foreign Exchange Reserves（COFER）数据库的相关数据进行计算。

第十章 国际货币体系改革：危机以来的进展以及中国应如何参与 ◇

格上涨的财富效应会进一步诱使美国居民增加消费，从而加大经常账户赤字。

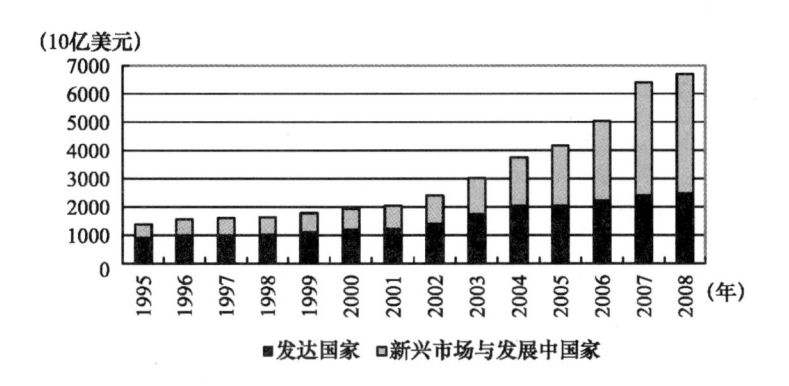

图 10-3 全球外汇储备存量分布

资料来源：IMF Currency Composition of Official Foreign Exchange Reserves (COFER) 数据库。

美国经常账户赤字的不断扩大引发了市场对于全球国际收支失衡可持续性的担忧。主流观点认为，美国持续的经常账户赤字是不能持续的。这种看法背后的逻辑是，持续的经常账户赤字必然造成美国国际投资头寸净负债的不断上升。而当美国对外净负债达到一定水平后，外国投资者开始对美国的偿债能力感到怀疑，从而拒绝继续通过购买美国资产的方式为美国经常账户赤字融资。最终美国必须通过美元名义汇率贬值或者国内结构性调整（通过压缩居民消费提高居民储蓄率，以及通过压缩财政赤字提高政府储蓄率）来改善经常账户赤字。如图 10-4 所示，20 世纪 80 年代至今美国持续的经常账户赤字的确造成美国对外净资产演变为美国对外净负债，且负债规模逐渐上升。Eichengreen（2007）为美国经常账户的不可持续性提出了三点额外理由：第一，与布雷顿森林体系下的外围国家相比，当前体系下的外围国家异质性更强、更缺乏凝聚力。东亚国家缺乏共同的历史背景，因此很难形成恰当的集体行动机制来保障当前体系的稳定性。第二，在布雷顿森林体系时期美元的对手是垂死的英镑，但当前美国具有欧元这一强大对手。因此与20世纪70年代相比，退出美元本位制的成本要低得多。第三，与布雷顿森林体系下的美元与黄金可兑换性相比，当前中心国家维持币值稳定的承诺的可信度要低得多。事实上当前美国政府对美元汇率以及经常账户赤字采取了一种"善意忽略"（Benign Neglect）的态度。

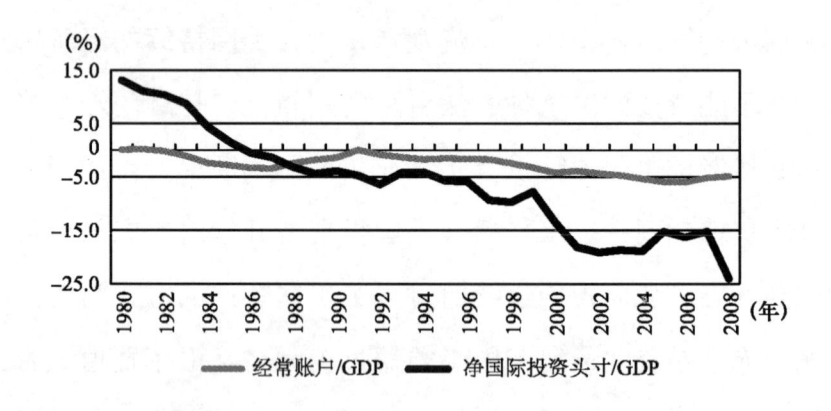

图10-4 美国的经常账户赤字与国际投资头寸

资料来源：US Bureau of Economic Analysis.

然而，也有不少经济学家认为当前的美元本位制以及国际收支失衡是能够长期持续的。一种代表性的观点认为,美元本位制实质上是一种复苏的布雷顿森林体系(Revived Bretton Woods System)(Dooley 等,2003)。在该体系下,东亚国家取代了布雷顿森林体系下德国与日本的外围国家角色,采纳了以汇率低估、资本管制、积累中心国家金融资产、利用中心国家金融市场为本国资金流通提供媒介的出口导向发展战略。即使美国持续的经常账户赤字导致美元贬值的风险不断积累,外围国家依然将持续为美国提供融资以促进本国出口。由于外围国家认为促进出口的重要性远高于外汇储备的保值增值,因此当前的美元本位制是非常稳定的。另一种代表性的观点认为,资产价格变动与汇率变动造成的估值效应(Valuation Effect)能够有效缓解持续经常账户赤字所造成的美国对外净负债的扩大(Gourinchas 和 Rey,2007)。一方面,在 2001 年至 2007 年期间,外国股票价格的上涨幅度远高于美国股票价格,这增加了美国海外资产相对于海外负债的价值;另一方面,由于美国对外资产主要以外国货币计价,而美国对外负债主要以美元计价,而在 2002 年初至 2008 年中期,美元对世界主要货币贬值了大约 30%,这有效缓解了美国对外净负债的上升。作为估值效应的一大佐证,尽管 2002 年至 2007 年美国的经常账户赤字平均占 GDP 的 5.3%,但这 6 年间美国的净对外头寸基本上没有发生变化(图 10-4)(Milesi-Ferretti,2008)。

尽管经济学界对当前国际收支失衡的可持续性存在争议,

但我们倾向于认为，目前的国际收支失衡是不可持续的。首先，随着外围国家外汇储备的不断累积，外围国家通过冲销外汇占款从而将通胀压力维持在可控范围内的成本越来越高，而如果冲销不完全，外围国家就会面临过剩流动性造成的资产价格泡沫以及通货膨胀。其次，随着外围国家外汇储备规模的飙升，这些国家越来越难以承受美元大幅贬值对外汇储备真实购买力的冲击，它们能够容忍的美国对外净债务占GDP的比率可能降低了。最后，缓解美国净对外负债上升的估值效应难以持续存在。一方面，没有可靠证据表明，美国金融资产的长期收益率持续低于其他国家金融资产；另一方面，一旦美元汇率趋稳甚至走强，那么美元贬值造成的资产估值收益就会消失（Milesi-Ferretti，2008）。

一旦未来的全球国际收支失衡濒临崩溃，则美元本位制将面临重大冲击。引爆危机的大体机制是，随着外国储蓄由美国市场流向其他市场，其他国家的实际利率将会下降，而美国的实际利率将会上升。在长期实际利率变动的作用下，其他国家的房地产与其他资产价格将会上升，而美国的资产价格将会下降。利率变动与资产价格变动造成的不同的相对价格与财富效应将会导致美国的国民储蓄率相对于其他国家的国民储蓄率上升。国民储蓄率的相对变动将会纠正美国的经常账户赤字。最终，为适应这一新的需求模式，美元的真实价值还应该贬值40%以上，从而使得美国的资源投向增加贸易品的生产以及减少贸易品的消费（Dooley 等，2009）。然而有趣的是，次贷危机并非是经济学家所预言的国际收支失衡调整的危机，而是由美国房地产泡沫与衍生产品泡沫崩溃而造成了全新的系统性危机。

（三）IMF——合法性与有效性存疑

国际货币基金组织（International Monetary Fund，IMF）在美元本位制下延续了其在布雷顿森林体系下核心金融机构的角色。在美元本位制下，国际货币基金组织有两大核心职能：一是向出现国际收支问题的成员国提供短期融资安排；二是对成员国宏观经济实施连续监测（Surveilance）。

在1997—1998年的东南亚金融危机中，IMF可谓名誉扫地。一方面，IMF没有能够对危机爆发进行提前预警，在危机爆发后的反应也较为迟钝；另一方面，作为提供贷款的前提，IMF的条件性（Conditionality）过于僵化与千篇一律，即要求借款者实施紧缩性财政货币政策以改善国际收支逆差、提高未来的偿债能力。当借款者宏观经济已经面临紧缩压力时，遵循IMF的贷款条件性无异于雪上加霜。东南亚金融危机后，IMF的合法性（Ligitimacy）开始受到以下三种现象的冲击：第一，亚洲与其他新兴市场经济体开始通过大规模积累外汇储备来防范未来金融危机的爆发，而对IMF敬而远之；第二，IMF最大的借款国（巴西、阿根廷、土耳其与菲律宾等）纷纷提前偿还借款，使得IMF依赖于贷款利息收入的商业模式变得越来越不安全；第三，IMF没有能力应对诸如全球国际收支失衡之类的新问题（ODI，2007）。

目前全球范围内关于IMF合法性与有效性的疑虑主要集中于以下四个方面。

第一是IMF的治理结构（Governance），即IMF的份额（Quota）①与投票权。目前最大的两个问题是，其一，新兴市场国家的份额与投票权与新兴市场国家在世界经济中的比重严重不符。如表10-1所示，金砖四国在IMF中的投票权比重明显低于这些经济体在世界经济中的比重，其中以中国最为显著。相比之下，欧洲国家在IMF中的投票权普遍高于这些经济体在世界经济中的份额。其二，最贫穷国家在IMF中的声音过于微弱。围绕以上两个问题，IMF从2007年起也开展了名为"份额与声音"（Quota and Voice）的改革，意图增加新兴市场国家的份额，以及增加基本投票权在总投票权中的比重以扩大最贫穷国家的发言权。然而，在份额改革方面，新兴市场国家与欧美之间有严重的利益冲突。美国不愿意放弃自己一票否决的权利，这意味着美国能够出让的份额是有限的。欧洲国家虽然是总体份额最被高估的一个群体，但欧洲国家（特别是一些

---

① 一个成员国的份额与成员国以下权利义务密切相关：第一，成员国向IMF的缴款金额；第二，成员国能够获得的IMF分配的特别提款权（Special Drawing Rights，SDR）数量；第三，成员国能够向IMF借款的规模；第四，成员国拥有的在IMF相关事务中的投票权。

欧洲小国）并不甘心放弃任何比例的份额与投票权。

表10-1　　　各主要国家在 IMF 中的份额以及在世界

经济中的比重之比较

单位：%

国家	在 IMF 中占的投票权	占 2008 年全球 GDP 的百分比
美国	17.1	20.4
中国	3.7	11.3
日本	6.1	6.3
俄罗斯	2.7	3.3
巴西	1.4	2.8
印度	1.9	4.9
欧盟全体	32.4	21.9
德国	6.0	4.2
法国	4.9	3.0
英国	4.9	3.1
意大利	3.2	2.6
荷兰	2.4	1.0
比利时	2.1	0.5
西班牙	1.4	2.1
欧盟的其余 20 个成员国	7.4	5.3

说明：以上 GDP 数据通过购买力平价法调整。

资料来源：华尔街日报中文版，http://cn.wsj.com/gb/20090904/bus143537.asp?source=newsletter。

第二是 IMF 的监测（Surveilance）职能。监测是指 IMF 负责对成员国的宏观经济运行情况进行跟踪，在第四条款（Article Ⅳ）下定期对成员国的宏观经济状况提供评估报告，并以该报告作为是否对成员国提供贷款的评估标准。IMF的监测功能对于维护各国宏观稳定以及 IMF 贷款质量而言至关重要。但目前 IMF 的监测功能存在两个重要缺陷：其一，IMF 的监测过于偏重双边监测——IMF 工作人员对各国宏观经济的监测，而忽视了多边监测——对世界经济与全球金融市场作为整体进行监测，以提前发现并应对全球系统性风险；其二，IMF 的监测对于不向 IMF 借款的国家没有任何约束力，尤其是对发达国家没有约束力。有些时候，发达国家甚至可以向 IMF 施压，反对 IMF 发布对自己不利的宏观经济监测报告。

第三是 IMF 的贷款（Lending）职能。IMF 在贷款方面存在的主要问题包括：其一，成员国获得的贷款规模有限，且 IMF 发放贷款的时间周期过长；其二，IMF 贷款具有严苛而僵硬的条件性（Conditionality），这种条件性通常要求借款国实施从紧的财政货币政策以改善国际收支，这种药方往往会进一步恶化危机国的经济金融状况，加深危机的负面影响。这也是近年来新兴市场国家和发展中国家不太愿意向 IMF 借款的根本原因之一。

第四是 IMF 的可动用资源（Resources）。一方面，IMF 可用于贷款的资源仅为 2500 亿美元左右，该资源规模难以应对全球系统性危机的融资需求；另一方面，由于近年来向 IMF 申请的贷款规模越来越小，造成贷款利息收入显著下降，IMF 目前面临无法平衡自身财务预算的困境。

(四) 跨国金融监管体系缺失

次贷危机的爆发无疑暴露了美国式自由市场主义金融监管体系在监管架构与监管理念方面的诸多缺陷，大致包括：第一，分业监管体系难以准确监控混业经营金融机构的跨行业操作；第二，多头监管体系在对金融机构的监管重叠处反而留下了监管真空；第三，对具有系统重要性的金融机构（例如雷曼兄弟、两房与 AIG）缺乏更加严格以及更具针对性的监管措施；第四，对某些类型的金融机构（例如对冲基金）缺乏最基本的信息披露与监管；第五，新巴塞尔资本协议下的资本充足率、在险价值（Value At Risk, VAR）的资产负债管理方式、以市定价（Mark to Market）的会计记账方式均具有相当程度的顺周期性（Pro-cycality），从而容易放大金融市场波动对金融机构资产负债表与盈利的影响；第六，无论是金融机构的风险管理部门还是监管机构都低估了尾端风险的系统破坏性；第七，监管部门忽视了对于金融机构资产负债表外投资实体——即结构性投资工具（Structure Investment Vehicle, SIV）的监管等。

从全球金融体系层面来看，在次贷危机爆发前，最大的缺陷在于缺乏一个系统的跨境金融监管体系。首先，各国金融监管当局各自为战，且实施的监管标准与监管强度有显著差异，这就为金融机构的跨国监管制度套利（Institutional Arbitrage）留下了空间。其次，在全球范围内缺乏一个针对跨国金融监管的协调机制，导致目前的全球金融监管体系支离破碎：IMF 负责对全球宏观经济进行监测；国际清算银行（Bank of International Settlement，BIS）负责中央银行与国际组织之间的支付清算以及央行之间的信息交流与合作；巴塞尔委员会等国际标准制定机构负责就某一具体类型的金融机构制定行业经营标准（例如统一的商业银行资本充足率规定）；而各国金融监管部门负责对本国金融市场进行具体监管。由于缺乏统一的沟通平台与协调机制，导致对全球系统性风险的监测不力、缺乏应对全球系统性风险的国际协调，以及跨境金融监管薄弱。次贷危机以来欧美混乱的金融市场充分暴露出创建一个全新的全球金融监管体系的必要性。

三 危机后国际货币体系改革的进展与前景

本节将从货币本位改革、IMF 改革、跨境金融监管体系改革这三个角度来分析本轮全球金融危机爆发之后国际货币体系改革的进展与前景。

（一）单一信用储备货币、跨主权储备货币以及储备货币多极化

1. 单一信用储备货币——美元

次贷危机的爆发给美元的国际储备货币地位造成了显著冲

击。一方面，次贷危机源自美国金融市场上失控的金融创新（例如以 CDS、CDO 等为代表的金融衍生产品）。次贷危机的爆发损害了全球投资者对美国金融市场以及金融产品的信心，未来全球投资者资产组合中美国金融资产的比重可能因此下降。另一方面，美国政府用以稳定金融市场与刺激实体经济的扩张性财政货币政策，将会造成财政赤字扩大、国债市场上的供求失衡恶化并导致新发国债收益率的上扬、基础货币增发并最终埋下通货膨胀的种子。这也会削弱美元资产对全球投资者的吸引力。如果通过全球投资者购买美国金融资产的方式能够为美国经常账户赤字提供的融资规模大幅下降，那么美国就不能平衡当前的经常账户赤字，美国的国际收支以及美国居民的过度消费模式就必须进行调整。

然而，即使美元的国际储备货币地位在次贷危机后会开始衰落，美元衰落的速度也注定是非常缓慢的。次贷危机在重创了美国金融市场与实体经济的同时，也同样重创了美元的主要竞争对手所属经济体。欧元区与日本经济甚至先于美国经济陷入衰退，欧元区的德国以及日本由于实施出口导向发展战略，它们的经济复苏最终取决于美国进口需求的复苏。而且和美国相比，欧洲受到僵硬的社会保障制度的困扰，而日本则受制于过高的政府负债率以及急剧老化的人口年龄结构。对金融四国的货币而言，首先成长为一种国际性货币是更为现实的目标。换句话说，由于次贷危机对各种国际性货币的冲击具有一定程度的对称性，因此当前美元本位制的更迭与嬗变将是一个缓慢而渐进的过程。此外，Cohen 和 Subacchi（2008）指出，作为一种成功的国际性货币需要两种关键力量，一种是自治力（Automony），这意味着本国货币政策的制定能够不受别国货币政策的影响；另一种是影响力（Influence），这意味着本国货币政策的制定能够影响别国的货币政策。从逻辑上而言，国际货币权力始于自治力，但自治力未必能自动转化为影响力。从这一角度来看，欧元的自治力没有问题，但影响力仍明显不足。其他国际性货币在自治力与影响力这两个方面都存在缺陷。因此当前的国际货币体系只有"一个半国际货币"（One and A Half Currency System），而美元霸权的衰落将是一个长期进程。

迄今为止的各种国际货币体系在储备货币方面均具有一个根本性缺陷。在金本位制下，国际储备货币的发行规模受制于黄金的规模，这意味着国际储备货币的增长速度受制于黄金开采增速，从而不能满足世界经济发展的需求。在布雷顿森林体系下，为满足世界经济发展对国际储备货币的需求，美国必须通过国际收支赤字（主要是资本与金融账户赤字）来输出美元。这将会导致美元与美国国内黄金储备的比率上升，当其他国家政府与投资者不再信任美国政府能够按照固定比率用黄金兑换美元时，全球范围内的汇兑狂潮迫使美国政府取消黄金与美元的自由兑换。这正是所谓的特里芬两难（Triffin Dilemma）。在当前的美元本位制下，同样存在特里芬两难。一方面，为满足世界经济对国际储备货币的需求，美国通过持续的经常账户赤字输出美元；另一方面，持续的经常账户赤字会造成美国对外净负债的不断上升。一旦其他国家投资者对美国在不制造通货膨胀前提下的偿债能力失去了信心，则这些投资者会抛售美元与美元资产，造成美元本位制难以为继。事实上，但凡以国别货币充当世界货币的国际货币体系，均不能克服特里芬两难，这是因为储备发行国不能平衡国内政策需要与世界经济发展需要。

除此之外，与金本位制或布雷顿森林体系相比，美元本位制还存在另一个根本缺陷，即作为一个信用货币储备体系，美元本位制缺乏对储备货币发行国货币发行数量的纪律约束。在金本位制下，一国基础货币的发行数量受制于该国央行拥有的黄金储量。在布雷顿森林体系下，美元的发行数量同样受制于美联储拥有的黄金储量，因为美联储必须维持将美元自由兑换为固定比率的黄金的承诺。然而在美元本位制下，美元币值不再与任何贵金属或者实体商品篮子挂钩，这就意味着对全球范围内的美元发行缺乏一种强制性的纪律约束。事实上，美国政府基本上是根据国内经济发展需要来制定货币政策，而非根据世界经济增长需要来制定美元发行数量。再考虑到美国存在持续的经常账户赤字，是世界上的最大债务人，客观上也存在通过增发货币制造美元贬值来稀释对外债务、转移调整负担的激励。因此，如果说金本位制天然会带来通货紧缩压力，那么美元本位制天然会带来通货膨胀压力。而本次次贷危机爆发的根源，在于美国国内宽松的货币政策导致全球流动性泛滥，全球流动性泛滥压低美国金融市场长期利率，从而出现罕见的房地产泡沫与衍生品泡沫。因此，"危机未必是储备货币发行当局的故意，但却是制度性的必然"（周小川，2009）。要从根本上解决特里芬难题，就必须创设一种超主权的国际储备货币。

2. 超主权储备货币——SDR 与替代账户

所谓超主权储备货币（Super-sovereign Reserve Currency），是指由一个超越主权国家的货币管理机构发行的用于国际范围内计价尺度、交换媒介与储藏手段的货币。自次贷危机爆发以来，全球范围内就涌现出改革当前国际货币体系的呼声。特别是自中国人民银行行长周小川在 2009 年 3 月提出创设一种超主权储备货币来替代美元，并得到俄罗斯、巴西等新兴市场大国政府的支持后，超主权储备货币成为一个热门话题。

在 2008 年成立的联合国大会主席关于国际货币金融体系改革的专家委员会（the Commission of Experts of the President of the UN General Assembly on Reforms of the International Monetary and Financial System，简称斯蒂格利茨委员会）的报告指出，当前的国际货币体系改革应解决三个问题：第一，储备资产的积累必须与储备货币发行国的经常账户赤字相分离（以克服特里芬两难）；第二，对经常账户盈余国必须有所约束（这是凯恩斯提出的清算同盟的

第十章 国际货币体系改革：危机以来的进展以及中国应如何参与

核心理念）；第三，应该提供一个比美元更加稳定的国际价值储存载体。而为了解决上述三个问题，一个最现实的方法是大量增加对特别提款权（Special Drawing Right）的发行与使用。周小川（2009）也认为，SDR 具有成长为超主权储备货币的特征与潜力，因此应特别考虑充分发挥 SDR 的作用、着力推动 SDR 的更加广泛的分配，以及拓宽 SDR 的使用范围。

SDR 是由 IMF 在 1969 年创设的，由目前在国际贸易与金融中使用的四种主要货币（美元、欧元、日元、英镑）组成的货币篮（Currency Basket）。目前美元、欧元、日元与英镑在 SDR 货币篮中的比重分别为 44%、34%、11% 与 11%。SDR 的传统职能是，当成员国发生国际收支逆差时，可以用它向基金组织制定的其他成员国兑换外汇，以偿付国际收支逆差或归还基金组织贷款，此外 SDR 也构成了一国国际储备的一部分。然而，由于 SDR 仅是一种记账单位（Unit of Account），而不是一种真正的货币。因此 SDR 在使用时必须首先兑换为其他货币，而不能直接用于贸易或金融方面的支付。

相对于国别信用货币充当全球储备货币，用 SDR 来充当全球储备货币具有以下一些优点：第一，SDR 的定价基础是一篮子货币，因此 SDR 的汇率（或国际购买力）与国别信用货币相比更加稳定；第二，SDR 的发行是 IMF 根据世界经济的增长需求来自主制定的，与任何国家的经常账户赤字无关，因此就克服了储备货币发行国国内政策与全球范围对储备货币需求之间的冲突；第三，IMF通过发行SDR而征收的全球铸币税可以更多地用于全球减贫或全球范围内公共产品的供给，从而增强全球经济增长的公平性与可持续性。

然而，要成长为一种真正的全球储备货币，SDR还有很长的路要走。首先，IMF的定值货币篮仅由四种货币构成，不能充分反映全球经济增长的相对格局。为了让IMF的定值货币篮更具代表性，至少应该将中国的人民币、俄罗斯的卢布、印度的卢比、巴西的雷亚尔等新兴市场大国的货币包含进来。[①]其次，目前IMF仅适用于IMF成员国之间，以及IMF成员国与IMF之间的清算。为提高SDR的吸引力，必须扩大SDR的适用范围。这包括建立起SDR与其他货币在官方与私人部门交易的清算关系，使之成为在国际贸易与金融交易中公认的支付手段；积极推动在国际贸易、大宗商品定价、投资与企业记账中使用SDR计价；积极推动创立以SDR计值的金融资产等（周小川，2009）。再次，必须扩大SDR的发行规模。在2009年之前的40年里，SDR只分配过两次，总体规模不过300多亿美元。斯蒂格利茨认为，每年增发2000亿美元的SDR，无须美国维持经常项目逆差，

---

① 有西方人士认为，中国力推SDR的意图在于，试图通过将新兴市场国家的货币纳入SDR，来提升SDR的吸引力以及人民币对SDR的影响力。把SDR的组成货币由4个增加到10个，会使得目前4种SDR货币的权重降低一半左右。人民币与欧元将成为权重最大的两种组成货币，各占贸易加权SDR的20%多一点，美元将占16%，日元将占9%，卢布与英镑各占5%（Marsh和Seaman，2009）。

第十章　国际货币体系改革：危机以来的进展以及中国应如何参与　◇

就应该能满足全球经济对储备货币积累的需求（余永定，2009）。而在2009年8月28日以及9月9日，IMF将会分别增发2500亿美元以及330亿美元的SDR，这会使得SDR的总体规模增加近10倍（Gottselig，2009）。这无疑将显著扩大SDR的吸引力与影响力。最后，SDR成长为全球储备货币的一大前提，是SDR的发行与管理机构IMF必须具有更广泛的代表性与合法性，这意味着IMF必须充分改革其治理机制与运行效率。

在如何处理SDR与美元之间的关系，以及防范美国债权人减持美元资产与美元贬值之间的恶性循环方面，以Bergsten为代表的一些国际经济学家开始重新提出替代账户（Substitution Account）的主张（Bergsten，2007）。

替代账户的基本思路是，在IMF内部建立一个账户，允许IMF成员国把不愿意持有的美元资产置换为替代账户中的SDR资产。IMF将替代账户中的美元资金投资于美元计价资产，相关收益用来向该账户中的SDR资产持有国支付利息。如果美元贬值导致美元资产不足以支撑相应的SDR价值，IMF还可以用自身拥有的800亿美元黄金储备提供额外价值支持。[①]

[①] 周小川（2009）提出了由IMF集中管理成员国部分外汇储备的建议，即基金组织可考虑按市场化模式形成开放式基金，将成员国以现有储备货币积累的储备集中管理，设定以SDR计值的基金单位，允许各投资者使用现有储备货币自由认购，需要时再赎回所需的储备货币。这一建议与替代账户的主要思路实质上不谋而合。

替代账户并非一个全新事物。事实上，在1978年至1980年期间，当其他国家开始考虑多元化外汇储备，美元面临大幅贬值风险之时，IMF就对建立替代账户的建议进行了详细研究，而Bergsten本人就是IMF该项目的负责人。之所以替代账户建议最终未被采纳，一方面是因为美联储在1979年至1980年采取的紧缩性货币政策推动美元汇率大幅上升，使得该账户的现实意义大为下降；另一方面是欧洲与美国就美元贬值造成的替代账户账面损失如何分担没有达成一致意见。而在当前的全球金融危机下，美元疲弱的基本面看不出任何改善的迹象，美联储较长时间内很难重新加息，美元大幅贬值的阴影将持续很长时间，因此建立替代账户以应对美元危机的必要性大增。

在当前的国际环境下，设立替代账户是一项多赢的制度创新（Bergsten，2009）。首先，对于以中国为代表的美元债权国而言，将一部分美元转换为SDR，等于直接实施了储备货币多元化——因为SDR本身就是参照一篮子货币定价的——从而降低了美元贬值风险。替代账户也有助于降低美国主要债权国竞争减持美国国债，从而造成美国国债市场崩盘的风险。其次，对于储备货币发行国美国而言，替代账户的建立避免了将美元在市场上转换为其他国家货币，从而能够避免美元对其他货币大幅贬值，以及贬值后的通货膨胀与长期利率上升。再次，对于欧元区国家与日本而言，替代账户的建立能够避免新兴市场国家减持美元、转而持有欧元与日元资产而造成的欧元与日元对美元大幅升值，从而削弱欧元区与日本出口商品的竞争力。最后，对 IMF 而言，替代账户可以提升 SDR 作为国际储备资产的地位与作用、提高整个国际货币体系的稳定性，并通过集中外汇储备来加强全球的流动性管理（黄梅波、熊爱宗，2009）。

然而，创建并广泛使用替代账户仍有一个最大的制度性障碍，即由谁来承担替代账户中美元贬值的损失。如果新兴市场国家与发展中国家将外汇储备的 20% 存入替代账户，那么这一资金规模就高达约 8500 亿美元。如此大规模资产由于美元贬值而产生的损失，是 IMF 自身无法承担的（即使通过出售黄金储备）。而且，对一些国际收支基本平衡的国家而言，它们会觉得，通过由 IMF 成员国来共同承担替代账户发生的汇兑损益，是不公平的。正如在 20 世纪 70 年代末欧洲与美国就替代账户汇兑损益的分担存在分歧，从而导致替代账户计划流产一样，当前如果不能就替代账户的汇兑损益分担达成一致意见，那么替代账户依然不能付诸实施。我们认为，鉴于中国等全球主要外汇储备持有大国与美国是替代账户方案的最大受益者，那么这些债权人与美国应该来分担替代账户发生的汇兑损失。鉴于替代账户的创建有助于显著降低国际货币体系面临的潜在风险，各主要国家应该深入讨论并积极推动该方案的实施。

3. 储备货币多极化——美元、欧元与亚洲货币三足鼎立

我们认为，与继续由美元充当全球储备货币，以及在 SDR 的基础上创建超主权储备货币相比，更加现实与更加合理的国

际货币体系演进方向，可能是国际储备货币的多极化。在未来的国际货币体系下，可能出现美元、欧元与某种亚洲货币（它既可能是人民币，也可能是亚洲主要货币组成的一个货币篮）三足鼎立的局面，即 Mundell 所描绘的"全球金融稳定性三岛"（Mundell，2000）。美元将继续在全球范围内充当重要的国际性货币，但其势力范围可能会逐渐萎缩到北美洲、拉丁美洲以及其他一些区域。伴随着欧元区进一步东扩，整个欧洲甚至包括中东、北非一些国家开始更多地使用欧元。伴随着人民币国际化进程以及东亚货币金融合作进程的加速，人民币或者人民币在其中扮演着重要角色的某种亚洲货币篮将在东亚区域成为广泛使用的国际性货币。美元、欧元与亚洲货币之间最初实施汇率自由浮动，等时机成熟后（这可能经历很长一段时间），三大货币区之间改用固定汇率连接，这最终就构成了全球统一货币的雏形。

　　为什么储备货币多极化可能成为未来国际货币体系的演进方向呢？第一，历史经验显示，国际货币体系的演变是长期而渐进的过程。美元全面取代英镑的国际货币地位，至少花了半个世纪的时间。因此，美元衰落的过程是长期的，而超主权储备货币的诞生也必然是一个市场演进的过程而非政策驱动的过程。更现实的情景是，在美元逐渐衰落的过程中，欧元以及亚洲货币开始逐渐成长为能够与美元分庭抗礼的竞争对手。第二，经济基础决定上层建筑。国际货币体系的多极化趋势，与世界经济的多极化趋势尤其是区域化趋势是相符的。第三，与美元本位制相比，多极化的国际货币体系具有一个重要优势，后者重新引入了约束储备货币发行的纪律。由于在美元、欧元与亚洲货币之间存在竞争与替代关系，因此除非三大货币发行当局存在共谋，否则每个货币发行当局都不得不约束货币发行，否则一种货币相对于其他货币的超发将注定导致本币贬值、通胀上升以及本国货币作为国际储备货币地位的下降。多极储备货币相互竞争的格局给储备货币发行铸造了新的约束机制，这有助于提高国际货币体系的可持续性，降低潜在货币危机的爆发以及限制潜在的资产价格波动。

（二）IMF 改革

进入 21 世纪以来，随着新兴市场大国对 IMF 总借款规模的下降，造成 IMF 对各成员国影响力的下滑，IMF 的合法性以及运营的可持续性均受到怀疑。IMF 没有能够对全球国际收支失衡问题作出任何实质性应对，也没有能够预测到次贷危机的爆发以及次贷危机的演变。在内外交困的环境下，IMF 不得不启动了针对其治理结构、贷款机制与融资规模的改革。目前这一改革仍在进行中。由于改革涉及 IMF 成员国之间的既得利益调整，改革的进程也难免会一波三折。

1. 治理结构改革

在治理结构方面，IMF 在 2006 年 9 月的新加坡年会上启动了名为"份额与声音"（Quota and Voice）的改革，旨在提高新兴市场国家在 IMF 中的份额，以及增强最不发达国家在 IMF 中的发言权。改革的主要内容包括：第一，对份额被严重低估的四个国家（中国、韩国、墨西哥、土耳其）进行首轮特别增资，这类增资目前已经完成；第二，根据新的评估成员国份额充分性的公式进行第二轮特别增资，这轮增资目前仍存在争议；第三，提高成员国的基本投票权（Basic Voting Power），以保证低收入国家能够享有更充分的话语权。2008 年 4 月，IMF 执行董事会通过了一项在治理结构改革方面影响深远的新决议，其主要内容包括：第一，同意采纳一项新的份额分配公式（专栏 10.1）；第二，在新公式的基础上，对 54 个国家进行第二轮特别增资；第三，将基本投票权扩大 3 倍，以增强欠发达国家的话语权；第四，在 IMF 执行董事会中给非洲国家增加两个董事席位；第五，IMF 在未来将每 5 年对份额与投票权审议一次。2009 年 9 月 4 日至 5 日在英国伦敦召开的二十国集团财长与央行行长会议再度敦促，期待着 2008 年国际金融机构治理改革方案的迅速实施，并将在 2011 年 1 月之前对 IMF 的配额进行新的审查。作为改革的一部分，新兴经济体和发展中经济体包括最贫穷国家的发言权和代表权必须得到大幅提高，以反映世界经济的变化。[①]

[①] 引自《G20 财长会议最终公报（全文）》，2009 年 9 月 6 日，新浪网（http://finance.sina.com.cn/word/gjjj20090906/00436712480.shtml）。

专栏 10.1　IMF 的份额计算公式

IMF 当前用来分配份额的基础包括以下 5 个公式：

$$Q_1 = (0.01Y + 0.025R + 0.05P + 0.2276VC)$$
$$(1 + C/Y) \tag{10.1}$$

$$Q_2 = (0.0065Y + 0.0205125R + 0.078P +$$
$$0.4052VC)(1 + C/Y) \tag{10.2}$$

$$Q_3 = (0.0045Y + 0.03896768R + 0.07P +$$
$$0.76976VC)(1 + C/Y) \tag{10.3}$$

$$Q_4 = 0.005Y + 0.042280464R + 0.044$$
$$(P + C) + 0.8352VC \tag{10.4}$$

$$Q_5 = 0.0045Y + 0.05281008R + 0.039$$
$$(P + C) + 1.0432VC \tag{10.5}$$

其中，Y 是最近一年用市场价格计算的 GDP；R 是最近一年黄金、外汇储备、SDR 以及在 IMF 储备头寸之和的 12 个月移动平均数；P 是最近五年经常账户支出（商品、服务、收益与转移）的年均平均数；C 是最近五年经常账户收入（商品、服务、收益与转移）的年均平均数；VC 是最近 13 年来经常账户收入的易变性（Variability），这被定义为五年移动平均数的一个标准差。

对于公式（10.2）至公式（10.5）而言，每个公式的计算结果应乘以一个调整因子,从而使得根据每个公式计算的所有成员国的份额之和,等于根据公式(10.1)计算的所有成员国的份额之和。最终一个成员国的份额,等于公式(10.1)的计算结果以及公式(10.2)至公式(10.5)中两个最低计算结果(经过调整后)的平均数中,相对更高的那一个(IMF,2007b)。

相比之下,IMF在2008年4月通过的新的份额计算公式要简单得多。该计算公式为:

$$Q = (0.5 \times Y + 0.3 \times O + 0.15 \times V + 0.05 \times R)^k \tag{10.6}$$

其中,Y是最近三年内根据市场汇率以及根据购买力平价汇率折算的GDP的加权平均值的平均数。其中市场汇率与购买力评价汇率的相应权重分别为0.60与0.40;O是最近五年内经常账户收入与支出(商品、服务、收益与转移)之和的平均数;V是最近13年内经常账户收入与资本净流动的易变性,这被定义为三年趋势上的一个标准差;R是最近一年黄金、外汇储备、SDR以及在IMF储备头寸之和的12个月移动平均数;K是一个压缩系数,负责将未经压缩的所计算份额之和转变为100(IMF,2008)。

我们认为,新旧份额计算公式的主要区别包括:第一,在新的份额计算公式中,赋予了GDP相对更高的权重,而且

第十章　国际货币体系改革：危机以来的进展以及中国应如何参与　◇

> 考虑到用购买力平价计算的 GDP，这实际上更有利于经济成长得相对较快，且市场汇率明显低估的新兴市场经济体；第二，在计算易变性的时候，除了考虑到经常账户收入的易变性外，也考虑到资本净流动的易变性，这更加符合金融全球化背景下防范风险的需要。

尽管 IMF 的治理结构改革方案看似雄心勃勃，但一方面该方案受到了来自欧盟国家，特别是欧洲小型开放经济体国家的抵制；另一方面该方案也很难从根本上改变目前美欧主导 IMF 的格局。[①]如专栏 10.1 所示，新的份额公式明显有利于经济增长率较高、市场汇率被明显低估的发展中大国，但这是以欧洲小型开放经济体的份额缩水为代价的。新的份额分配公式无疑会受到来自欧洲小型开放经济体的强大阻力。此外，在经历了首轮特别增资后，美国拥有 16.79% 的份额、欧盟拥有 32.09% 的份额（其中欧元区国家拥有 22.57% 的份额），相比之下，中国、俄罗斯、印度与巴西的份额分别仅为 3.68%、

[①] 据《华尔街日报》2009 年 9 月 4 日报道，目前美国政府正在匹兹堡 G20 会议召开之前，在幕后谈判中向欧洲施加压力，以换得金砖四国在其他问题上与美国的合作。美国正在推动两项建议：第一，在 2012 年之前将 IMF 董事会的席位从目前的 24 个降至 20 个，而发展中国家已经拥有的席位不变；第二，提议工业化国家将所持有的 IMF 份额转让给发展中国家 5 个百分点。在这两个建议上，美国都意图迫使欧洲国家让步。然而这注定是非常艰难的。消息引自 http://cn.wsj.com/gb/20090904/bus143537.asp?source=newsletter。

2.70%、1.89%与1.39%。预期在经历第二轮特别增资后,美国的份额仅降至16.73%,中国与印度的份额仅增加到3.81%与2.34%。换句话说,即使新的份额分配公式能够被一致通过,改革后的IMF份额格局依然不能改变美国的一票否决权,以及美欧对IMF决策的主导权。针对这一问题,在2009年9月召开的金砖四国财长与央行行长会议提出,发达国家应在2011年前将IMF份额中的7%和世行股份的6%转让给新兴市场国家。至于基本投票权的扩大就更加无足轻重了。由于目前基本投票权只占IMF总投票权的2%,即使基本投票权扩大3倍,非洲国家能够获得的发言权也是极为有限的(Phillips,2006)。

因此,要让IMF的份额与投票权更多地向新兴市场国家倾斜,必须寻求更重大的制度创新。在这一方面,Bordo和James(2008)的倡议值得关注。他们认为,由于IMF的传统职能处于不断消亡的过程中,IMF必须在新时期内担当新的角色,而一个可行的角色是IMF为其成员国担任外汇储备投资基金经理人的角色,这样可以克服与主权财富基金(Sovereign Wealth Fund,SWF)投资如影随形的东道国的疑虑与抵制(不难看出,这其实与Bergsten的替代账户建议是暗合的)。而如果IMF要转变自己的职能,IMF就必须显著地改变其治理机制。Bordo与James给出的建议是,在IMF全新的投票权体系中,按照传统公式分配的投票权占一半,而另一半投票权则根据各成员国在 IMF 中的存款规模按比例分配。毫无疑问，如果实施这一投票权体系，则拥有大量外汇储备的新兴市场国家对 IMF 的影响力将显著上升。

2. 贷款职能改革

在 2009 年 4 月二十国集团伦敦峰会召开之前，IMF 执董会通过了对 IMF 贷款职能进行系统性改革的方案。该方案的核心思路是对处于不同经济形势以及不同外部环境下的成员国提供更大规模以及更加量体裁衣式的贷款。具体措施包括：第一，对贷款的条件性（Conditionality）进行了改革，使得贷款条件性更加符合不同成员国各自政策与经济基本面的基本状况。IMF 改革贷款条件性的前提是更多地依赖事先的资格审核而非传统的事后条件性约束。第二，推出了新的贷款机制——弹性贷款机制（Flexible Credit Line，FCL），该机制用来为具有非常健全的经济基本面与政策的成员国提供较大规模的快捷贷款。该贷款机制的弹性具体表现在：规模没有上限、还本付息的时间较长（3.25 年至 5 年）、对贷款延期没有限制，以及既可以用于审慎性需求也可以用于实际的国际收支需求。第三，增强了备用协定（Stand-By Arrangements，SBA）。对于那些不符合弹性贷款机制的成员国而言，IMF 的贷款改革也增强了相应的灵活性。这些国家可以将高获得性谨慎性备用协定（High Access Precautionary SBAs，HAPAs）作为一种常规的借款窗口。这种贷款协定也会充分考虑各国的特殊国情，同时也能根据一国政策与外部环境的情况决定是否提前支付。第四，将贷款限额提高了1倍。在新的机制下，成员国能够获得的年度贷款以及累计贷款的额度分别为份额的2倍与6倍。第五，为了吸引更多成员国从基金借款，基金简化了贷款的成本结构与到期日结构。第六，取消了一些不太常用的贷款机制，例如补充性储备协议（the Supplimental Reserve Facility）、补充性融资协议（the Compensaroty Financing Facility），以及短期流动性协议（the Short-term Liquidity Facility）等。第七，改革了针对低收入国家的贷款协议，将会显著增强IMF提供减让性短期贷款与紧急融资的能力，至少会将IMF对低收入国家提供减让性贷款的能力提高1倍（IMF，2009a）。

我们认为，在比较充分地吸收了在东南亚金融危机时表现糟糕的教训的基础上，自次贷危机爆发以来，IMF在贷款方面进行了大刀阔斧的改革，提高了贷款的反应速度以及贷款规模，并使贷款的条件性变得更具弹性以及更加量体裁衣，在很大程度上回应了新兴市场国家对IMF贷款的批评，这是非常值得赞赏的。

自次贷危机爆发以来，IMF已经给新兴市场国家提供了超过500亿美元的贷款，并且在新的弹性贷款机制下给墨西哥、波兰和哥伦比亚提供了贷款。不过，鉴于目前IMF能够动用的信贷资源仅为2500亿美元，这一规模远远不足以应付为克服全球系统性金融危机而需要的融资规模。因此，通过各种机制来补充IMF的贷款资源就成为当务之急。

3. 扩大融资规模

作为自美国大萧条以来最严重的全球性危机,次贷危机提高了对IMF融资能力的要求。相对于保尔森7000亿美元的问题资产纾困计划以及奥巴马政府7970亿美元的宏观经济刺激方案,或者是中国政府4万亿人民币(约5680亿美元)的投资刺激方案,IMF仅仅2500亿美元的可贷资金规模实在是杯水车薪。在2009年4月召开的二十国集团伦敦峰会上,成员国就IMF的融资问题达成如下三项共识:第一,同意立即向IMF增资2500亿美元,并最终将IMF的可贷资金规模提高到7500亿美元;第二,建议IMF分配2500亿美元的SDR以增加全球范围内的流动性,并提高欠发达国家应对国际金融动荡的能力;第三,建议IMF通过销售黄金筹集60亿美元资金,用来为贫穷国家提供额外融资。

从传统上而言,成员国缴纳的份额是IMF最主要的融资来源。然而,当IMF的资金不能满足成员国贷款需要时,IMF的基金条款(Article of Agreement)也允许IMF通过一般资源账户(General Resources Account,GRA)进行借款。通过一般借款安排(General Arrangements to Borrow,GAB)以及新借款安排(New Arrangements to Borrow,NAB),IMF在危机之前已经从部分成员国那里获得了500亿美元的贷款。2009年2月,日本政府同意向IMF贷款1000亿美元。二十国集团伦敦峰会的计划是让 IMF 在新借款安排下筹集 5000 亿美元的可贷资金。2009 年 8 月至 9 月，IMF 已经向成员国分配了规模高达 2830 亿美元的 SDR。UBS（2009）认为，IMF 一次性分配规模如此之大的 SDR，相当于实施了一轮全球定量宽松（Global Quantitative Easing），因为成员国能够用 SDR 向其他国家换取外汇，这将提高发展中国家应对金融危机冲击的能力，同时也无须发达国家提高国际援助规模。2009 年 9 月 2 日，IMF 宣布，中国央行将购买价值 500 亿美元（320 亿 SDR）的以 SDR 计价的 IMF 债券，此外巴西和俄罗斯也有意购买 100 亿美元的 IMF 债券。发行以 SDR 计价的债券在 IMF 的历史上尚属首次，这既能为 IMF 成员国提供一种新的多元化投资工具，也能够增加 IMF 的可支配信贷资源，从而提高 IMF 应对全球金融危机以及促进全球经济复苏的能力。①

4. 监测职能改革

除治理结构、贷款职能与可利用资源等方面的改革外，对 IMF 的宏观经济监测职能进行改革也是当务之急。一方面，应该将 IMF 在第四条款下对成员国进行双边监测的职能扩展为对全球宏观经济与金融市场实施多边监测，以更快更准确地发现全球范围内的系统性风险；另一方面，应提高 IMF 宏观经济监

---

① 金砖四国 2009 年 9 月 4 日召开的财政部长与央行行长会议高度赞赏 IMF 通过发行债券进行融资，认为这是 IMF 在不影响份额改革进程的前提下完成快速增资的最佳方案。金砖四国合计将向 IMF 补充 800 亿美元资金。

测结果的透明度以及约束力，特别是提高 IMF 宏观经济监测职能对没有向 IMF 提出借款请求的发达成员国的约束力。

然而，次贷危机爆发以来，在 IMF 的监测职能改革方面取得的进展远远落后于其他方面的改革。一方面，要将 IMF 的双边监测扩展为多边监测，需要进行人力资源、监测机制等多方面系统配套改革，短期内难以完成；另一方面，IMF 毕竟是受美欧等发达国家支配的，这些国家未必愿意接受甚至是倾听来自 IMF 的批评意见。此外，对国际金融市场进行整体监测的任务，似乎更多落到了金融稳定委员会（Financial Stability Board，FSB）头上。如何将 IMF 的宏观经济监测与 FSB 的金融市场监测整合到一起，也是当前国际社会面临的一大难题。

（三）跨国金融监管改革

如前所述，在次贷危机中暴露出来的国际金融监管体系的最大缺陷，是缺乏全球范围内负责金融监管的统一协调机构。IMF、国际清算银行、巴塞尔委员会、各会计准则委员会以及各国金融监管当局，在对金融机构的跨境经营的监管问题上存在各自为战的局面，既存在监管重叠与重复监管，也存在标准不一致的多头干预，此外还存在监管真空与漏洞。

次贷危机爆发的根源之一是全球金融监管当局对金融创新采取了自由放任的态度，使得金融创新在流动性泛滥背景下过度发展，最终酿成了与房地产泡沫并驾齐驱的衍生品泡沫。次贷危机爆发以来，各国纷纷对监管理念以及监管实体等问题进行了比较深刻的反思。IMF（2009b）认为，次贷危机暴露了全球金融监管体系的如下缺陷：第一，缺乏对系统性风险的监测机制。针对系统性风险的金融脆弱性可能源自以下因素：未预料到的事件、糟糕的政策、错误的汇率、信贷驱动的资产繁荣、外部失衡或者模糊了重大趋势的数据缺陷等。为了追踪全球范围内的金融脆弱性，需要重新安排监测体系，以保证能够及时给决策者提供危机预警以及对策建议。第二，缺乏针对系统性风险的宏观审慎政策的国际协调。这涉及管理集体决策的各种安排，包括IMF、金融稳定委员会、七国集团、二十国集团等。第三，缺乏金融监管的跨境安排，需要开发一些跨境监管机制来避免金融机构的监管套利（Regulatory Arbitrage）。第四，缺乏提供充足流动性支持以及为外部调整提供充足融资的国际机制。

在2009年4月召开的二十国集团伦敦峰会上，针对全球范围内缺乏跨境金融监管的协调实施平台的问题，成员国就加强跨国金融监管达成的共识如下：第一，将金融稳定论坛（Financial Stability Forum，FSF）扩展为金融稳定委员会（Financial Stability Board，FSB），将所有20国集团成员以及西班牙和欧盟包括进来，赋予金融稳定委员会更强的制度基础以及促进金融稳定的更宽泛职能；第二，FSB将会评估金融体系中的脆弱性，识别和监督针对脆弱性的行动方案，促进金融监管当局之间的协调以及信息交换；第三，FSB将会制定纲要，支持跨国监管机构（Supervisory Colleges）的建立，并支持实施跨境危机管理的灵活方案；第四，FSB将与IMF进行合作，以建立针对宏观经济与金融风险累积的早期联合预警机制，并在必要时采取针对性行动；第五，增强审慎监管（prudential regulations），特别是与资本充足率、激励机制和国际标准相关的；第六，同意将所有具有系统重要性的机构、市场以及金融工具（包括对冲基金）都纳入适当的监管体系。

我们认为，FSB最重要的职能，就是成为发达国家与发展中国家政府，包括国际清算银行、欧洲央行、IMF、经济合作与发展组织和世界银行在内的国际组织，包括巴塞尔银行监管委员会、国际会计准则委员会等国际标准制定机构在内的各类负责具体金融监管以及制定监管规则的机构之间实施信息沟通与交流的平台。各类监管者能够在FSB的框架下互通有无、统一监管理念与监管实践，从而在最大限度上抑制监管套利、通过在全球范围内推行宏观审慎监管来防范系统性风险的爆发，以及将危机的破坏性限制在最小限度内。

◇◇ 四　中国如何更有效地参与国际货币体系改革

本节将从中国如何更好地参与国际货币体系改革、如何更好地参与IMF与国际金融监管体系改革、如何通过国内结构性改革来提升国际地位三个方面,来提出相应的政策建议。

(一) 中国如何参与国际货币体系重建

以美国次贷危机发端的全球金融危机给中国政府提供了丰富的教训与启示。一方面,由于美国政府采用极其宽松的财政货币政策来拯救金融体系,而不顾及这些政策的负外部性,从而埋下通货膨胀与美元贬值的种子。作为美国最大的官方债权人——中国政府发现,在国际贸易、国际资本流动与外汇储备管理方面过于依赖美元,其中蕴含着巨大风险。另一方面,尽管次贷危机重创了美国,但拜美元的核心货币地位以及美国国债市场的"安全港"效应所赐,自 2008 年第三季度以来美元对欧元汇率不降反升。目前廉价资金的流入为美国政府的救市政策提供了融资,而中长期内的美元贬值则将降低美国的实际债务。换句话说,在全球金融危机爆发后,处于国际货币体系外围的中国,与处于国际货币体系核心的美国相比,处于更加被动的地位。中国不仅要继续为美国提供融资,还不得不承受未来美元大幅贬值的潜在风险。

痛定思痛,从 2008 年年底开始,中国政府在国际金融领域内开展了一系列密集行动,这些行动由近及远可以分为人民币国际化、区域货币金融合作与国际货币体系重建三个层面。我们认为,这三个层面的举措,实则反映了全球金融危机下中国政府开始重新构筑国际金融战略,该战略的宗旨是在国际范围内全面提升人民币与其他种类货币的作用,降低中国、东亚

第十章　国际货币体系改革：危机以来的进展以及中国应如何参与

区域与全球范围内对美元的依赖程度。

在讨论国际货币体系重建这一宏大话题之前，首先有必要讨论一下如何降低中国当前巨额外汇储备所面临的风险。截至2009年6月底，中国外汇储备规模已经达到2.13万亿美元。尽管中国央行并未披露中国外汇储备的币种结构，但如果我们假定中国央行在外汇储备的币种结构管理方面与其他国家央行类似，那么我们就可以根据国际货币基金组织（IMF）官方外汇储备比重构成（COFER）数据库中的全球外汇储备的币种结构，来推断中国外汇储备的币种结构。截至2008年年底，COFER相应数据显示，在全球外汇储备中，美元资产约占64%、欧元资产约占27%、英镑资产约占4%、日元资产约占3%。①在中国央行持有的美元资产中，美国国债占有相当大的比重。如前所述，美国政府应对次贷危机的极其宽松的财政货币政策埋下了美国国债市场价值下滑与美元贬值的双重风险。那么，中国政府应如何应对，以降低次贷危机对中国外汇储备安全造成的冲击呢？

必须指出，要完全消除中国外汇储备面临的风险，是不可能完成的任务。因此，最治本的对策，是调整中国政府出口导向与引资导向的发展策略，增强人民币汇率形成机制的弹性，从源头上控制外汇储备的进一步增长。除此之外，中国政府应

---

① 根据IMF COFER数据库中相关数据进行计算。

该在如下层面加快外汇储备投资的多元化：首先，应控制中国外汇储备资产对美元资产的整体风险暴露。这既包括中国应该停止大规模增持美国国债，转为增持大宗商品的现货、期货或者供应商的股权，也包括中国可以适当增持欧元、日元资产或者以 SDR 计价的资产。其次，在美元资产的范围内，中国可以考虑在目前的市场状况下增持美国企业债与股权，因为与当前美国国债市场的泡沫相比，美国企业债市场与股票市场的泡沫是相对可控的。再次，即使中国要继续购买美国国债，中国也要有条件地增持美国国债，以减轻未来潜在的通货膨胀对国债真实购买力的侵蚀。这包括中国可以更多地购买美国财政部发行的收益率与通货膨胀率挂钩的债券（TIPs），也包括中国可以要求美国政府发行以人民币计价的国债（即熊猫债券）。最后需要重申一点，中国要向美国施压、向美国提条件的最重要前提是，中国的威胁必须要变得可置信，这就意味着，中国必须从现在开始停止无条件地继续大规模购买美国国债。如果美国政府认为中国除购买美国国债之外别无选择，那么中国要求美国政府承诺保护美国国债的市场价值、要求美国政府发行 TIPs 或者熊猫债券的建议就只能是一厢情愿的空谈。

中国政府如何参与国际货币体系重建，关键取决于中国政府对国际货币体系演进方向的判断。周小川（2009）指出，任何以国别货币充当世界货币的做法，都不能最终克服特里芬难题，因为储备发行国不能平衡国内政策需要与世界经济发展需

第十章 国际货币体系改革：危机以来的进展以及中国应如何参与

要。为解决这一难题，周小川提出要创建一种超主权储备货币来替代美元的国际货币地位，而这种超主权储备货币可以考虑由 IMF 的 SDR 来担任。如果周小川的看法反映了中国政府对国际货币体系演进方向的最终判断，那么中国政府可以从如下层面来推动超主权储备货币的创建：第一，支持 IMF 进一步增发 SDR；第二，积极认购 IMF 发行的以 SDR 计价的债券；第三，敦促 IMF 扩大 SDR 的代表性与适用范围，这包括将以人民币为代表的新兴市场国家货币纳入 SDR 的定值货币篮，积极推动在国际贸易、大宗商品定价、外汇储备记账、投资与企业记账中使用 SDR 作为计价货币，扩大 SDR 在全球贸易与投资领域的使用范围，特别是推动在私人部门的国际结算中使用 SDR 等；第四，积极支持 IMF 启动替代账户计划，并将相当规模的美元资产存入 IMF 的替代账户并改为用 SDR 计价，等等。

然而，我们认为，要创建一种超主权储备货币并最终取代美元，将是一个极其漫长且充满不确定性的过程。国际货币体系演变得更为现实的前景，是欧元与亚洲货币逐渐成长为能够与美元分庭抗礼的国际货币，即国际货币体系呈现出三足鼎立之势。如果这反映了未来国际货币体系的演变趋势，那么中国政府的任务就在于在尽可能短的时间内将人民币发展为能够在未来的亚洲货币的重要支柱，或者人民币直接成为未来的亚洲货币，或者人民币与日元等其他东亚货币组成一个亚洲货币篮。中国政府提升人民币区域地位与全球地位的具体措施将包括：第一，央行降低对外汇市场的干预，让人民币汇率更多地由市场力量决定。第二，中国政府在可控前提下加快资本账户开放的步伐。第三，积极推进人民币国际化。一方面，扩大人民币在跨境贸易中的结算功能；另一方面，扩大境内外以人民币计价的金融产品的发行数量，这又包括：允许符合条件的外国政府与企业在中国国内发行以人民币计价的债券与股票，允许中国金融机构与企业在香港等离岸市场发行以人民币计价的债券等。第四，通过更加积极地参与区域货币金融合作来提高人民币在区域货币合作中的地位，尤其是应注意在未来亚洲货币基金的份额与投票权问题上与日本的竞争。第五，中国政府应加速发展结构转型，变出口导向的发展策略为内外平衡的发展策略。我们必须看到，一个存在持续经常账户顺差的国家的货币很难真正成长为一种国际性货币，而国际储备货币发行国通常具有非常广阔的国内市场。

（二）中国如何参与 IMF 改革与国际金融监管体系改革

作为全球新兴市场国家与发展中国家的重要代表，中国政府应该在 IMF 改革问题上有更加鲜明的表态与主张。IMF 应该具有更强的代表性，应提高 IMF 贷款的及时性与灵活性，增加 IMF 的资源以增强 IMF 应对全球系统性风险的能力，应改善 IMF 的监测功能，等等。中国政府关于 IMF 的具体主张应包括：

在 IMF 的治理结构改革方面，IMF 按照新兴市场国家经济在全球经济中的比重,增加新兴市场国家的份额与投票权,符合世界经济的发展趋势。鉴于中国目前是全球外汇储备的最大持有国,其他国家对中国向 IMF 注资抱有很大希望,中国政府将抓住这一机会,要求将对 IMF 的注资与 IMF 的份额重新分配相挂钩。目前美国的份额与美国经济的相对比重是相符的,大幅让渡份额的可能性不大。针对欧洲国家不愿意出让份额的状况,一种切实可行的方案是,让欧洲国家将自己分散的份额合并成两个份额——欧元区国家与非欧元区欧洲国家,欧元区国家因此可以获得与美国相同的一票否决权。在此前提下,合并后的欧洲国家可以适度让渡富余的份额。在 IMF 的份额改革方面,中国与其他新兴市场大国具有共同利益,应该形成集体行动。值得赞赏的是,在 2009 年 9 月 4 日召开的金砖四国财长与央行行长会议上,金砖四国提议 IMF 应该将 7% 的份额由发达国家转移给新兴市场国家与发展中国家,以保证后者在 IMF 中的份额与其在全球生产总值中所占份额大体持平。[1]

在 IMF 的监测功能方面,随着全球经济与金融的日益全球化,IMF 仅局限于双边监测,可能难以发觉或者容易低估全球体系中酝酿的系统性风险。因此,IMF 应将更多的资源投入到多边监测功能上来。在对全球金融市场进行监测时,IMF 应加

---

[1] 《金砖四国呼吁重点改革国际金融机构份额分配》,2009 年 9 月 5 日,网易 (http://news.163.com/0910905/05/5IE46TIS000112m.html)。

强与国际清算银行、巴塞尔委员会以及金融稳定论坛等国际相关机构的合作。IMF在发表监测结果方面应该具有更大的独立性,从而使得监测结果对发达国家具有更强的约束力。

在IMF的贷款条件性与反应速度方面,尽管IMF目前的贷款条件性有很大的问题,但贷款条件性对于保障贷款安全以及帮助借款者进行结构调整方面具有重要意义。因此,IMF应该改变而非取消贷款条件性。IMF的贷款条件性应该与华盛顿共识脱钩,变得更从借款者的实际情况出发,其目的在于短期内有助于维护借款国宏观经济与金融市场稳定,长期内有助于增强借款者还款能力与经济发展可持续性。此外,应该提高IMF的危机反应能力,提高IMF贷款的支付速度。最近IMF提出的弹性信贷机制表明,它已经在朝这个方面努力。

在增加IMF的资源方面,中国政府应鼓励IMF增发SDR,支持IMF发行以SDR计价的债券,支持IMF激活替代账户,等等。此外,中国政府也应该敦促IMF应该精简机构、提高效率、降低运营成本。

作为一个逐渐融入金融全球化、金融体系处于不断开放过程中的发展中国家,中国应积极参与国际金融监管体系改革。作为二十国集团成员与金融稳定委员会成员,中国政府应积极参与未来国际金融监管标准的制定与实施,并在标准制定的过程中发挥应有的影响力。中国政府应积极参与BIS、巴塞尔委员会等国际金融多边组织的活动,尽快融入全球金融监管体系中去。鉴于中国经济与资本市场的高度成长性，以及中国政府持有国际净资产规模的增加，其他国家也将非常欢迎中国更加积极地参与到全球金融监管体系改革中来。

（三）通过加速国内结构性改革来提升中国的国际地位

人民币要尽快成长为一种国际性货币，并在区域层面与全球层面扮演更加重要的角色；中国要在 IMF 改革中发挥更加重要的作用；中国要更加积极地参加全球金融体系改革，都离不开中国经济的结构性改革。只有结构改革才能降低中国经济的对外依存度，并提高中国经济增长的可持续性。

迄今为止，中国的改革开放进程取得了伟大成就。但中国经济内部也形成了一系列结构性失衡，这些失衡可能影响到未来中国经济的可持续增长。这些失衡包括国内消费储蓄的失衡、制造业服务业发展失衡、收入分配差距拉大、地区发展不平衡、要素价格扭曲、资源浪费与环境污染等。这里重点探讨如何缓解前两种失衡。

缓解中国国内消费储蓄失衡的具体措施包括：第一，真正提高居民收入在国民收入中的比重，这意味着必须降低政府收入与企业利润在国民收入中的比重。一方面，政府应该减税，降低居民总体税收负担，同时通过税收体系来缓解收入差距的进一步扩大；另一方面，国有企业应该向政府分红，政府再通过转移支付机制将企业红利转移给居民部门。第二，提高政府支出中社会公共产品支出的比重，例如教育、医疗、社会保障等,从而降低中国居民的谨慎性储蓄,刺激居民消费。

缓解中国国内制造业服务业发展失衡的具体措施包括:第一,改变国有企业垄断很多关键服务业部门(例如通信、邮政、医疗、交通、金融等)的现状,将这些部门尽快向民间资本开放,这既有利于扩大服务业投资、提高服务业的研发水平,同时也有利于通过服务业发展解决大量就业问题;第二,政府应尽快实施各类要素价格市场化、应降低对外汇市场的干预从而允许人民币汇率升值,以降低制造业拥有的人为造就的竞争优势,促进更高资源流入服务业。

只有当中国国内的结构性改革缓解了中国经济的内外部失衡,提高中国经济增长的内生性与可持续性,中国才能真正成长为一个在全球范围内有影响力的大国,中国才能在国际货币体系重建与全球金融监管体系改革中扮演更加重要的角色,人民币才有望在国际储备货币中占有一席之地。总之,加速国内结构性改革是中国更好地参与国际多边货币合作的前提。

◇◇ 五 结论

本章从货币本位制、国际金融机构与国际金融监管体系三个角度来分析全球金融危机爆发前后的国际货币体系。传统的美元本位制很难解决国际收支周期性失衡的问题,且全球金融危机的爆发可能进一步削弱美元的地位。未来的货币本位制可能是多极货币共同充当全球储备货币,这将为储备货币发行引入新的竞争机制,且较好地克服特里芬两难。IMF 在次贷危机前面临份额、贷款、监测与资源四个方面的挑战。危机爆发以来,IMF 在贷款与资源层面的改革取得了重要进展,然而在份额与监测方面乏善可陈。全球金融危机的爆发揭示了全球范围内跨境金融监管机制的缺失,危机除了促进全球监管机构反思监管理念外,也将金融稳定委员会塑造为未来实施跨境金融监管的重要平台。中国应积极参与国际货币体系改革,包括进一步推进人民币的区域化与国际化、敦促 IMF 进行治理结构改革,以及通过国内结构性改革来促进国际多边合作。

第十一章

国际货币体系改革:全球货币互换*

本章摘要 本轮国际金融危机爆发后,全球范围内形成了多个国际货币互换网络。当前国际货币互换的作用为缓解国际金融机构的短期融资压力、抑制金融危机的跨境传染、降低各国央行积累外汇储备的必要性以及强化互换货币的国际地位等。以美联储为核心的货币互换网络显著改善了全球美元融资市场的流动性紧张,从而有助于维持市场稳定。创建全球货币互换联盟的核心思想是将危机期间签署的各种临时性双边货币互换制度化与永久化,并演化为以IMF为核心的星型多边互换结构。该倡议具有改善金融危机期间的流动性短缺、降低各国积累外汇储备的压力、抑制金融杠杆与投机性泡沫、缓解国际收支失衡等优点,但也面临不能从根本上克服特里芬两难、可能固化美元地位而抑制其他货币的国际化、IMF治理结构改革困难重重、IMF与区域性金融机构的合作存在障碍等问题。

---

* 本章内容发表于《国际经济评论》2012年第6期。

第十一章 国际货币体系改革：全球货币互换

一 引言

本轮国际金融危机爆发后，全球范围内建立了多个国际货币互换网络。经验研究显示，以美联储为核心的双边美元互换网络有效地缓解了全球市场上的流动性短缺，降低了金融机构抛售美元资产的压力，从而有助于维持金融市场稳定。有鉴于此，有学者提出将在金融危机期间签署的临时性双边货币互换制度化与永久化，形成全球货币互换联盟，并以此为基础改革国际货币体系的建议（Farhi 等，2011）。

本章将详细剖析国际货币互换的发展现状、功能效果及其在国际货币体系改革中可能扮演的角色。本章剩余部分的结构安排如下：第二部分回顾国际货币互换的历史演变与发展现状；第三部分分析国际货币互换产生的背景、签署目的的演变，以及作用与效果；第四部分讨论包括全球货币互换联盟在内的主要国际货币体系改革方案的优缺点；第五部分为结论。

二 国际货币互换的历史与现状

货币互换（Currency Swap）是指两个主体在一段时间内交换两种不同货币的行为。一个典型的货币互换包括三个阶段：第一，在合同启动时，两个主体交换特定数量的两种货币；第二，在合同存续期间，两个主体向对方支付与互换资金相关的利息；第三，在合同到期时，两个主体反方向交换相同数量的两种货币（Allen，2009）。货币互换可以分为商业性互换与央行流动性互换两大类。商业性货币互换的目的通常为控制汇率风险或降低融资成本，而央行流动性货币互换的目的通常为稳定外汇市场或获得流动性支持。本章中涉及的货币互换均指在各国中央银行之间签署的货币互换。

最早的央行间货币互换可追溯至20世纪60年代十国集团创建的互惠性货币互换协议。1962年5月，美联储与法国央行签署了第一个双边货币互换协议。截至1967年5月，美联储已经同14个央行及国际清算银行签署了双边货币互换协议。这些货币互换协议的目的是维持布雷顿森林体系下美元—黄金比价以及美元兑其他货币汇率的稳定。例如，该协议的第一次启用，是美联储在1962年6月用美元换取比利时法郎与荷兰盾，再用后者购买比利时央行与荷兰央行手中的富余美元，以避免这两个央行用美元向美联储兑换黄金（Henning，2002）。十国集团货币互换在20世纪60、70年代得到频繁使用，其规模也不断扩展。截至1998年6月，十国集团货币互换规模合计达到364亿美元（FED，1998）。该协议的最后一次启用是1981年美联储与瑞典央行的货币互换。由于互换协议长期未被使用，加之欧元诞生导致很多欧洲货币消失，美联储与美国财政部在1998年年底决定，除在NAFTA协议下继续保留与加拿大和墨西哥的互换协议外,不再延续与其他央行及 BIS 的互换协议。

2001 年"9·11"事件爆发后,为避免恐怖事件造成冲击的扩散、保障全球金融市场正常运作、恢复金融市场投资者信心,美联储迅速与欧洲央行、英格兰银行及加拿大央行签署了临时性货币互换协议,期限均为 30 天。

自 2007 年美国次贷危机爆发以来,国际货币互换进入快速发展阶段。本轮全球金融危机期间出现了四个相互重叠的货币互换网络:美联储网络、欧元网络(包括丹麦、瑞典与挪威向冰岛提供欧元的协议)、瑞士法郎网络与亚洲和拉美网络(Allen 和 Moessner,2010)。其中最富有代表性的包括以美联储为中心的双边美元互换体系、东盟"10 + 3"的清迈协议多边化框架、欧盟内部的货币互换协议以及中国央行与其他国家央行签署的双边本币互换协议等。本节将依次讨论这四个国际货币互换体系。

(一)以美联储为中心的双边美元互换

2007 年 8 月,美国次贷危机浮出水面。为避免进一步损失、降低风险资产比重以提高资本充足率,全球范围内的金融机构集体启动了去杠杆化进程,即通过出售风险资产来提高总资产中的流动性比重。对流动性的需求以及对信用风险的关切,对全球范围内的美元银行间融资市场施加了巨大压力,导致银行间美元拆借利率急剧上升。为增强其他国家央行在本国范围内向金融机构提供美元融资的能力、缓解全球范围内的流动性短缺,美联储从 2007 年 12 月起,陆续与其他国家央行签署双边美元互换协议。

这种互换协议的操作模式为:首先,当一家外国央行启动该互换机制时,它应该按照当前市场汇率向美联储出售特定规模的本币以换取美元;其次,与此同时,美联储与该国央行自动进入另一个协议,该协议要求外国央行在未来特定日期按照相同汇率回购本币。由于第二笔交易的汇率在第一笔交易时设定,因此货币互换不涉及汇率风险。外国央行利用货币互换得到的美元在其辖区内对本国金融机构贷款,外国央行既要承担上述贷款的信用风险,也要履行到期后将美元还给美联储的责任。货币互换结束时,外国央行将向美联储支付一笔利息,这笔利息等于前者向国内金融机构贷款过程中获得的利息收入。美联储不必为换入的外国央行本币资金支付利息,但美联储承诺将这些外币资金存放在外国央行,而不是用于放贷或者进行投资 (Fleming 和 Klagge, 2010)。

如表 11-1 所示,美联储与其他央行签署双边美元互换的过程可划分为五个时期。时期一为 2007 年 12 月 12 日至 2008 年 9 月 17 日,美国次贷危机处于爆发初期,美联储仅与欧洲央行及瑞士央行签署了双边美元互换,并 3 次扩大互换规模。时期二为 2008 年 9 月 18 日至 2008 年 10 月 12 日,随着雷曼兄弟破产导致次贷危机升级,美联储不仅新增了与日本、英格兰、加拿大、澳大利亚、丹麦、瑞典及挪威等发达国家央行的双边美元互换，而且显著扩大了互换协议规模（总规模增长近10倍）。时期三为2008年10月13日至2008年10月29日，随着次贷危机的继续恶化与蔓延，美联储一方面将与欧洲、瑞士、英格兰及日本央行的互换协议规模提升至无上限；另一方面新增了与巴西、墨西哥、韩国及新加坡等新兴市场央行的双边美元互换。时期四为2008年10月30日至2010年2月1日，随着危机逐渐稳定下来，互换协议的未清偿余额逐渐下降。美联储数次延长了协议期限，直至最终到期。时期五为2010年5月9日至今，随着欧洲主权债务危机的爆发，美联储恢复了与欧洲、英格兰、瑞士、加拿大与日本央行的双边美元互换，并数次延长了协议期限。

表11-1 美联储与其他央行签署的双边美元互换协议汇总

日期	事件 （10亿美元）	新参与者	新期限	到期日延长	总金额 （10亿美元）
2007-12-12	美联储与欧洲（20）及瑞士央行（4）签署6个月美元互换协议，期限为28天拍卖	√			24
2008-03-11	与欧洲央行互换扩大至30，与瑞士央行互换扩大至6				36
2008-05-02	与欧洲央行互换扩大至50，与瑞士央行互换扩大至12，协议延长至2009年1月30日			√	62
2008-07-30	与欧洲央行互换扩大至55，期限增加84天拍卖		√		67

续表

日期	事件（10亿美元）	新参与者	新期限	到期日延长	总金额（10亿美元）
2008-09-18	与欧洲央行互换扩大至110，与瑞士央行互换扩大至27，新增与日本（60）、英格兰（40）及加拿大央行（10）的互换	√			247
2008-09-24	新增与澳大利亚（10）、丹麦（5）、瑞典（10）及挪威央行（5）的互换	√			277
2008-09-26	与欧洲央行互换扩大至120，与瑞士央行互换扩大至30				290
2008-09-29	规模扩大：欧洲央行（240）、瑞士央行（60）、加拿大央行（30）、英格兰银行（80）、日本央行（120）、丹麦央行（15）、挪威央行（15）、澳大利亚央行（30）、瑞典央行（30），协议延长至2009年4月30日			√	620
2008-10-13	规模扩大：欧洲、瑞士与英格兰银行无上限				无上限
2008-10-14	规模扩大：日本央行无上限				无上限
2008-10-28	新增与新西兰央行（15）的互换	√			无上限
2008-10-29	新增与巴西（30）、墨西哥（30）、韩国（30）及新加坡央行（30）的互换	√			无上限
2009-02-03	互换协议延长至2009年10月30日			√	无上限
2009-04-06	美联储宣布与英格兰、欧洲、日本及瑞士央行签署双边外币互换协议（从未使用，2010年2月1日到期）				无上限
2009-06-25	互换协议延长至2010年2月1日			√	无上限
2010-02-01	互换协议全部到期				

续表

日期	事件 （10亿美元）	新参与者	新期限	到期日延长	总金额 （10亿美元）
2010-05-09	美联储恢复与欧洲（无上限）、英格兰（无上限）、瑞士（无上限）及加拿大央行（30）的互换协议	√			无上限
2010-05-10	美联储恢复与日本央行（无上限）的互换协议	√			无上限
2010-12-21	互换协议延长至2011年1月			√	无上限
2011-06-09	互换协议延长至2011年8月			√	无上限
2011-11-30	互换协议延长至13年2月，且定价下调			√	无上限
2011年11月	美联储与加拿大、英国、日本、瑞士及欧洲央行签署临时性双边外币互换机制，这些协议也将在2013年2月到期				无上限

资料来源：Goldberg等（2011），笔者进行了修改与补充。

表11-2列举了美国次贷危机期间各国央行对双边美元互换的使用状况。在发达国家中，欧洲、日本与英格兰央行对互换协议的使用最为充分；加拿大与新西兰虽然签署了美元互换协议，但从未使用过该协议。在新兴市场国家中，韩国与墨西哥使用了美元互换协议，而巴西与新加坡从未使用过该协议。从互换协议的使用规模来看，雷曼兄弟破产后的2008年第三、四季度及2009年第一季度，是各国央行最集中使用双边美元互换的时期。2008年第四季度，双边美元互换的使用额达到5537亿美元的峰值。美联储通过货币互换输出的美元，大部分

流入了欧洲银行。2008年10月15日，流向欧洲央行、英格兰银行与瑞士央行的资金占到互换总规模的81%（McGuire 和 Peter，2009）。

表11-2 各国央行对美联储双边美元互换的使用（季度末）

单位：10亿美元

	2007Q4	2008Q1	2008Q2	2008Q3	2008Q4	2009Q1	2009Q2	2009Q3
欧洲	20.0	15.0	50.0	174.7	291.4	165.7	59.9	43.7
瑞士	4.0	6.0	12.0	28.9	25.2	7.3	0.4	0.0
日本				29.6	122.7	61.0	17.9	1.5
英国				40.0	33.1	15.0	2.5	0.0
丹麦				5.0	15.0	5.3	3.9	0.6
澳大利亚				10.0	22.8	9.6	0.2	0.0
瑞典					25.0	23.0	11.5	2.7
挪威					8.2	7.1	5.0	1.0
韩国					10.4	16.0	10.0	4.1
墨西哥							3.2	3.2
加拿大								
新西兰								
巴西								
新加坡								
合计	24.0	21.0	62.0	288.2	553.8	310.0	114.5	56.8

资料来源：Allen 和 Moessner（2010），笔者进行了一定修改。

图11-1中对比了在美国次贷危机与欧债危机中双边美元互换的使用规模。2008年9月雷曼兄弟破产后，美元互换的使用规模由500亿—600亿美元迅速飙升至5000亿—6000亿美

元，之后在 2009 年逐渐下降。而迄今为止，欧债危机中的美元互换的使用规模仅在 2011 年年底 2012 年初超过 1000 亿美元，截至 2012 年 6 月已经回落至 300 亿美元以下。美联储通过双边美元互换借出的资金规模占美联储总资产的比重，在 2008 年第四季度达到 25%。

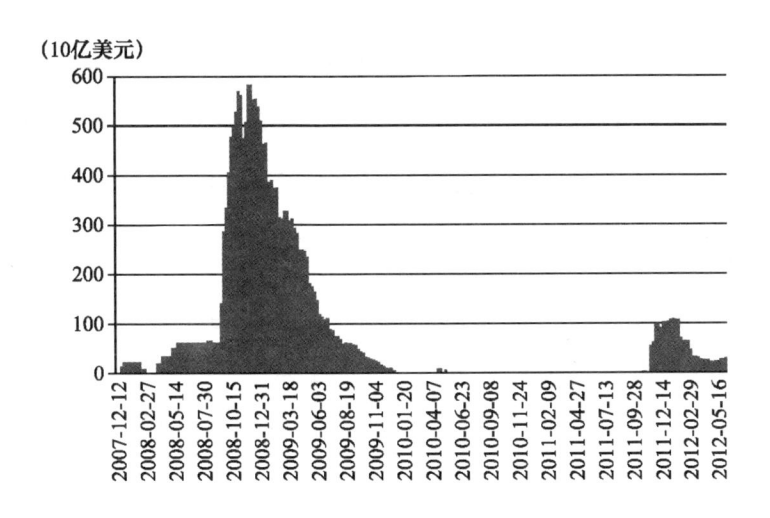

图 11 – 1　美联储通过双边美元互换借出资金规模

资料来源：Federal Reserve Website。

（二）东盟"10 + 3"的清迈协议多边化

1997 年东南亚金融危机爆发后，东亚各国深切感受到拥有充足外汇储备的重要性，以及 IMF 等国际金融机构的不可靠，从而产生了创建区域内货币互换的想法。2000 年 5 月 6 日，东盟 10 国与中、日、韩的财政部长在泰国清迈召开的第 33 届亚洲开发银行执董会上宣布，创建一个东盟"10+3"框架下的双边货币互换协议网络，即清迈协议（Chiang Mai Initiative，CMI）。

清迈协议由两部分组成：一是扩展后的东盟互换安排（ASEAN Swap Arrangement，ASA）；二是由双边货币互换与回购协议构成的网络。如表11-3所示，截至2009年4月，清迈协议总规模达到920亿美元（900亿美元的双边货币互换协议以及20亿美元的ASA）。其中绝大部分为美元互换，仅有中日、中韩、韩日与中菲之间签署了本币互换。从双边货币互换协议的规模来看，日本、韩国与中国是最大的借出国，韩国、印度尼西亚与日本是最大的借入国；日本与中国是最大的净借出国，印尼则是最大的净借入国。

表11-3　　清迈协议下签署后的双边货币互换汇总

（截至2009年4月底）

单位：10亿美元

从：\到：	中国	日本	韩国	印度尼西亚	马来西亚	菲律宾	新加坡	泰国	合计
中国		3.0[a]	4.0[a]	4.0	1.5	2.0[a]		2.0	16.5
日本	3.0[a]		13.0[b]	12.0	1.0[c]	6.0	3.0	6.0	44.0
韩国	4.0[a]	8.0[b]		2.0	1.5	2.0		1.0	18.5
印度尼西亚			2.0						2.0
马来西亚			1.5						1.5
菲律宾		0.5	2.0						2.5
新加坡		1.0							1.0

续表

到： 从：	中国	日本	韩国	印度 尼西亚	马来 西亚	菲律宾	新加坡	泰国	合计
泰国		3.0	1.0						4.0
合计	7.0	15.5	23.5	18.0	4.0	10.0	3.0	9.0	90.0

说明：a 协议为双边本币互换，而非美元本币互换；

b 日本与韩国的双边货币互换既包括美元互换（从日本到韩国100亿美元、从韩国到日本50亿美元），也包括本币互换（双向均为等值30亿美元）。日元对韩元互换在2008年12月由30亿美元扩展至200亿美元，并延续至2009年10月底；

c 这里还有一个在新宫泽构想（New Miyazawa Initiative）框架下于1999年8月18日达成的25亿美元承诺。

资料来源：Kawai（2010）。

然而，迄今为止东盟"10＋3"国家基本上没有使用过清迈协议，而是主要靠积累外汇储备来应对金融风险。原因在于清迈协议具有如下缺陷：第一，清迈协议由一系列双边互换协议组成，缺乏一个中间协调管理机构。需要资金的国家不得不通过多轮双边谈判才能获得足够的资金支持，而这可能意味着最佳应对危机时机的丧失。第二，由于缺乏区域内独立监测机构，清迈协议不得不依赖IMF的监测机制来防范道德风险。清迈协议将90%的资金支持与IMF的相应贷款挂钩，缺乏必要的灵活性与及时性。第三，尽管清迈协议总规模远远超过十国集团互换协议，但每个成员国能够获得的资金规模有限（因为援助仅为双边而非多边），且由于绝大部分资金与IMF贷款挂钩从而审批起来可能过于缓慢。

为克服清迈协议的上述缺陷,东盟"10+3"在2009年宣布将清迈协议的资金规模扩大至1200亿美元,并将其由一系列双边互换协议转变为一个自我管理的储备库。2009年12月28日,东盟"10+3"的财政部长与央行行长签署了清迈协议多边化(Chiang Mai Initiative Multilateralization,CMIM)框架性协议。2010年3月24日,清迈协议多边化机制正式生效。

清迈协议多边化框架的细节如表11-4所示。从资金贡献来看,中日韩三国出资80%,东盟十国出资20%,中国(内地加上香港)与日本同为最大出资国,各出资32%,韩国出资16%,而东盟十国各自出资额从0.03%到3.98%不等。从借款规模来看,中国与日本的借款乘数均为0.5倍,这意味着中国与日本是净借出国;东盟十国的借款乘数为2.5倍或5倍,这意味着它们是净借入国。清迈协议多边化框架的投票权设置效仿IMF,分为基本投票权与基于资金贡献额的投票权,中国与日本各自拥有28.41%的投票权,东盟十国的投票权之和也为28.41%。

东盟"10+3"于2011年4月在新加坡创建了东盟"10+3"宏观经济研究办公室(ASEAN+3 Macroeconomic Research Office,AMRO)。AMRO作为一个独立的区域监测实体,负责监测与分析区域内的经济金融形势,为CMIM提供决策支持。有了AMRO作为制度保障,CMIM宣布将不与IMF贷款挂钩的资金比例由10%提高至20%。

表 11-4 清迈协议多边化下各国的贡献额、借款额与投票权

	资金贡献		借款规模			投票权		
	10亿美元	(%)	借款乘数(倍)	最大互换规模(10亿美元)	基本投票权	基于贡献额的投票权	总投票权	比重(%)
中日韩	96.00	80.00	0.69	57.6	4.8	96.0	100.8	71.59
中国内地与中国香港	38.40	32.00	0.72	19.2	1.6	38.4	40.0	28.41
中国内地	34.20	28.50	0.50	17.1	1.6	34.2	35.8	25.43
中国香港	4.20	3.50	0.50	2.1	0.0	4.2	4.2	2.98
日本	38.40	32.00	0.50	19.2	1.6	38.4	40.0	28.41
韩国	19.20	16.00	1.00	19.2	1.6	19.2	20.8	14.77
东盟	24.00	20.00	2.63	63.1	16.0	24.0	40.0	28.41
文莱	0.03	0.03	5.00	0.2	1.6	0.0	1.6	1.16
柬埔寨	0.12	0.10	5.00	0.6	1.6	0.1	1.7	1.22
印度尼西亚	4.77	3.98	2.50	11.9	1.6	4.8	6.4	4.52
老挝	0.03	0.03	5.00	0.2	1.6	0.0	1.6	1.16
马来西亚	4.77	3.98	2.50	11.9	1.6	4.8	6.4	4.52
缅甸	0.06	0.05	5.00	0.3	1.6	0.1	1.7	1.18
菲律宾	3.68	3.07	2.50	9.2	1.6	3.7	5.3	3.75
新加坡	4.77	3.98	2.50	11.9	1.6	4.8	6.4	4.52
泰国	4.77	3.98	2.50	11.9	1.6	4.8	6.4	4.52
越南	1.00	0.83	5.00	5.0	1.6	1.0	2.6	1.85
东盟"10+3"	120.00	100.00	1.16	120.7	20.8	120.0	140.8	100.00

资料来源：Kawai (2010)，笔者进行了一定修改。

2012年5月3日，在马尼拉召开的东盟"10+3"第15次

财政部长与央行行长会议宣布：将 CMIM 的规模由 1200 亿美元扩大至 2400 亿美元；将与 IMF 贷款脱钩资金支付比例由 20% 提高至 30%，并计划在 2014 年提高至 40%；效仿 IMF 的谨慎性与流动性贷款机制（Precautionary and Liquidity Line, PLL），创建 CMIM 谨慎性贷款机制（CMIM-PL）。

（三）欧盟内部的货币互换协议

美国次贷危机爆发后，随着金融危机由美国传递至欧洲，部分欧洲国家也陷入了流动性短缺。除了通过欧洲央行与美联储创建的双边美元互换为市场补充流动性外，在欧盟内部也创建了一系列以欧元与瑞士法郎为核心的双边货币互换。如表 11-5 所示，这种货币互换或者发生在欧洲央行与非欧元区国家（瑞典、匈牙利、丹麦、波兰）央行之间，或者发生在两

表 11-5　　全球金融危机以来欧盟内部的货币互换协议

日期	借出银行	借入银行	货币类型	金额（10 亿）	到期日
2007-12-20	欧洲央行	瑞典央行	欧元	10	
2008-10-16	欧洲央行	匈牙利央行	欧元	5	未指明
2008-10-27	欧洲央行	丹麦央行	欧元	12	尽可能长
2008-11-21	欧洲央行	波兰央行	欧元	10	未指明
2008-05-16	丹麦央行	冰岛央行	欧元	0.5	在 2008 年 11 月延长至 2009 年年底
2008-12-16	丹麦央行	拉脱维亚央行	欧元	0.125	

续表

日期	借出银行	借入银行	货币类型	金额（10亿）	到期日
2008-05-16	挪威央行	冰岛央行	欧元	0.5	在2008年11月延长至2009年年底
2008-05-16	瑞典央行	冰岛央行	欧元	0.5	在2008年11月延长至2009年年底
2008-12-16	瑞典央行	拉脱维亚央行	欧元	0.375	
2009-02-27	瑞典央行	爱沙尼亚央行	瑞典克朗	10	
2008-10-15	瑞士央行	欧洲央行	瑞士法郎	未指明	2009年1月，延长至2010年1月
2008-11-07	瑞士央行	波兰央行	瑞士法郎	未指明	2009年1月，延长至2010年1月
2009-01-28	瑞士央行	匈牙利央行	瑞士法郎	未指明	2009年4月，延长至2010年1月

资料来源：Allen 和 Moessner（2010），笔者进行了一定修改。

个非欧元区国家央行之间。其中比较典型的例子是，当冰岛在2008年5月陷入危机时，冰岛央行与北欧三国（丹麦、挪威、瑞典）央行均签署了双边欧元互换以获得欧元流动性支持。此外，在2008年第四季度陷入危机的匈牙利也先后与欧洲央行及瑞士央行签署了双边欧元及双边瑞士法郎互换。

（四）以中国央行为中心的双边本币互换

美国次贷危机爆发后，中国政府日益意识到在国际贸易与投资领域过度依赖美元的风险，因此开始积极地推进人民币国际化。人民币国际化进程主要沿着两条主线展开：一是跨境贸易人民币结算的试点与铺开；二是香港离岸人民币市场的发展。由于人民币国际化刚启动不久，境外人民币存量有限，这就限制了境外企业与居民对人民币的使用。为了增加境外人民币可获得性，中国央行从2008年年底起开始积极地与外国央行签署双边本币互换协议。考虑到人民币跨境贸易试点结算启动于2009年7月，人民币本币互换早于人民币跨境贸易结算试点的事实，说明人民币本币互换的产生是受市场需求拉动的。

如表11-6所示，2008年12月至2012年7月，中国央行已经与19个国家或地区的中央银行签署了总额1.86万亿人民币的双边本币互换。外国央行在通过货币互换获得人民币后，能够向本国商业银行及本国企业提供人民币融资，以支持这些企业从中国进口商品或者对中国进行人民币直接投资。反过来，外国企业在向中国的出口中也可以收取人民币，或者接受来自中国的人民币直接投资。双边本币互换的签署能够有效地规避汇率风险、降低汇兑费用，促进互换协议签署国之间的贸易与投资。

表11-6　　　　　中国央行近年来签署的双边本币互换

时间	交易对手	金额	期限
2008-12-12	韩国银行	1800亿元/38万亿韩元（260亿美元）	3年
2009-1-20	香港金管局	2000亿元/2270亿港币	3年
2009-2-8	马来西亚国民银行	800亿元/400亿林吉特	3年

续表

时间	交易对手	金额	期限
2009-3-11	白俄罗斯共和国国家银行	200亿元/8万亿白俄罗斯卢布	3年
2009-3-24	印度尼西亚银行	1000亿元/175万亿印度尼西亚卢比	3年
2009-3-29	阿根廷中央银行	700亿元	3年
2010-6-9	冰岛中央银行	35亿元	3年
2010-7-23	新加坡金管局	1500亿元/300亿新加坡元	3年
2011-4-18	新西兰储备银行	250亿元	3年
2011-4-19	乌兹别克斯坦共和国中央银行	7亿元	3年
2011-5-6	蒙古银行	50亿元/1万亿图格里克	3年
2011-6-13	哈萨克斯坦共和国中央银行	70亿元	3年
2011-10-26	韩国银行	3600亿元/64万亿韩元	续签并扩大规模
2011-11-22	香港金管局	4000亿元/4900亿港币	续签并扩大规模
2011-12-22	泰国中央银行	700亿元/3200亿泰铢	3年
2011-12-23	巴基斯坦国家银行	100亿元/1400亿卢比	3年
2012-1-17	阿联酋中央银行	350亿元/200亿迪拉姆（55.4亿美元）	3年
2012-2-8	马来西亚国民银行	1800亿元/900亿林吉特	续签并扩大规模
2012-2-21	土耳其中央银行	100亿元/30亿土耳其里拉	3年
2012-3-20	蒙古银行	100亿元/2万亿图格里特	补充协议扩大规模
2012-3-22	澳大利亚储备银行	2000亿元/300亿澳元（310亿美元）	3年

续表

时间	交易对手	金额	期限
2012-6-26	乌克兰国家银行	150亿元/190亿格里夫纳	3年
2012-7	巴西中央银行	1900亿元/600亿雷亚尔（300亿美元）	10年
	累积金额	23212亿元	

资料来源：笔者根据中国人民银行网站公开资料整理。

有观点认为，中国央行与外国央行之间签署的双边本币互换有助于维持金融市场稳定。的确，外国央行通过双边本币互换获得人民币，有助于缓解在华外资金融机构的流动性短缺。不过，对外国央行而言，它们需要获得美元、欧元等国际性货币才能干预外汇市场、维持本币汇率稳定，外国金融机构也需要美元、欧元等国际性货币来解决全球市场上的短期融资问题。因此，除非外国央行能够直接在外汇市场上将人民币兑换为其他货币，或者用人民币向中国央行购买外汇，否则签署双边本币互换至多能对维持金融稳定起到有限作用。由于人民币目前在资本项目下尚不能自由兑换，且中国央行在与外国央行签署双边本币互换时并未承诺在必要时用美元回购人民币，因此双边本币互换的签署更多是出于促进两国之间贸易与投资发展的目的。

三 当前国际货币互换的产生背景、目的、作用与效果

(一) 产生背景与目的

背景之一是最近几十年的金融深化与全球化造成金融市场的规模与融合程度上升。如图 11-2 所示,全球国际债券未清偿余额由 1993 年第三季度的 2 万亿美元上升至 2012 年第一季度的 29 万亿美元,而美元计价国际债券余额占全球国际债券余额的比重则由 46% 上升至 61%。全球国际货币市场工具余额由 1993 年第三季度的 1167 亿美元上升至 2008 年第二季度的 14054 亿美元,而美元计价国际货币市场工具余额则由 913 亿美元上升至 4098 亿美元。全球场外交易金融衍生品名义余额由 1998 年第二季度的 72 万亿美元上升至 2011 年 6 月的 707 万亿美元。而在本次全球金融危机中扮演着重要角色的信用违约互换(Credit Default Swap,CDS)则由 2004 年第四季度的 6 万亿美元飙升至 2007 年第四季度的 58 万亿美元。[①]全球金融市场的规模与融合程度上升,造成金融风险可能更快地在各国之间传递,也放大了金融市场波动对实体经济的潜在冲击。

背景之二是国际金融危机的演变。国际金融危机由 20 世纪 80 年代的拉丁美洲债务危机、20 世纪 90 年代的东南亚货币

---

① 以上数据均引自 CEIC 数据库。

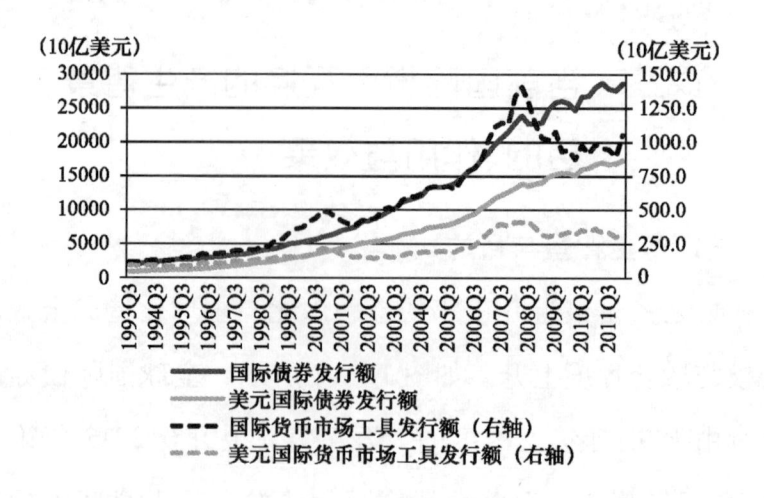

图 11-2　全球国际债券与国际货币市场工具未清偿余额

资料来源：BIS 数据库。

危机与银行危机，转化为 2007 年至今的美国次级抵押贷款危机与欧洲主权债务危机。一方面，国际金融危机的源头由新兴市场国家转移至美欧发达国家；另一方面，金融危机的类型则由短期国际资本流动引发的国际收支危机与货币危机，演变为由房地产资产价格泡沫破灭与房地产金融市场坍塌导致的国际金融机构流动性危机与主权债务危机。从国际金融危机理论的演进来看，对金融危机成因的认识也逐渐由财政赤字导致固定汇率制崩溃（第一代金融危机模型）、危机的自我实现与投机者攻击（第二代金融危机模型）转化为道德风险下的金融泡沫（第三代金融危机模型）以及资产负债表效应（第四代金融危机模型）（朱波和范方志，2005）。国际金融危机的源头由国际金融体系的外围国家转移至核心国家，这意味着一旦危机爆发,不仅危机程度更为剧烈,而且危机的传染速度更快、范围更广。

背景之三是国际资本的大规模频繁流动。如图11-3所示,新兴市场经济体面临的私人资本净流入在美国次贷危机爆发前后大幅振荡,先由2002年的1042亿美元攀升至2007年的9568亿美元,之后锐减至2009年的3831亿美元。从具体的资本流动类型来看,股权投资的波动性较低(1999年至2013年的变异系数为0.33),而商业银行贷款的波动性较高(1999年至2013年的变异系数为1.29)。国际资本的持续大规模流入导致一国面临货币升值压力、流动性过剩与资产价格上涨压力,而金融危机爆发期间的国际资本大规模流出会导致一国面临本

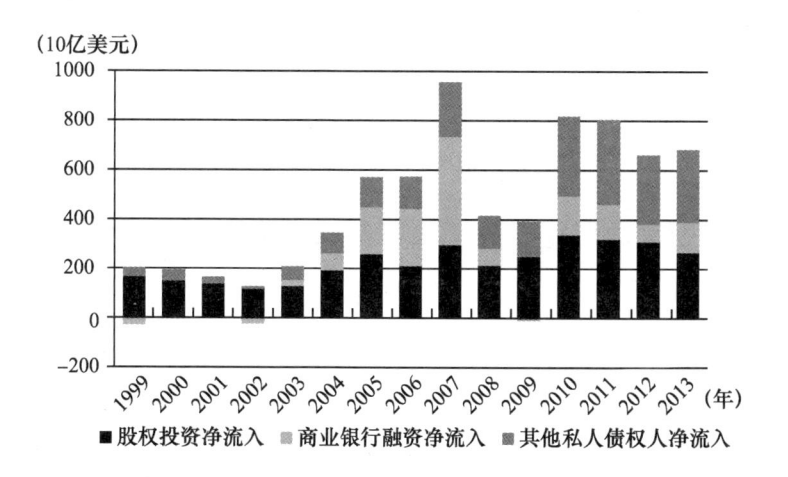

图11-3 新兴市场经济体面临的私人资本净流入

说明:2011年数据为估计数据,2012年与2013年数据为预测数据。

资料来源:Institute of International Finance。

币贬值压力、外币流动性短缺与资产价格下跌压力。

背景之四是随着中国经济的崛起，人民币已经具备了跨境使用的潜力与必要性。目前中国已经成长为全球第二大经济体、第二大贸易国与第一大外汇储备持有国，并且已经成为很多国家的最大贸易伙伴。虽然中国整体上具有贸易顺差，但中国对日本、韩国等东亚经济体具有贸易逆差，且从欧美国家的进口也迅速增长。中国经济的高速增长与国内庞大的人口规模，使得中国市场对全球企业与国际资本具有越来越大的吸引力。巨额外汇储备有助于保持人民币对主要货币的汇率稳定。这些因素都为人民币的跨境使用以及双边人民币互换机制提供了基本面支撑。一旦中国金融市场发展滞后的瓶颈得到突破，随着中国资本账户的加快开放，人民币必将成长为一种重要的区域性甚至全球性货币。

随着时间的推移，主要国家之间签订国际货币互换的目的也在发生变化。20世纪60年代十国集团签署美元互换的目的是通过帮助美国获得向外国央行购买美元的外国货币，避免外国央行用美元大举向美联储兑换黄金，从而维持美元黄金比价的稳定以及布雷顿森林体系的平稳运行。2000年东盟"10+3"国家签署清迈协议的目的是通过增加成员国可获得的外汇储备规模，防止由于资本外逃而引发的国际收支危机与货币危机。2001年"9·11"事件爆发后，美联储与外国央行签署货币互换的目的是防止恐怖事件造成的信心危机重创全球金融市场。自本轮全球金融危机爆发以来，无论是美联储与其他国家央行签署的双边美元互换，还是欧盟内部成员国之间或成员国与欧洲央行之间签署的双边欧元互换，其目的是缓解金融市场上的流动性短缺、帮助金融机构获得成本较低的短期融资，从而缓解金融机构在去杠杆压力下的资产抛售（Fire Sale）行为，维持金融市场稳定。

（二）作用

作用之一是缓解国际金融机构的短期融资压力，尤其是短期美元融资压力。全球银行的外国资产余额由2000年初的10万亿美元上升至2007年年底的34万亿美元，其中美元计价资产占到外国资产增量的一半以上（Allen和Moessner，2010）。危机爆发前，欧洲银行在资产负债表内外都拥有大量以美元计价的资产，且高度依赖短期批发市场为这些资产融资。根据McGuire和Peter（2009）的估算，2007年中期欧洲银行的美元融资缺口至少超过2万亿美元。

对全球范围内美元流动性短缺根源的解释大致有三：一是内生性的期限错配（McGuire和Peter，2009）。短期融资市场的紧张意味着商业银行获得美元融资的有效期限缩短了，与此同时，由于其美元资产在缺乏流动性的前提下难以卖出，因此有效期限延长了。二是商业银行不得不对表外的结构性融资工具（Structural Investment Vehicles，SIVs）提供融资支持（Fleming和Klagge，2010）。SIVs主要依赖发行资产支持商业票据（Asset-Backed Commercial Paper，ABCP）进行融资。SIVs的蓬勃发展导致 ABCP 未清偿余额在 2005 年至 2006 年期间迅速上升。金融危机的爆发导致市场对 SIVs 发行的 ABCP 的信心一落千丈，从而银行不得不为 SIVs 的资产寻求新的融资来源。三是国际金融机构融资策略的同一性（McGuire 和 Peter，2009）。造成全球美元流动性短缺的原因并非银行跨货币融资本身，而是大型银行大多使用相同类型与相同方向的融资策略，造成融资层面的交易拥挤。

通过创建双边美元互换，美联储成功地在全球范围内扮演了最后贷款人角色。首先，美联储以外国货币为抵押品向外国中央银行提供了贷款；其次，外国中央银行又在自己辖区内通过美元拍卖的方式提供资金。美联储通过双边美元互换机制间接地为外国银行融资，既缓解了后者的流动性压力、降低了融资展期风险，又增加了融资成本的可预见性，这降低了外国金融机构在融资紧张时抛售美元资产的必要性，因此有助于维护全球金融市场稳定。

作用之二是抑制金融危机的跨境传染。从 20 世纪 80 年代拉美债务危机起，尤其是自 20 世纪 90 年代东南亚金融危机以来，金融危机的传染效应受到越来越多的关注。金融危机既可以通过危机国与非危机国的国际贸易与投资渠道进行传染，也可以通过债权人或投资者的信心机制进行传染。双边货币互换的签署通过向特定国家提供额外的流动性支持，既增强了特定国家干预金融市场、应对负面冲击的能力,也增强了金融市场信心、避免投资者因为信心受损而启动羊群行为。Aizenman(2010)指出,美国次贷危机爆发后韩国与美国签署的双边货币互换具有重要的释放信号作用,从而有助于稳定市场信心。

作用之三是降低各国央行积累外汇储备的必要性。正因为20世纪90年代东南亚金融危机中IMF等国际金融机构的贷款不值得信赖,以东亚国家为代表的新兴市场国家才在过去10年内通过积累外汇储备来增强自身抵御金融危机冲击的能力。然而随着外汇储备存量的上升,积累外汇储备的成本也变得越来越突出。更有趣的是,尽管新兴市场国家积累外汇储备的目的是应对金融危机冲击,然而当金融危机来临时,很多国家却不愿意动用外汇储备来吸收外部冲击。例如,美国次贷危机爆发后,只有一半的新兴市场国家通过使用外汇储备来干预市场(且使用的外汇储备不到存量的1/3),而另一半新兴市场国家直接用汇率贬值来应对冲击。在进行了一段时间的干预后,几乎所有新兴市场央行都不愿意继续使用外汇储备。新兴市场国家不愿意动用外汇储备的原因可能在于,一国外汇储备存量的显著下降可能被金融市场解读为该国的金融脆弱性上升(Aizenman,2010)。

由于双边货币互换也能够增强一国央行提供美元流动性的能力,因此前者有助于降低央行积累外汇储备的必要性以及与外汇储备积累相关的成本。Obstfeld等(2009)发现,如果将

M2/GDP指标纳入判断外汇储备是否充足的评价体系，则在2007年至2008年与美联储签署双边美元互换的国家中，除日本与新加坡外，均是实际外汇储备规模低于充足外汇储备规模的国家。美元互换协议的签署极大增强了这些国家提供美元流动性、干预金融市场的能力。

问题在于，不是所有国家都能指望在危机期间与美联储签署双边美元互换。Aizenman和Pasricha（2009）的实证研究表明，美联储在选择与新兴市场经济体签署双边美元互换时，会优先考虑美国银行风险暴露较高的经济体。Allen和Moessner（2010）也认为，国际金融中心所在国签署双边美元互换的概率较高。Aizenman（2010）进一步指出，双边货币互换签署的选择性意味着该行为是利益驱动的，只有那些与美国存在显著的贸易或金融联系的国家才有望获得双边货币互换。因此，与能否签订双边货币互换有关的不确定性，也可能导致新兴市场国家积累更多的外汇储备。

作用之四是强化互换货币的国际地位。美联储之所以推出大规模双边美元互换，也难免有通过此举强化美元国际地位的考虑。当前全球金融危机的爆发虽然发源于美国，但也严重冲击了欧元区、英国与日本等其他国际储备货币发行国的金融市场与实体经济。本轮全球金融危机可能强化了美元的国际储备货币地位。Rose和Spiegel（2012）声称，全球金融危机中美元汇率升值的现实，既反映了流向安全港（Flight to Safety）效应，也反映了流向流动性（Flight to Liquidity）效应。最具流动性的美国国债市场提供的资金避险功能，至今没有其他市场能够替代。

中国央行从 2009 年起加快了人民币国际化的步伐。在中国政府推进人民币国际化的努力中，与外国央行签署双边本币互换扮演着重要角色。通过签署双边本币互换，中国央行可以向境外机构与居民提供人民币流动性，促进跨境贸易与投资的人民币结算，从而有助于提升人民币在国际金融市场上的地位。

（三）效果

鉴于本轮全球金融危机以来，美联储与各国央行签署双边货币互换的目的是向国际金融市场提供美元流动性，因此迄今为止的实证文献主要检验双边货币互换的推出是否有效缓解了全球美元融资市场的紧张程度。Baba 和 Packer（2009）的研究表明，双边美元互换机制降低了 LIBOR-OIS 息差的水平与波动性，互换机制也避免了金融机构对美元计价资产的恐慌性抛售，从而降低了银行间利率的波动性与美元升值压力。Coffrey 等（2009）指出，互换机制的宣布与实施有效地降低了全球美元融资市场的紧张程度。Allen 和 Moessner（2010）的比较研究显示，双边美元互换协议非常有效地缓解了美元流动性市场的短缺。相比之下，欧洲央行、瑞士央行、日本央行与中国人民银行提供的货币互换的效果就没那么显著或者不容易鉴别。

Rose 和 Spiegel（2012）的实证研究发现，货币互换协议的签署使得那些通过贸易或金融渠道与美国联系紧密的国家获益匪浅。Aizenman 和 Pasricha（2009）的研究表明，美联储与四个新兴市场（巴西、墨西哥、韩国、新加坡）央行签署双边美元互换的协议宣布后，不仅这四个新兴市场经济体的 CDS 息差下降了，就连其他新兴市场经济体的 CDS 息差也相应下降了。

四 全球货币互换与国际货币体系改革

（一）当前国际货币体系的主要特征与缺陷

当前的国际货币体系是布雷顿森林体系的延续，其主要特征包括：第一，尽管美元已经与黄金脱钩，但美元依然扮演着核心国际货币的角色；第二，其他国家货币与美元之间大多以浮动汇率或管理浮动汇率制相连接，但各国会通过单边干预或多边合作来抑制本币对美元汇率的大幅波动；第三，大多数发达国家与新兴市场国家均开放了资本账户，国际资本能够频繁、大规模地在各国之间流动；第四，尽管 IMF 扮演着最后贷款人角色，但由于其资源有限、贷款条件性与反应迟缓，各国通常会通过其他方式来应对金融危机冲击。

当前国际货币体系的主要缺陷，依然是布雷顿森林体系不能克服的特里芬两难（Trifin Dilemma）。目前特里芬两难主要表现为全球国际收支失衡：为满足全球经济增长对国际流动性的需要，美国通过经常账户赤字大量输出美元，而新兴市场国家与资源出口国则通过经常账户盈余积累了大量外汇储备。然而，持续的经常账户赤字会造成美国对外净负债的上升，最终美国政府可能不得不通过通货膨胀与美元贬值来降低其对外净负债，而这将给持有巨额外汇储备的新兴市场国家与资源出口国造成惨重的资本损失。为控制损失规模，一旦预期美元将会大幅贬值，新兴市场国家与资源出口国可能在市场上集体抛售美元资产，而这将会加剧美元贬值，并通过抬高美国国债收益率而导致美国经济陷入衰退。

尽管美国次贷危机的爆发并未源自新兴市场国家与资源出口国抛售美元资产的行为，而是源自美国国内房地产泡沫与衍生品泡沫的破灭。但如果本轮全球金融危机爆发过后，全球经济并未进行充分的结构性调整，以至于全球经常账户失衡卷土重来，那么国际货币体系将会继续面临特里芬两难的困扰。

（二）改革国际货币体系的主要倡议

本轮全球金融危机爆发后，国际社会中关于改革当前国际货币体系的建议大致可分为两类。第一类是呼吁创建超主权储备货币体系，第二类是对当前国际货币体系进行修补。

第一类建议的代表是由经济学家斯蒂格利茨领衔的联合国国际货币与金融体系改革小组（United Nations，2009）。他们认为，当前以美元为核心的储备货币制度具有内在的不稳定性（特里芬两难）、中心国家与外围国家的不平等性、与全球充分就业目标的不相容性、给储备货币发行国带来长期成本与风险等问题。引入以 IMF 特别提款权（Special Drawing Rights, SDR）为核心的超主权储备体系则有望解决上述问题。该小组提出的方案细节包括：第一，超主权储备货币的发行主体可以考虑两种，一是进行了全面治理结构改革的 IMF，二是设立全球储备银行。第二，储备货币的发行方式也有两种考虑，一是各国央行就本国货币与新货币进行互换；二是发行新的全球货币后分给各成员国。第三，储备货币的发行规模分为常规发行与危机期间的逆周期发行。前者是指根据世界经济增长引致的外汇储备需求增量而发行储备货币，每年大约 3000 亿美元。后者是指在危机期间扩大储备货币发放，通过提供流动性来支持陷入危机的国家。第四，在储备货币的分配体系方面，应该以各国 GDP 或对储备需求的估计为权重按照公式来确定。由于发展中国家贸易与资本账户波动更大，其外汇储备需求应高于发达国家。在分配机制的设计上，也要考虑用惩罚机制来阻止成员国维持大量的经常账户顺差。第五，从过渡方式来看，可以考虑通过建立区域储备货币体系或通过现有的区域协议（例如清迈倡议多边化机制、拉美储备基金等）来进行过渡。

创建超主权储备货币的倡议有望从根源上克服特里芬两难，并增强国际货币体系的平等性与公平性。然而该倡议也面临如下一些批评：第一，与主权国家货币的背后有政府强制性征税能力作为支撑不同，超主权储备货币的背后缺乏国家力量与财政收入的支撑,因此不是一种真正的法定货币;第二,欧债危机的爆发生动地显示,在全球经济与全球财政充分一体化之前,推进全球货币一体化可能会加剧而非缩小世界各国的经济差距;第三,在当前国际货币体系下扮演着核心储备货币发行国的美国,将会反对创建超主权储备货币的努力,因为这会削弱其货币霸权;第四,超主权储备货币必须建立在超主权监管机构的基础上,而如何让超主权监管机构的治理结构既充分反映世界经济的现有格局,又兼顾效率与公平,是各国政府与国际社会面临的一大挑战。因此,创建超主权储备货币是一种值得期待但相对遥远的改革前景,短期内可行性不大。

第二类建议的代表是由 IMF 前总裁康德苏牵头提出的巴黎皇宫倡议(Palais Royal Initiative,2011)。该倡议认为,当前国际货币体系具有全球失衡调整效率低下、流动性泛滥与不稳定的资本流动、汇率的大起大落及与基本面的背离、国际储备的过度积累、缺乏有效的全球管理等缺陷。其主要改革建议为:第一,加强 IMF 对全球经济与金融政策的监测。这包括加强与其他跨国机构的合作、扩大跨国监测的范围、设定政策监测标准、建立磋商机制与激励惩罚措施、关注具有系统重要性国家的溢出效应等。第二,加强对全球流动性的管理与监测,包括加强与 BIS、FSB 等机构在该领域的合作,建立针对资本流动管理更完整的分析框架,加强与各国政府、央行及区域性救助机构的合作,等等。第三,增强 SDR 在国际货币体系中的作用，包括增加 SDR 的分配、引入 SDR 计价资产、让 SDR 在私人交易中得到更广泛的使用、定期调整 SDR 计价货币篮等。第四，改善国际货币体系的治理结构，包括创立基于三级架构（国家领导人峰会、财政部长与央行行长会议、监督 IMF 工作的行政官员领导体系）的国际货币体系管理方式、创建由独立杰出人物组成的全球建议委员会、考虑与区域性组织加强合作等。

与创建超主权储备货币的倡议相比，第二类建议的实质是对当前国际货币体系进行修补，这种建议容易得到当前国际货币体系下主要利益集团的支持，更具短期可行性与可操作性。然而该倡议也面临如下问题：第一，该建议无法从根本上克服由国别货币充当全球储备货币而产生的特里芬两难，以及周期性出现的全球国际收支失衡问题。第二，受既得利益集团掣肘，现有国际金融机构的治理结构难以得到实质性改革。例如，在当前 IMF 的份额改革中，无论欧美都不愿意大量出让份额与投票权。第三，由于缺乏制度性、强有力的全球决策机制，在面临重大危机冲击时要迅速达成集体行动非常困难，因此各国依然会采取各种措施来增强自身抵御风险的能力（例如继续积累外汇储备），而不是充分信任国际范围内的救援措施。

（三）建立全球货币互换联盟的倡议

以美联储为核心的双边货币互换网络在本轮全球金融危机中的良好表现，促使经济学家与政策制定者们产生了将双边货币互换机制多边化与制度化的想法。迄今为止，最为旗帜鲜明地提出建立全球货币互换联盟的，是Farhi等（2011）的倡议。他们提出，应该把在本轮全球金融危机期间临时建立的双边货币互换协议永久化，并建立一个以IMF为中心的星形货币互换结构。该倡议的提出背景是当前双边货币互换协议具有如下缺陷：第一，仅在事后签署货币互换协议是远远不够的。要成为真正的保险工具，互换协议需要提前谈判。更何况由于美联储与美国财政部要在这种双边互换机制背后承担违约风险，它们未来这样做的政治意愿可能会下降。第二，所谓互惠性双边货币互换其实是不对称的。通常一国会用另一国货币放贷，而另一国只是将对方货币作为抵押品。供应外汇储备货币的央行应该在事前为它们提供的流动性服务获得回报。这种回报相当于保费，从而激励其承担相应风险。如果没有这种保费，那么储备货币发行国就没有动力在事先承诺在事后提供流动性。第三，就货币互换的补偿机制进行双边谈判费时耗力。第四，正如任何一种保险机制一样，控制道德风险也相当重要，因此应该在事先制定获得货币互换协议的相应标准。

为克服当前双边货币互换机制的缺陷，Farhi等（2011）提出，应该将当前临时性的双边货币互换系统化与长期化为一个有组织的货币互换网络。现实的选择是建立以IMF为中心的多边机制，即用一个星形结构来代替复杂的双边货币互换网络。IMF位于该体系的中心，负责与各成员国央行签署货币互换协议。在危机爆发时，IMF将同时进入与货币提供国以及货币需求国的相应协议，负责获取并分配流动性。在这个全球流动性体系中，由IMF来负责宏观监控、制定标准与提供奖惩，而货币接受国央行将具体承担向本国金融机构贷款的信用风险，从而克服道德风险。此外为增强IMF自身应对危机能力，应该强化IMF当前的信贷机制、扩大IMF现存融资安排，以及建立一个IMF直接管理的外汇储备库。

全球货币互换联盟的主要优点包括：第一，尽管该机制并未彻底改变由国别货币充当全球货币的格局，但它能够通过货币互换降低全球范围内对美元流动性的总需求，从而有助于缓解特里芬两难。第二，该机制能够在金融危机期间向全球金融机构提供必要的流动性支持，缓解去杠杆化压力，从而维持金融市场稳定、遏制金融危机传染。第三，全球货币互换联盟的制度化与永久性特征，使得各国央行不需要继续大规模积累外汇储备，从而能够把有限资源投入到更具生产力的领域中去。第四，对美元储备资产需求的下降将会提高美国乃至全球的实际利率，进而通过抑制杠杆与投机性泡沫来降低潜在的不稳定性。第五，全球货币互换联盟有助于缓解国际收支失衡。第六，全球货币互换联盟无论在动荡时期还是平静时期，提供国与接受国都能从中获益。对接受国而言，货币互换有助于恢复金融稳定；对提供国而言，货币互换能够保护其经济利益（例如保护本国金融机构的外国风险暴露或稳定本国的出口市场）。

最后，全球货币互换联盟是在承认 IMF 与当前各类区域性货币安排的基础上，通过正式制度将全球各种类型的流动性提供机构连接起来。这种渐进式改革倡议容易获得各方认同，因此更具现实性与可操作性。

然而，全球货币互换联盟依然存在如下问题与不足：其一，未能从根本上改变国别货币充当全球货币的格局，因此不能从根本上克服特里芬两难。其二，可能固化美元作为全球储备货币的地位，从而不利于其他货币的国际化。其三，该倡议的顺利运行建立在 IMF 的治理结构得到根本性改革的前提下，而在当前的利益格局中进行这一改革并非易事。其四，全球货币互换联盟的基石是 IMF 与区域性金融安排并行不悖。然而，IMF 与区域性金融安排提供的资源可能是替代而非互补的，也即多重机构的存在可能留下制度套利的空间，从而滋长机会主义行为（Henning，2011）。如何让 IMF 与区域性金融安排充分发挥各自的比较优势，并在关键领域内避免竞争，是全球货币互换联盟面临的一大考验。其五，IMF 与区域性金融安排的具体合作方式也存在不确定性。例如对东盟"10＋3"国家而言，IMF 是直接给需要援助的成员国贷款好呢，还是向 CMIM 贷款，再由 CMIM 转贷给成员国好呢？具体的合作方式还应进行细致的成本收益分析。

最后，美联储与欧洲央行也未必愿意将国际货币互换普遍化与机制化。对美联储来讲，一旦将双边美元互换普遍化与固定化，则美联储资产负债表的不确定性将会显著增加，而且美联储（及其背后的美国财政部）也可能因此而承担显著的救助成本。鉴于美联储的使命主要在于维持本国经济增长与通货稳定，因此美联储未必会同意上述举措。欧洲央行自产生以来就一直将控制通货膨胀作为唯一最高使命。从欧债危机爆发后欧洲央行的表现来看，它对任何可能造成货币过度发行以及资产负债表膨胀的政策选择都非常谨慎。因此，欧洲央行同意将全球货币互换普遍化与制度化的概率要比美联储更低。

五　结论

随着金融深化与全球化造成金融市场的规模与融合程度上升、国际金融危机的源头由新兴市场国家转移至美欧发达国家、短期国际资本流动的规模与波动性不断增强，各国之间签订双边货币互换的目的，逐渐由提供外汇市场干预货币演变为提供短期流动性。

当前国际货币互换的作用包括缓解国际金融机构短期融资压力、抑制国际金融危机的跨境传染、降低各国央行积累外汇储备的必要性以及强化互换货币的国际地位等。经验分析表明，以美联储为核心的货币互换网络显著改善了全球美元融资市场的流动性紧张，有助于抑制危机扩散以及维持市场稳定。

当前国际货币体系的根本缺陷在于难以克服由国别货币充

当全球货币而面临的特里芬两难,具体则表现为日益扩大的国际收支失衡。目前提出的改革倡议包括创建超主权储备货币以及对当前国际货币体系进行修补。前者有助于从根本上克服特里芬两难并提高国际货币体系的公平性,但短期内可行性较低。后者在操作上更富可行性,但不能从根本上克服特里芬两难,且国际金融机构的治理结构改革由于受到既得利益集团掣肘而举步维艰。

创建全球货币互换联盟是一种全新的国际货币体系改革倡议,其核心是将危机期间签署的临时性双边货币互换网络制度化与永久化,并演化为以 IMF 为核心的星形多边互换结构。该倡议具有改善金融危机期间的流动性短缺、降低各国积累外汇储备的压力、抑制金融杠杆与投机性泡沫、缓解国际收支失衡等优点,但同时也面临不能从根本上克服特里芬两难、可能固化美元地位而抑制其他货币的国际化、IMF 治理结构改革困难、IMF 与区域性金融机构的合作存在障碍等问题。

创建全球货币互换联盟对于中国而言,最大的好处在于可以降低进一步积累外汇储备的必要性,从而降低与外汇储备积累相关的经济扭曲、机会成本与汇率风险。然而,由于全球货币互换联盟的创建可能强化美元的国际储备货币地位,这可能会对人民币国际化产生一定的负面影响。针对国际货币体系改革的争论必将是旷日持久的,因此中国政府不必对支持或反对特定的国际货币体系改革方案给出明确表态。当然,在 IMF 治理结构改革、SDR 计价货币篮构成以及其他全球经济治理问题上，中国政府应该据理力争以保障自身利益。然而，对中国政府而言更为重要的事情是，抓住全球金融危机的时间窗口，通过收入分配改革、向民间资本开放服务业、要素价格市场化改革等措施，加快国内经济结构性改革，转变经济增长方式，为未来几十年的持续增长奠定基础。毕竟，人民币在国际货币体系中的地位，归根结底取决于中国经济在全球经济中的地位。

第十二章

国际货币体系改革：
全球金融安全机制构建[*]

本章摘要 国际货币体系是全球金融安全机制构建的制度基础，从国际货币体系改革分析其与全球金融安全机制构建之间的关联性具有重要的政策含义。国际货币体系改革与全球金融安全网构建具有内在的逻辑关联。国际货币体系风险处置和危机应对功能使得全球金融稳定和安全具有了基础保障；国际货币体系对于流动性管理的重视和全球流动性管理机制建设有利于保持全球流动性的稳定；国际汇率协调有利于国际收支失衡改善和汇率基本稳定；国际货币体系改革还争取通过机制安排来弱化货币中心国的政策外溢效应；最后国际货币体系的治理结构改革是全球金融安全体系的基础保障之一。但是，国际货币体系改革与全球金融安全机制构建面临着诸如

---

[*] 本章内容发表于《国际安全研究》2015年第6期。合作者为郑联盛。

国际货币体系安全的内生性、全球金融安全体系短板、全球与区域金融安全网络的迭代以及改革泛政治化等问题。基于国际货币体系与全球金融安全的内在关联,应在以下五个方面推进全球金融安全体系的建设,保障全球金融稳定:一是推进布雷顿森林机构的改革;二是构建全球金融安全网;三是建立流动性管理机制;四是推进超主权货币建设;五是深化区域货币合作。

◇ 一 引言

2014年是布雷顿森林体系创建70周年,借此机会,国际社会围绕布雷顿森林体系历史作用与当前国际货币体系改革方向的相关讨论不断深化。但是,随着欧洲主权债务危机度过最艰难时刻,全球金融危机的负面冲击被渐渐淡化,全球金融稳定和安全似乎不再是国际社会关注的核心问题。然而,考虑到国际货币体系改革与全球金融稳定与安全具有密切的内在关联性,因此,国际货币体系的改革方向将会深刻影响到未来全球金融体系的演化与稳定。那么,未来国际货币体系改革路在何方?未来全球金融安全的机制安排将会如何构建?这无疑是当前国际多边合作必须持续、深入讨论的重大问题。

在很大程度上,全球金融安全体系的构建既是国际社会应

第十二章 国际货币体系改革：全球金融安全机制构建

对金融风险和危机的历史，也是国际货币体系改革的历史。国际货币体系改革和全球金融安全体系建设的波峰往往是金融危机最严重的时刻，而一旦危机有所缓和，国际货币体系改革和全球金融安全网搭建又将面临诸多现实问题的约束以及各种利益博弈的掣肘。因此，系统回顾国际货币体系改革，对进一步完善全球金融安全网构建而言是一项非常重要的基础性工作。

从布雷顿森林体系建立至今的70余年时间里，国际货币体系的核心问题是美元作为国际储备货币的内在缺陷及其相关的国际收支失衡，而全球金融安全体系的任务在很大程度上是应对美元作为储备货币所引发的国际贸易、金融和货币体系的不稳定性。换言之，美元作为国际储备货币的内在弊端不仅是国际货币体系失衡的根本原因，亦是全球金融安全体系构建的根本制约。

国际货币体系改革和全球金融安全网建设从一定意义上而言是一部应对美元本位制内在缺陷的抗争史。20世纪60年代，随着美国经常项目逆差不断扩大，双挂钩的布雷顿森林体系难以持续，全球金融稳定与安全受到了美元危机的冲击，国际货币体系出现了超主权货币（特别提款权，SDR）。但是，随着美元危机的淡化，超主权货币并未能如愿地成为保障金融稳定和安全的利器，此外随着美国国际收支失衡的恶化，布雷顿森林体系最终破产，国际货币体系陷入了"没有体系的体系"。20世纪80年代以来，美国持续的经常账户赤字造成美国对外净资产演变为对外净负债,且负债规模逐渐上升,美元本位的特里芬难题不断累积,风险持续积聚,不合理国际货币体系下的美元过度发行给全球金融稳定和安全带来了极大的隐患。

21世纪以来,全球国际收支失衡日益成为困扰美元本位制的突出问题。美国经济增长模式呈现出过度消费的特点,经常项目逆差不断扩大。外围国家对全球储备货币的需求日益增加,由于外围国家只能通过商品与服务贸易的顺差来获得全球储备货币,这就造成新兴市场国家形成了持续的经常账户盈余,而美国则形成了持续的经常账户赤字。美国经常账户赤字的不断扩大引发了市场对于全球国际收支失衡可持续性的担忧。与布雷顿森林体系下的美元与黄金可兑换性相比,美国维持币值稳定的承诺的可信度和公信力要更低,但是,美国政府对美元汇率以及经常账户逆差采取了一种"善意忽略"的态度,美元超发及其外溢效应使得全球流动性严重过剩,在内部缺乏货币发行机制和外部缺乏公信力的条件下,全球金融危机最终爆发(Manasse和Roubini,2005)。

自全球金融危机爆发以来,对国际货币体系弊端的研究和声讨层出不穷。国际货币体系的不合理性是本轮金融危机爆发的制度性根源之一(Truman,2010)。以美元为主导的国际货币体系存在内在的不均衡性和不稳定性,被认为是当前国际货币体系不合理和全球金融安全的重大制度弊端。在二十国集团

（G20）领导人金融峰会的推动下，国际货币体系改革取得了一定的进展,[①] 布雷顿森林机构在风险处置、危机应对和政策调整等领域亦发挥了一定的作用。但是，截至2015年6月底，美国国会仍然没有批准IMF的2010年改革方案，以治理结构改革来推进国际货币体系改革的路径至今未被打通。更重要的是，国际货币体系的内在缺陷在金融危机之后本质上没有被缓解，其对国际金融体系的稳定和安全的威胁依然存在。

基于全球金融稳定和安全的需要，我们需要回顾国际货币体系改革及其与全球金融安全的关系，深化国际货币体系与全球金融安全体系建设的内在机制分析，深入剖析国际货币体系改革存在的诸多问题与约束，以更好地为国际货币体系改革和全球金融安全体系构建提供更具针对性的政策建议。而这正是本章的写作目的。

本章剩余部分的结构安排如下：第二部分讨论国际货币体系改革与全球金融安全体系建立发生内在关联的具体机制；第三部分剖析以国际货币体系改革来完善全球金融安全体系所面临的制约因素；第四部分是结论与政策建议。

---

① G20, "Declaration on Strengthening the Financial System", http://www.g20.org/pub_communiques.aspx, 2009-4-2, 访问日期：2012年3月19日。

◇二 国际货币体系改革与全球金融安全机制构建的具体关联

从过去 70 余年间国际货币体系演进的大致历程可以看出，国际货币体系改革主要是危机应对的结果，而重大的国际金融危机往往又和国际货币体系的内在缺陷弊端紧密相关。国际货币体系是维系金融稳定和安全的重大制度保障，这种以风险处置和危机应对为基础的国际货币体系改革决定了其与全球金融稳定与安全的内在联系。然而，与此同时，国际货币体系又是全球金融稳定和安全的一个"定时"炸弹，每当体系的内在风险累积到一定程度，全球金融安全就将受到重大的挑战。换言之，全球金融稳定和安全在很大程度上取决于国际货币体系自身的稳定性和安全性，同时亦取决于国际货币体系改革的进展。国际货币体系对全球金融安全的影响具有鲜明的两面性。

从研究的角度出发，针对国际货币体系改革和全球金融稳定与安全的关系及其内在机制的分析，是本节的重点。本节在简单梳理全球金融安全有关理论的基础上，将重点分析国际货币体系在危机救助、流动性管理、汇率机制、外溢效应以及自身治理等方面与国际金融稳定与安全的内在关系。

（一）全球金融安全的理论分析

为了厘清国际货币体系与全球金融安全的逻辑关系，需要重点解决两个理论问题：一是如何科学界定全球金融安全的定义；二是如何搭建全球金融安全与国际货币体系之间的内在关联性。

1. 全球金融安全的界定

金融是涉及货币及信用的所有经济关系和交易行为的集合。金融安全的定义本质上就应该是与货币流通以及信用相关的经济活动的安全性，是一个比稳定更加全面和复杂的界定（王元龙，2004）。在开放条件下，金融全球化的内在影响具有两个层面：一方面，通过资源配置的全球化，来重构产业链及其金融支撑体系，从而促进全球经济的稳定、发展和繁荣；另一方面，金融全球化实际上是金融风险在全球的重新分配，从而形成了一个更加复杂的跨境风险关联体系，爆发重大的金融危机的可能性因此加大。凡是与全球货币流通及信用直接相关的经济活动都属于金融安全的范畴。在开放条件下，一个经济体的经常项目和资本项目的各个领域都与金融安全直接相关。换言之，全球金融安全是开放条件下与全球货币流通及信用直接相关的经济活动所蕴藏的金融安全问题。

2. 全球金融安全与国际货币体系的内在联系

国际货币体系与一个经济体以及全球的金融安全紧密相关。采用狭义定义，国际货币体系主要包括如下几方面内容：一是各国货币兑换比率（汇率）的确定；二是各国货币的可兑换性以及对国际支付的规则与限制性措施；三是国际收支的调节机制；四是国际储备货币与储备资产的确定；五是资本自由流动是否受到限制等。这五个方面的内容都是开放条件下各个经济体无法回避的问题，亦是国际货币体系改革的基本内容和全球金融安全的核心领域。

国际货币体系对全球金融安全的影响远远超越了金融的范畴。安全的概念本来更多是从国际关系与政治，或者宏观国家利益的角度出发的。有研究认为，金融安全是对"核心金融价值"的维护，这其中涉及三个重要内容（刘沛和卢文刚，2001）：一是金融本身的核心价值，体现为金融资产安全、金融制度稳定和金融体系平稳、有序和健康发展；二是与金融相关的国家利益或国家的"核心价值"，而不是国家经济、军事和政治领域的安全；三是金融主权。即是对国内金融政策、体系运行和发展的有效控制。

国际货币体系中不同成员的相对地位和作用决定了各经济体维护金融安全的能力大小。由于现行国际货币体系中，美元、欧元、日元、英镑等是主要的国际储备货币。美元由于享有一定程度的霸权和主导性的国际金融规则制定权，因此在国际货币体系中占有主导性，在一定程度上可以转嫁金融风险，使得内部的金融安全问题转变为其他国家的金融风险。比如，全球金融危机之后，欧洲发生了主权债务危机，新兴经济体的宏观、金融和货币风险亦不断累积，过去两三年间，俄罗斯卢布、阿根廷比索、印度卢比、印尼盾等都遭遇了严重的贬值压力,这是美元霸权主导的国际货币体系的不对称外溢效应的最佳体现。

在金融全球化过程中,各国的金融体系事实上成为国际货币金融体系的有机组成部分。国际货币体系的内在缺陷、中心国家宏观政策的外溢效应、对跨境资本流动的管理缺位以及快速信息传播的相互作用,导致一个局部失衡往往容易叠加与扩散,从而形成全球性失衡、全球性风险乃至全球性危机(刘辉煌,2001)。

(二)国际货币体系与危机救助及处置

危机救助及处置是连接国际货币体系与全球金融安全的第一个逻辑内涵,国际货币体系的核心职能就是金融危机的应对及处置,是全球金融安全三大支柱之一。以 IMF 为代表的危机处置机制的改革与完善,顺应了全球金融安全机制构建的趋势。

1. 金融安全体系的三大支柱与危机应对职能

金融稳定与安全体系的构建是由三大支柱组成:一是由法律和规章所确定的金融机构业务范围的监管框架;二是对金融机构的风险评估和合规行为的监测检查,以及对系统性风险的监测与应对;三是金融危机的处置机制。这三个支柱的构建不仅与各个经济体的中央银行、监管机构的工作相关,在开放条件下与国际货币体系的职能亦紧密关联。

IMF 的核心职能之一就是为了处置国际收支失衡及其引起

的风险与危机。从2002年起，IMF开始出版全球金融稳定报告，主要目的就是甄别与防范全球金融体系的系统性风险、结构性缺陷以及风险在不同金融机构和不同经济之间的关联传染问题。作为对全球金融稳定和安全的一个常规监测机制，该报告特别致力于解决由不同经济体之间的信息不对称而引发的金融脆弱性和安全性问题。Radelet 和 Sachs（1998）曾经指出，政府和国际组织对危机处置的恰当性是特定经济体中金融危机是否恶化的重要原因。如果一个经济体出现金融恐慌，且政府和国际组织对危机处置不当，就可能使得该经济体的基本面恶化所引发的恐慌不断升级，导致市场崩溃与资金外逃，甚至引发货币与金融的双重危机。

2. IMF危机应对框架的改革

在2009年4月二十国集团伦敦峰会召开之前，IMF执董会通过了对IMF危机应对处置特别是贷款职能进行系统性改革的方案（IMF，2009）。该方案的核心思路是对处于不同经济形势以及不同外部环境下的成员国提供更大规模以及更加量体裁衣式的贷款，其主要目标就是提升IMF应对危机的机制、资源、能力和弹性。具体包括提高贷款规模、调整贷款条件性、推出弹性贷款机制、增强备用协定等七项措施（张明，2010b）。

（三）国际货币体系与流动性管理

在全球经济金融一体化的进程中，流动性成为连接各个经济体资本运作的有效载体。但是，不同时期不同经济体的金融风险和危机经验表明,流动性是金融安全与稳定的重大内生变量,流动性管理是防范金融风险、维持金融稳定和保障金融安全的基础支撑,亦是全球金融危机以来,国际社会重点关注的风险领域之一,货币互换和全球流动性管理协调成为重要的政策举措。国际货币体系具有流动性管理的职能,这是国际货币体系与全球金融安全机制建设的第二个内在逻辑。

1. 国际货币体系的流动性管理职能

流动性管理是国际货币体系的一个基本职能。但是在过去相当长时间内,国际货币体系的流动性管理职能并不完善。从拉美债务危机、英镑里拉危机、东亚金融危机以及新近的美国次贷危机以及欧洲主权债务危机中,都可以看到国际流动性管理机制存在较大缺陷。国际短期资本的流动使得全球金融体系的稳定和安全面临巨大冲击,特别是基本面存在问题的经济体往往成为短期资本的攻击对象,从而爆发银行资产负债表危机、货币危机乃至金融、经济危机,以至于陷入更加复杂的境地(Kaminsky 和 Reinhart,1999)。

流动性是国际金融体系正常运行的基本支撑。国际货币体系的流动性管理往往具有顺周期的特征,这通常又与银行部门的顺周期性是紧密相关的。比如,在 2007 年金融危机之后,国际组织提高了对宏观审慎和流动性管理的要求。巴塞尔新资本协议强化了资本金和流动性的要求,大部分美国和欧洲的系统重要性银行大大减少了做市商的承诺,这使得银行等金融机构的相关流动性管理行为发生明显改变。例如,做市商银行大幅减少了公司债券的库存水平,这不仅影响了二级市场的流动性,更为重要的是使得市场波动性和脆弱性显著增大,使得部分发展中国家及其中小企业获得融资的可能性大大降低,亦使得相关经济体的金融稳定和安全面临新的挑战(IMF,2014a)。

但是,流动性亦是国际货币体系对全球金融安全影响的两面性呈现得最为鲜明的一面。在美元作为国际储备货币的前提下,典型的流动性问题本质上与特里芬难题紧密相关。在美元发行机制不受约束的条件下,随着美国经常项目失衡的恶化,这必然导致美元过度发行,从而导致全球流动性的过剩及泛滥,进而提高了全球金融体系的脆弱性,使得全球金融稳定和安全面临巨大风险。尽管IMF、国际清算银行等国际金融机构强化了全球流动性的管理,但这些组织无法解决由于美元行使国际储备货币职能而引发的制度性问题及其相关的流动性问题。

2. 货币互换成为流动性管理的新机制

全球金融危机之后,主要央行之间的货币互换协议本质上也属于国际货币体系的流动性管理的范畴,只是流动性管理的主体从IMF等国际机构转化为主要的货币政策当局。这种制度安排作为以IMF为核心的流动性救助机制的补充,在危机应对和流动性管理方面发挥了实质性的作用,至少稳定了市场的预期,保障了金融体系的安全。

以美元互换协议为例，通过创建双边美元互换，美联储成功地在全球范围内扮演了最后贷款人角色：首先，美联储以外国货币为抵押品向外国中央银行提供了贷款；其次，外国中央银行又在自己辖区内通过美元拍卖的方式提供资金。美联储通过双边美元互换机制间接地为外国银行融资，既缓解了后者的流动性压力、降低了融资展期风险，又增加了融资成本的可预见性，这降低了外国金融机构在融资紧张时抛售美元资产的必要性，因此有助于维护全球金融市场稳定和安全（张明，2012b）。Obstfeld 等（2009）发现，如果将 M2/GDP 指标纳入判断外汇储备是否充足的评价体系，则在 2007 年至 2008 年与美联储签署双边美元互换的国家中，除日本与新加坡外，均是实际外汇储备规模低于充足外汇储备规模的国家。美元互换协议的签署极大增强了这些国家提供美元流动性、干预金融市场的能力。Rose 和 Spiegel（2012）的实证研究发现，货币互换协议的签署使得那些通过贸易或金融渠道与美国联系紧密的国家获益匪浅。双边美元互换机制降低了 LIBOR-OIS 息差的水平与波动性。

3. 全球流动性管理协调机制

全球货币互换联盟本质上没有改变主权货币作为国际储备货币的局面，同时需要 IMF 进行实质性的治理结构改革以建立良好的货币互换和流动性管理框架。此外，货币互换、区域流动性安排以及 IMF 主导的救助机制可能存在替代关系，从而引发严重的机会主义（Henning, 2011）。国际货币体系改革在金融安全体系的建设方面，特别是流动性管理机制上仍然存在重大的问题。康德苏报告就指出，全球经济体系日益一体化，重要国家的经济政策可能具有显著的外溢效应，比如一国政策可能对其他国家的流动性管理带来负外部性。因此，各国的流动性管理应该纳入全球治理的范畴之中，最终目标是建立流动性管理的全球协调机制（刘东民，2011）。

（四）国际货币体系与汇率稳定

国际金融交互的本质实际上是交易，交易的核心要素就是价格。汇率作为不同经济体货币价格的比率，是各个经济体之间经济、贸易和资本往来的核心金融要素价格。布雷顿森林体系建立的初衷，就是以汇率作为载体，有效调整成员国之间的贸易和资本失衡，从而促进金融稳定与金融安全。汇率机制是国际货币体系与安全金融安全的第三个内在关联机制。

1. 汇率稳定是金融安全的基本表现

在开放条件下，相关经济体主要通过经常项目、资本项目以及相关的汇率机制相互联系在一起。一定程度上，金融安全是全球化下的必然议题，"金融安全是应对金融全球化负面影响的产物"（王元龙，2004），金融安全已经成为国际货币体系及其相关的机构、制度和机制应对的重要战略，以熨平国际货币金融体系的传染效应和溢出效应。

汇率的稳定性是发展中国家较为重要的政策目标，亦是其金融安全的基本内容之一。新兴经济体通过相对稳定的汇率可以保障经常项目和资本项目收支的相对稳定性，同时亦有利于国内结构调整和金融改革。但是，在现行国际货币体系下，浮动汇率制度成为西方国家重点推动的制度改革，亦是IMF等布雷顿森林机构大力推进的制度安排。值得注意的是，国际货币体系的中心—外围经济体具有严重的不对性性，美国的货币政策将通过美元指数的变化强加于外围经济体，使得外围经济体成为美国政策调整的被动接受者，即"我们的货币，你们的问题"。

2. 发达经济体汇率波动的外溢效应

IMF在其2014年度外溢效应报告中就指出，主要发达经济体的货币政策具有全球性的外溢效应。特别是美英央行主导的潜在加息行为将使得全球利率水平实质性上升，政策的挑战性要比过去几个紧缩周期更加复杂，而外溢效应的大小取决于美英央行政策调整的步伐以及受冲击经济体的内在脆弱性（IMF，2014b）。作为核心国家货币，美元汇率具有极强的外溢效应，而国际货币体系的目标是熨平各国汇率的波动性，但是，这种由于美元汇率政策被美国政府刻意忽视的制度弊端，使得国际货币体系在应对汇率波动风险中的能动性极其有限。在一定程度上，国际货币体系对汇率体系的管理甚至无法弥补美元汇率波动对全球金融安全体系造成的影响。这是国际货币体系对全球金融安全两面性影响的又一个重大表现。

在 2015 年 4 月之前的 9 个月，美元兑其他主要货币的升值幅度大于 1981 年以来的任何时期，这个结果不仅反映了不同经济体之间的不同方向的货币政策，同时也是不同经济体增长预期及其相关的实际利率水平的差异性的表现，最后还是国际货币体系的不均衡性所导致的。IMF 就曾强调，围绕美元汇率变化的金融稳定风险正在累积，而且负面冲击将会非常集中，并已经对存在潜在脆弱性的部门和经济体产生了重大影响。在不均衡的国际货币体系下，信贷市场上的持续冒险和结构性变化使得金融稳定和安全问题从发达经济体转向新兴经济体、从商业银行转向影子银行、从偿付风险转向市场流动性风险（IMF，2015）。全球金融体系实际上又处在一个风险逐步累积的过程，只是这个阶段的风险主体已经从发达经济体更多地转向了新兴经济体和发展中国家。

（五）外溢效应下的金融体系改革与安全问题

国际货币体系的不对称性和外溢效应，使得外围经济体的汇率稳定和外债负担成为金融安全的重大隐忧，国际货币体系的中心国家政策外溢效应及其对金融稳定与安全的影响，是国际货币体系与全球金融安全之间的第四个内在关联机制。一旦短期外债与外汇储备的比例出现严重失衡，短期外债占整个外债规模的比例和短期外债占 GDP 的比例如果过大，将会使得一个经济体面临外债风险，而一旦汇率波动过大，可能使得该经济体的外债出现实质性重估，进而引发偿付问题，这是拉美债务危机的内在逻辑。Chang 和 Velasco（1999）曾经指出，当一个经济体在经历持续的外国资本流入之后，短期外债将可能因为国外投资者之间的协调问题而造成整个经济不能实现帕累托最优，从而引发潜在的金融风险，甚至整个金融体系的安全问题。这个逻辑得到了 Krugman（1999）的认同，并随之成为第三代金融危机模型的内在机理。在不合理的国际货币体系中，私人部门的外债水平越高（特别是短期外债占比过大），外币的风险头寸越大，资产负债表扭曲效应的冲击就越明显，金融稳定和金融安全问题就将更加突出，为此国内金融改革和结构调整的压力就越大。在面临重大外债风险的情况下，进行非审慎的金融改革往往会引发重大的金融安全问题。

国际货币体系改革还涉及相关经济体内部的金融监管框架调整。这种改革的主要目的是防止监管体系的问题引发监管套利，从而对全球金融安全造成冲击。在重大的金融风险或金融危机爆发后，关于国际货币体系和监管框架的改革都无一例外地成为重要议题，金融危机内生地要求国际社会进行更为重大的国际合作和更加深化的监管改革。在新的监管规则和法律框架下，金融服务的供给将会发生实质性改变，银行业务模式、市场流动性以及信用可得性等都面临结构性的调整，从而引起整个金融体系的机构、产品以及市场等的变化，主要目的就是在于防范跨界的金融监管套利行为。

国际货币体系以及相关的国际组织的常规性监测对于相关

经济体的金融发展、稳定、安全以及金融改革等都具有重大的影响。比如，IMF所进行的经济、金融、货币以及财政领域的监测及其报告，比如《世界经济展望》《全球金融稳定报告》《财政监测报告》对于成员国都具有重要的改革参考意义。再比如巴塞尔银行业监督管理委员会是全球银行业监管的标准制定者，其监测报告甚至日常的工作论文对成员国的银行业监管、改革以及整体的金融稳定与安全都具有实质性的指导意义。

（六）国际货币体系治理框架与金融安全

治理框架是国际货币体系与全球金融安全之间的第五个内在关联机制。在一定意义上，国际货币体系是全球经济治理框架的基本内容之一，承担了诸如国际收支失衡、全球金融风险处置、国际金融市场发展以及全球金融安全等诸多任务。例如，对金融危机的治理，应该是从危机的整个生命周期出发，进行有效的应对和处置。基于金融危机在潜伏、爆发、扩张以及处置等不同阶段的现实要求进行针对性的应对和改革，这是国际货币体系的基本任务之一。其中治理的主体就包括各个经济体、地区货币金融当局、区域性货币金融合作组织以及多边性国际经济组织，其合作和处置的内容包括经济资源、智力资源、技术以及不同治理主体的协调等，而这是国际货币体系合作的基本内涵之一（吴奇志，2010）。

在全球经济金融日益一体化的背景下，金融风险与金融危机的传染是在国际间通过多渠道、多方式进行的，涉及经济体以及整个金融体系的稳定和安全。危机的治理亦需要国际视角，而国际货币体系及其相关的机构一直以来是主要的治理主体。比如，国际货币基金组织作为全球金融稳定和安全的处置主体之一，在东亚金融危机中由于条件苛刻性和自利行为（肯尼思·华尔兹，1992）广受诟病，但是，从其危机的应对、结构的调整以及政策的深化等方面，IMF 在危机治理中发挥了实质性的作用（Krueger，1997）。同时，IMF 在危机救援中由于诸如财政整固、金融改革、市场化等政策引发了相关经济体的进一步紧缩甚至衰退，但就中长期而言，如果改革的进程是平稳的，那么中长期的经济绩效还是显著为正的。换言之，IMF 的危机救援在很大程度上是积极有效的，这对于保障陷入危机的经济体的金融稳定和安全提供了支撑（陈晓莉，2005）。

作为全球最重要的金融稳定机构，国际货币基金组织面临重大改革，其治理结构改革成为国际货币体系改革的核心内容之一。首先，国际货币基金组织得到二十国集团伦敦峰会的支持，将其基金额度扩充至 7500 亿美元，增强了基金可支配资源；其次，基金组织试图进行治理结构的调整，例如提高新兴市场国家在基金组织中的份额和投票权，使之与新兴市场国家在全球经济中的地位相符；再次，基金组织决定强化经济监控职能，从侧重双边监控到加大全球监控，从侧重对受援国监控到对受援国和施援国双方同时进行监控，减低成员国监控中存在的非对称性；最后，基金组织对其苛刻的贷款条件性进行了调整，放宽了贷款条件，增强了贷款期限的灵活性，以增强受援国的可接受程度。上述改革无疑强化了国际货币基金组织在维护国际金融稳定中所扮演的角色（高海红等，2013）。

◇ 三 国际货币体系改革与金融安全体系建设的问题

国际货币体系的危机救助及处置、流动性管理、汇率管理、外溢效应以及治理结构等领域都与全球金融安全体系构建紧密相关。但国际货币体系与全球金融安全的内在关联性是十分复杂的，我们很难从一个维度理解国际货币体系与全球金融安全的内在机制，原因在于国际货币体系改革以及全球金融安全体系构建与安全主体机构、区域金融合作以及国际政治博弈等宏大问题紧密相关。更重要的是，国际货币体系改革与金融安全体系构建还面临如下重要问题。

（一）国际货币体系安全性的内生性问题

美元本位制下的特里芬难题是现行国际货币体系的最大内生性问题。特里芬难题将使得国际货币体系的权责不对称，中心国家美国的货币发行机制不受约束，从而可能造成中心国家货币政策的负面外溢效应，从而使得全球金融安全受到实质性的冲击。

第十二章 国际货币体系改革：全球金融安全机制构建

1. 美元本位制

在美元本位制下，美元作为全球最重要的国际储备货币，行使着全球计价尺度、交易媒介与价值储存的功能。尽管欧元、英镑、日元等发达国家货币也或多或少地扮演着国际货币的角色，但与美元相比，其他国际货币的重要性不免相形见绌。例如，在 2008 年年底全球外汇储备的币种构成中，美元约占 64%，而欧元、英镑、日元各占 27%、4% 与 3%。[①] 因此，当前的美元本位制事实上是一种单极储备货币体系。

2. 不受约束的美元发行机制

美元本位制最大的问题在于美元发行不受约束。在金本位制与布雷顿森林体系下，对国际储备货币的发行是有硬性约束的：一种储备货币的发行规模与该国货币当局拥有的黄金储量挂钩。布雷顿森林体系崩溃的根源恰恰在于美国国际收支逆差造成美元黄金比率的上升，从而损害了外国投资者对于美联储能够维持美元以固定比价兑换黄金的信心，最终引发的兑换浪潮迫使尼克松政府关闭黄金窗口。而在美元本位制下，对美元发行数量并没有任何硬性约束。各国投资者对美元币值的信心取决于他们对美国货币政策的信心，即美联储会竭尽全力避免国内发生显著的通货膨胀。

---

① 根据 IMF Currency Composition of Official Foreign Exchange Reserves (COFER) 数据库的相关数据进行计算。

3. 中心—外围式的外溢效应

美元本位制是一种中心—外围式的国际货币体系,具有不对称的外溢效应。美国处于该体系的中心,广大新兴市场国家与发展中国家处于该体系的外围(Dooley,2003)。由于外围国家的本国货币不能用于国际支付,外围国家必须通过出口商品与服务,或者吸引中心国家的投资来获得美元。反过来,美国可以通过购买商品与服务(即通过经常账户赤字)的方式输出美元,或者通过对外围国家的直接投资或证券投资(即通过资本账户赤字)的方式输出美元。然而,由于美国金融市场是全球最大最宽最深的金融市场,该市场承担了为金融市场欠发达国家进行资金媒介与融通的功能,这就意味着美国将存在持续的资本账户盈余、而非资本账户赤字。因此,在美元本位制下美国主要通过经常账户赤字来输出美元。在1982年至2008年这27年间,除1991年外,其他年份美国均存在经常账户赤字。在1992年至2007年间,赤字规模不断扩大。在一定程度上,在现行国际货币体系下,美元由于缺乏发行准备已经随着美国过度消费发展模式的深化而过度超发,从而导致了全球的流动性泛滥。不合理国际货币体系的特里芬难题以及不受节制的美元发行机制是全球金融危机爆发的内在根源之一。

更为重要的是,根据国际经济学中的三元悖论,在资本自由流动条件下,既然外围国家选择了盯住美元的汇率制度,它们就不得不放弃独立自主的货币政策。美国货币政策的变动给其他国家货币政策造成了显著的溢出效应（Spillover Effect）或者外部性（Externality）（Mundell，2000）。Devereux 等（2003）分析了全球美元本位制下货币政策的制定。假定所有贸易品均由美元定价，这就产生了一种不对称性，即汇率变动对美国 CPI 的传递效应（Pass-through Effect）是零，而对其他国家 CPI 的传递效应为正。在这种环境下，美国在制定货币政策时不必明显地考虑汇率的波动性，而其他国家必须给汇率波动性一个较高权重。在美国与其他国家进行货币政策博弈的纳什均衡中，美国的偏好是占有策略，最终均衡等于美国独立制定全球货币政策。

（二）全球金融安全体系的短板

国际货币体系的内生性问题及其危机处置、流动性管理、汇率协调机制等是全球金融安全与稳定的重要影响机制，但是，全球金融安全亦存在自身的诸多问题，诸如金融安全信息系统、危机扩散熔断机制等的缺乏，使得全球金融安全面临重大的技术短板。

1. 金融安全信息体系

全球金融安全网在 2010 年的 G20 首尔峰会就曾被提出，核心机制就是由 IMF 来承担全球最后贷款人职能，并以此为基础构建全球金融安全网。但是，从过去很长时间的实践来看，IMF 的现有监测职能与构建全球金融安全网的考虑并不兼容，这成为构建全球金融安全网的第一短板。

IMF 和成员国监管当局对于金融机构和市场以及整个体系可能产生系统性风险的评估及应对，主要是基于对金融信息的归结、分析与判断。但是，IMF 等对于金融信息基础设施的建设不够重视。例如，金融危机之前，IMF 对美国等经济体的影子银行体系就缺乏相关的风险监测与应对机制。本轮全球金融危机之后，IMF 强化了对宏观经济、货币政策、金融体系、财政政策以及外溢效应等的数据归结和分析，在金融安全信息体系的建设中取得了一定的进步。

2. 危机扩散熔断机制

金融安全体系建设的任务仍然任重道远。金融安全网涉及存款保险制度、审慎监管、最后贷款人制度以及信息系统等基础设施。金融安全网的核心就是在稳定时期防范机构和市场的风险过度承担，在危机时刻发挥"危机扩散断路器"（circuit breakers）功能，这是全球金融完全网的第二个短板。全球金融安全网的机制应该是，基于全球复杂、多元和庞大的银行、金融以及经济体系中获得有效的信息并进行归结分析，并通过国际货币金融体系的组织内化为金融安全问题应对的机制，最后形成有效决策和行动方案。比如，建立市场准入标准、审慎监管标准、机构清算条件、流动性安排和危机处置等机制（何德旭，2011）。IMF 在信息系统建设上虽然取得了一定的进展，但相关金融安全体系的建设及相关治理结构的改革仍然具有很大的改善空间，特别是法律与金融框架、救助借款的审慎安排以及风险预测即监督能力建设等（Rhee 等，2013）。

（三）全球与区域金融安全网的迭代

国际货币体系改革进展缓慢，使得区域金融安全制度安排产生了巨大动力。东亚新兴市场国家要想在基金组织中得到更大的发言权，必须建立在美国和欧洲国家出让更多的份额和投票权的前提之上，而让美国放弃其一票否决权将是一个十分艰难的过程，美国国会至 2015 年 5 月底仍然没有批准 IMF 的改革方案。东亚新兴经济体在国际金融机构中的地位被严重低估，已经成为国际金融组织有效发挥危机救助功能的一大障碍。在这种形势下，强化东亚现有的区域的救助机制，特别是清迈倡议多边机制（外汇储备库），使之成为国际金融机构有效发挥救助职能的补充，这理应成为全球金融治理调整的重要组成部分。

从欧洲看，欧洲稳定机制（ESM）无疑也是一个区域性金融安全安排，其主导者已经从最初的 IMF 慢慢转变为欧洲央行。虽然，在欧洲主权债务危机的应对中，IMF 一直是三驾马车之一，但是，以欧盟和欧洲中央银行主导的欧洲稳定机制逐步成为是一个区域性的金融安全网，对于 IMF 的救助是有一定的替代性的。2011 年 7 月，欧洲金融稳定基金（European Financial Stability Facility）建立，其救助规模最高可达 4400 亿欧元，IMF 出资规模最高为 2500 亿欧元，欧盟金融稳定机制（European Financial Stability Mechanism）为 600 亿欧元，用于扩大欧盟现有的国际收支援助基金，其余由欧元区成员国出资，IMF在欧洲金融稳定基金中具有资金救助的主导性。但是，2012年7月，欧洲稳定机制（European Stability Mechanism，ESM）提前1年成立，这是一个政府间常设组织，不仅代替了欧洲金融稳定基金，为欧元区和欧盟成员国提供金融救援，可以干预一级债券市场，同时也部分削弱了IMF的救助职能（何帆和郑联盛，2013）。更为重要的是，2012年9月宣布的直接货币交易计划（2015年1月22日正式批准）本质上是欧洲中央银行承担了欧元区最后贷款人职能（郑联盛，2015），这使得欧洲稳定机制重塑了主导者，IMF已经无法成为欧债危机应对的主导者，更多是欧洲央行的配合者。实际上，欧债危机刚爆发之际，IMF的参与遭到了欧元区的反对（Rhee，2013），后来欧债危机的救助机制日益区域化是必然的趋势。

从东亚清迈倡议多边化，到欧洲央行成为欧元区的最后贷款人，IMF所代表的全球危机处置和金融安全网络与区域的金融安全机制安排存在一定程度上的替代关系，如果IMF等机构无法深化治理结构改革和能力建设，那么可能会出现一个趋势，即区域性金融安全机制的作用将日益强化，而IMF等的职能将被逐步削弱。从国际货币体系的建设上，实质是区域金融安全机制与全球性金融安全应对机制之间的迭代。

（四）改革面临的泛政治化问题

国际货币体系的本质是国家经济实力的较量，是国际话语权和影响力体系的核心体现，必然涉及相关经济体的国家利益，而在国家利益的范畴里面，就必然涉及国内的政治问题。为此，国际货币体系从一开始就是一个政治问题。

1. 货币体系、金融安全与国家利益

国际货币体系的改革在本质上与发达国家内部的改革是紧密相关的，各大国内部缺乏改革的动力，各大国也不愿意为履行国际职责在国内政策上做大的让步，所以使得国际货币体系改革呈现政治化的特征。国际货币体系改革的成败一定程度上取决了主要经济体的政治意愿及其背后的国家利益。

当统一的全球市场出现之后，英镑和美元先后成为国际支付、结算的硬通货。国家之间实力的消长最终会反映在货币霸权上。国际体系中的大国关系史同时也是一部货币主权的斗争和变迁史。大国在其中追逐其货币的国际化以及由此带来的霸权和利益，同时又竭力排斥别的国家竞争和取代自己的位置。国际货币体系常常受到一个由金融权力所构成的霸权体系的支配，大国在其中秘而不宣地激烈角逐（张宇燕，2009）。金融安全的核心是利益，在国际国内两个层面实现国家利益最大化，是保障金融安全的根本要义，亦是国家金融安全战略的核心支撑（张红力，2015）。

2. 美国的核心作用

国际货币体系改革和 IMF 要实现它的改革目标，必须得到西方七国集团的支持，尤其是美国的首肯，并且该国际货币体系改革亦必须起到平衡主要工业国家的杠杆作用。从这个意义上出发，国际货币体系变革面临政治化压力的趋势是必然的。美元霸权作为美国经济霸权的最重要载体，充分体现了美国的国家利益，美国会誓死捍卫美元霸权和美元本位制度。

国际货币体系的内在矛盾表现在四个方面，这四个方面使得美元和美国的政治博弈成为制约国际货币体系改革的核心要素：一是汇率自由波动与波幅失控的矛盾，国际货币制度缺少有效的汇率内在稳定机制；二是资本自由流动和监管失控的矛盾，现行国际货币体系对国际游资的监管长期处于缺失和失控的状态；三是世界货币承担双重角色的矛盾，当美元的对内价格稳定与对外价格稳定发生矛盾的时候，美国常以本国利益为重而牺牲他国和世界经济利益；四是维持汇率稳定时，国与国之间收益与损害的非对称性矛盾（张见和刘力臻，2013）。

在此基础上，国际货币体系的弊端、矛盾和改革往往就集中在美国和美元身上，而美国国内的政治博弈使得整个国际货币体系改革也呈现出日益政治化的特征。国际货币体系改革涉及一部分主权的让渡，涉及各相关经济体的利益诉求，国际货币体系改革实质上是基于不同利益集团的需求来探寻最大公约数的过程（第一财经，2013）。

（五）新兴市场经济体正在崛起，但制度演进是一个渐进过程

在 2008 年的全球金融危机爆发后，如果以购买力平价来衡量，则新兴市场国家与发展中国家的 GDP 总量已经超过发达国家，前者对世界经济增长的贡献更是远远超过后者。全球经济力量格局的变化，凸显出当前受发达国家主导的国际货币体系与全球金融安全机制的弊端。然而，一方面，新兴市场国家自身需要时间来适应经济实力上升而带来的权力与责任的增加；另一方面，发达国家也并不甘心让出自己的主导地位。这就导致无论是国际货币体系还是全球金融安全机制的主导权的变化将是一个旷日持久的过程。

以 IMF 的份额与投票权改革为例。随着新兴市场经济体的不断崛起，IMF 的份额与投票权已经与全球经济的相对格局严重错配。其中，欧洲国家的份额与投票权更是显著高于其经济占全球经济的比重。但 IMF 的份额与投票权改革最终却受到美国国会的强力阻挠。这反映了老牌资本主义国家并不甘心主动放弃对现有国际金融秩序的主导权。

此外，要在国际金融舞台上发挥更加重要的作用以及扮演更加重要的角色，也并非非常容易的事情，这需要通过不断的学习来积累经验，以及与各方面进行密切的沟通与合作。对此，新兴市场国家也需要相当长的时间来适应自己的新角色。换言之，新兴市场国家金融竞争力的提升要显著滞后于其贸易与经济竞争力的提升。以上两方面的原因，导致国际金融领域的治理结构改革是一个缓慢而渐进的过程。

◇◇ 四 结论与政策建议

自第二次世界大战至今，国际货币体系改革的最大推动力一直都是金融危机，这意味着全球金融安全体系的构建是一个自我反馈的过程，是一个风险累积—危机爆发—改革完善的过程，国际货币体系作为全球金融安全体系最为基础的支撑力量之一，其改革与完善亦是一波多折，势必对全球金融稳定和安全造成实质性冲击。

国际货币体系改革与全球金融安全网构建具有内在的逻辑关联。首先，国际货币体系的风险处置和危机应对功能使得全球金融稳定和安全具有了基础保障；其次，国际货币体系对于流动性管理的重视，使得全球金融体系的中长期流动性不至于出现过于频繁的波动，同时对于短期流动性的管理亦在深化，有利于保持全球流动性的稳定；再次，国际货币体系通过国际协调与合作，强化了汇率稳定性管理及其内在根源的治理，有利于国际收支失衡的改善和汇率保持基本稳定；又次，国际货币体系改革持续关注于主权货币作为国际储备货币的内在弊端及其外溢效应，争取通过机制安排来弱化外溢效应，减少外部性；最后，国际货币体系的治理结构改革是全球金融安全体系的基础保障之一。

然而，当前的国际货币体系对于全球金融安全亦有负面影响，甚至呈现出较为明显的两面性。比如，IMF加强汇率及宏观政策协调有利于稳定全球金融体系，但是，美元作为国际储备货币及美国政府对汇率政策的忽视，使得国际货币体系整体是一个不稳定的系统，其收益成本分配是不均衡的。

国际货币体系与全球金融安全体系之间内在关联的复杂性，本质上与国际货币体系自身的弊端、全球金融安全体系的短板以及诸多的政治问题紧密相关：第一，以主权货币作为国际储备货币的特里芬难题是当前国际货币体系无法克服的内在风险因素；第二，全球金融安全网的建设缺乏明确的主体机构、有效的信息支撑以及强有力的国际协调机制，存在诸多的短板；第三，国际货币体系和金融安全问题的协调更多呈现政治化的色彩，是国家利益在货币问题上的体现；第四，区域金融安全体系的建设一方面是对国际货币体系和全球金融安全体系的补充，但是，另一方面又存在一种迭代的可能，使得二者的关系存在不确定性。

距离全球金融危机的爆发已经过去七年了，危机促进改革的推动力已经大大弱化，危机爆发的根源地美国至今没有通过2010年IMF改革方案，全球金融安全体系的建设仅仅通过IMF等布雷顿森林机构的改革来推动是步履艰难的。基于全球金融安全体系的构建需要，我们应该在多个领域、通过多种渠道来推进全球金融安全体系的建设，以保障全球金融体系稳定与安全。持续地推进IMF改革，尽量避免泛政治化，是完善全球金融安全体系的重要工作。这就需要当前国际货币体系的中心国家与外围国家进行充分的交流与沟通，通过共同的努力来改革国际货币体系与全球金融安全网，以增强全球金融稳定，实现双赢目标。

在此，我们提出如下建议。

一是推进布雷顿森林机构的改革。首先，深化 IMF 等机构在份额、投票权、代表性、人员遴选等的改革，探索 IMF 的职能转变，比如 IMF 在履行国际货币体系和全球金融安全体系的最后贷款人职能之外，是否能够增加成员国担任外汇储备投资基金经理人的角色（Bordo 和 James，2015）。其次，强化 IMF 的贷款能力建设。继续推进 G20 框架下的 IMF 资金筹集规模，特别是敦促美国尽快通过 2010 年的 IMF 改革方案，将 IMF 的可贷资金规模提高到 7500 亿美元。再次，建议 IMF 建立常规化的 SDR 分配机制，深化融资渠道建设，比如继续深化 IMF 一般资源账户机制、一般借款安排以及新借款安排等机制进行借款，强化 IMF 债券的融资建设，大规模扩大 IMF 的资金资源。最后，应该将 IMF 在第四条款下对成员国进行双边监测的职能扩展为对全球宏观经济与金融市场实施多边监测，以更快更准确地发现全球范围内的系统性风险，保障金融安全。加强与金融稳定委员会在系统性风险、宏观监测、金融监管等方面的沟通与协调，避免出现方向性冲突。

二是构建全球金融安全网。继续深化金融稳定委员会在

G20框架下的金融风险监测、应对和金融安全体系的建设，赋予金融稳定委员会更强的制度基础以及促进金融稳定的更宽泛职能。加强全球范围内金融安全信息系统建设，建立基于FSB和IMF的金融市场与监管信息共享平台，以评估金融体系中的脆弱性，制定针对脆弱性的行动指导方案，促进金融监管当局之间的协调以及信息交换。建立基于FSB、IMF和巴塞尔银行业监督管理委员会等的跨国监管机构协调机制，并支持实施跨境危机管理的灵活方案。建立基于FSB与IMF的宏观经济与金融风险累积的早期联合预警机制，并在必要时采取针对性行动，并强化全球审慎监管体系的构建，特别是与资本充足率、激励机制和国际标准制定。最后，努力构建各类危机熔断机制，遏制危机的扩散与传染行为。

三是建立流动性管理机制。国际社会需要一个相对完善的对策框架，涵盖包括国别、双边、区域和全球在内的多层次应对方案。同时，有效的全球流动性管理涉及一揽子的改革方案，不仅要对短期流动性进行密切跟踪，更要针对中长期流动性的趋势特征进行有针对性的体制机制改革，需要与全球失衡、国际储备货币体系改革、全球金融安全网建设等密切协调（高海红，2012）。

四是推进超主权货币建设。构建超主权储备货币有助于克服国别货币充当全球储备货币而不得不面临的特里芬两难（也即在维持全球清偿力充分供给与维持本币币值的稳定方面的两难），从而克服国际货币体系安全的内生性问题。从改革阻力、可操作性和基础设施匹配性上，特别提款权（SDR）具有超主权货币的特性和制度基础，IMF创立的特别提款权（SDR）是超主权货币的一个优先选择。特别提款权代替美元主导国际货币体系，并不存在制度合法性问题。从国际货币体系改革和全球金融安全网的建设上，应该积极推动SDR成为超主权货币。建立完善SDR发行的准备机制，从人为计算币值向以实际资产支持的方式转变，可以倡议建立替代账户机制作为SDR的发行准备。

五是深化区域货币合作。如果在全球能够形成美元、欧元与亚洲货币这三足鼎立的多极储备货币格局，那么由此引入的竞争机制将会约束特定储备货币发行国的货币超发行为，从而增强国际货币体系的稳定，缓解国际货币体系安全的内生性问题。注重各个区域的货币金融合作机制建设。以东亚为例，东亚货币金融合作应以保证东亚金融稳定为目标。实现这一目标，应该致力于三个要素的建设：区域金融合作机构、区域金融市场和区域汇率协调。从现阶段来看，可行的步骤是，利用储备库增资和清迈倡议多边化契机，将现有的区域流动性机制机构化，同时不排除建立区域货币基金的可能性；在可行的范围内展开区域金融基础设施建设，鼓励在区内贸易、投资和金融救助中使用本币；在中后期阶段，考虑建设区域汇率协调机制，将建设区域联动汇率机制设定为一个开放性的目标，同时以动态方式补充其他的可选方案（高海红等，2013）。区域金融安全网应与全球金融安全网加强共同协调，力争合作提供资金支持，充分发挥其互补作用而非迭代作用。

参考文献

巴曙松:《流动性拐点正出现　开始趋于偏紧》,2007年6月28日,搜狐财经网站(http://business.sohu.com/20070628/n250827175.shtml)。

陈继勇、周琪:《经济增长动力耦合与全球经济再平衡》,《武汉大学学报》(哲学社会科学版)2011年第6期。

陈晓莉:《IMF救援方案的宏观经济绩效实证》,《世界经济研究》2005年第3期。

第一财经:《国际货币体系:缺陷、危机与多极化》,2013年9月9日,第一财经网站(https://www.yicai.com/news/2997635.html)。

樊勇明:《霸权稳定论的理论与政?》,《现代国际关系》2000年第9期。

高海红:《全球流动性风险和对策》,《国际经济评论》2012年第1期。

高海红等:《国际金融体系:改革与重建》,中国社会科学出版社2013年版。

何德旭等：《金融安全网：基于信息空间理论的分析》，《经济理论与经济管理》2011年第2期。

何帆：《美元与美国霸权》，2004年8月，博士咖啡网站（http://doctor-cafe.com/detail1.asp？id＝2856）。

何帆、张明：《中国国内储蓄、投资和贸易顺差的未来演进趋势》，《财贸经济》2007年第5期。

贺力平、蔡兴：《从国际经验看中国国际收支双顺差之谜》，《国际金融研究》2008年第9期。

黄海洲、李志勇、王慧：《全球再平衡新特点》，《国际经济评论》2012年第5期。

黄梅波、熊爱宗：《特别提款权与国际货币体系改革》，《国际金融研究》2009年第8期。

肯尼思·华尔兹：《国际政治理论》，中国人民公安大学出版社1992年版。

李翀：《论中美两国贸易失衡的原因、效应和解决办法》，《马克思主义研究》2013年第4期。

李晓、丁一兵：《现阶段全球经济失衡与中国的作用》，《吉林大学社会科学学报》2007年第1期。

李杨：《失衡与再平衡》，《国际金融研究》2014年第3期。

刘东民：《后危机时代的流动性过剩与全球流动性管理》，《国际经济评论》2011年第5期。

刘辉煌：《金融全球化与发展中国家的金融安全》，《金融理论与实践》2001年第7期。

刘沛、卢文刚：《金融安全的概念及金融安全网的建立》，《国际金融研究》2001年第11期。

刘伟丽：《全球经济失衡与再平衡问题研究》，《经济学动态》2011年第4期。

龙志和、周浩明：《中国城镇居民预防性储蓄实证研究》，《经济研究》2000年第11期。

卢锋：《中国国际收支双顺差现象研究：对中国外汇储备突破万亿美元的理论思考》，《世界经济》2006年第11期。

麦金农、施纳布尔：《中国是东亚地区的稳定力量还是通缩压力》，《比较》2003年第7期。

麦金农、施纳布尔：《中国的金融谜题和全球失衡》，《国际金融研究》2009年第2期。

孟晓宏：《我国经常项目与资本项目的动态关系分析》，《数量经济技术经济研究》2004年第9期。

倪权生、潘英丽：《中美相互投资收益率差异及其蕴含的政策启示》，《上海金融》2010年第12期。

彭文生：《渐行渐远的红利：寻找中国新平衡》，社会科学文献出版社2013年版。

乔纳森·安德森：《升值难改全球失衡》，《新世界周刊》2010年第23期。

秦朵、何新华:《关于人民币失衡的测度——指标定义、计算方法与实证分析》,中国社会科学院世界经济与政治研究所统计研究室工作论文,No. DSWP201001。

施建淮:《怎样正确分析美国经常项目逆差》,《国际经济评论》2005年第4期。

施建淮、朱海婷:《中国城市居民预防性储蓄及预防性动机强度》,北京大学经济研究中心讨论稿系列,No. C2004013。

谭人友、葛顺奇、刘晨:《全球价值链分工与世界经济失衡》,《世界经济研究》2015年第2期。

唐建伟:《我国国际收支双顺差分析——现状、原因与影响》,《国际贸易》2007年第5期。

田丰:《关于中国出口退税的童话》,中国社会科学院世界经济与政治研究所国际贸易与投资研究系列财经评论,No. 09005。

王永中:《中国外汇储备的投资收益与多元化战略》,《国际经济评论》2013年第2期。

王元龙:《关于金融安全的若干理论问题》,《国际金融研究》2004年第5期。

肖立晟、陈思翀:《中国国际投资头寸表失衡与金融调整渠道》,中国社会科学院世界经济与政治研究所国际投资研究室《2013年第1季度中国跨境资本流动报告》之专题报告一。

♦ 参考文献

徐奇渊：《日本金融自由化与窗口指导的启示》，中国社会科学院世界经济与政治研究所国际金融研究中心 RCIF Policy Brief，No. 2012. 024。

姚洋：《如何治愈全球经济失衡》，《中国金融》2009 年第 18 期。

姚枝仲：《中国的高投资率问题》，《国际经济评论》2004 年第 5 期。

姚枝仲：《真实贸易顺差，还是热钱？》，《国际经济评论》2008 年第 4 期。

姚枝仲：《出口退税的效果与代价》，中国社会科学院世界经济与政治研究所国际金融研究中心财经评论，No. 09074。

姚枝仲、何帆：《FDI 会造成国际收支危机吗？》，《经济研究》2004 年第 11 期。

姚枝仲、齐俊妍：《全球国际收支失衡及变化趋势》，《世界经济》2006 年第 3 期。

姚枝仲、田丰、苏庆义：《出口的收入弹性与价格弹性》，《世界经济》2010 年第 4 期。

殷剑锋：《储蓄不足、全球失衡与"中心—外围"模式》，《经济研究》2013 年第 6 期。

余永定：《理解流动性过剩》，《国际经济评论》2007 年第 4 期。

余永定：《避免美元陷阱》，《财经》2009 年第 8 期。

余永定:《美国经济再平衡视角下中国面临的挑战》,《国际金融研究》2010年第1期。

余永定:《人民币国际化还是资本项目自由化?》,中国社会科学院世界经济与政治研究所国际金融研究中心RCIF Policy Brief,No. 2012.002。

余永定、覃东海:《中国的双顺差:性质、根源和解决办法》,《世界经济》2006年第3期。

余永定、张明、张斌:《审慎对待资本账户开放》,2013,FT中文网。

约瑟夫·斯蒂格利茨著:《亚洲经济一体化的现状与展望》,黄少卿译,《比较》2002年第1辑。

张斌、贺冰:《从高额外汇储备反思中国经济发展的内外部不均衡》,《国际经济评论》2006年第3期。

张斌、王勋、华秀萍:《中国外汇储备的名义与真实收益率》,《经济研究》2010年第10期。

张凤喜:《国际货币走势的三国演义》,2005年2月21日,新浪网(http://www.stock2000.com.cn/refresh/arch/2005/02/21/807818.htm)。

张红力:《金融安全与国家利益》,《金融论坛》2015年第3期。

张见、刘力臻:《信用本位、对称竞争与国际货币多元化》,《经济与管理》2013年第1期。

参考文献

张坤:《金融发展与全球经济再平衡》,《国际金融研究》2015年第2期。

张坤:《全球经济失衡,逆转还是持续——基于金融发展不对称视角》,《财经科学》2016年第11期。

张明:《国际货币体系演变的系统相容性分析》,《中央财经大学学报》2002年第3期。

张明:《全球国际收支失衡的调整及对中国经济的影响》,《世界经济与政治》2007年第7期。

张明:《次贷危机对当前国际货币体系的冲击》,《世界经济与政治》2009年第6期。

张明:《中国的高储蓄——特征事实与部门分析》,中国金融出版社2009年版。

张明:《亚洲债券市场的发展与中国地位的提升》,《国际金融研究》2010年第10期。

张明:《国际货币体系改革:背景、原因、措施及中国的参与》,《国际经济评论》2010年第1期。

张明:《中国面临的短期国际资本流动:不同方法与口径的规模测算》,《世界经济》2011年第2期。

张明:《新兴市场国家如何应对资本流入:中国案例》,《国际经济评论》2011年第2期。

张明:《中国海外投资净负收益之殇》,《证券市场周刊》2012年第16期。

张明：《全球货币互换：现状、功能及国际货币体系改革的潜在方向》，《国际经济评论》2012年第6期。

张明、付立春：《次贷危机的扩散传导机制研究》，《世界经济》2009年第8期。

张明、何帆：《中国的货币政策与汇率政策均应及时调整》，《国际经济评论》2010年第3期。

张明、覃东海：《国际货币体系演进的资源流动分析》，《世界经济与政治》2005年第12期。

张幼文、薛安伟：《要素流动的结构与全球经济再平衡》，《学术月刊》2013年第9期。

张宇燕：《角逐货币霸权》，《商务周刊》2009年第1期。

郑联盛：《欧元区量化宽松政策面临的问题与影响》，《经济纵横》2015年第4期。

中国人民银行调查统计司课题组、盛松成：《我国加快资本账户开放的条件基本成熟》，《中国金融》2012年第5期。

钟伟、张明：《全球金融稳定性三岛和亚元的未来》，中国社会科学院国际金融研究中心工作论文，No.6，2011。

周建：《中国农村居民预防性储蓄行为分析》，《统计研究》2005年第9期。

周小川：《关于改革国际货币体系的思考》，2009年3月23日，中国人民银行网站（http：//www. pbc. gov. cn/detail. asp?col＝4200&id＝279）。

参考文献

朱波、范方志:《金融危机理论与模型综述》,《世界经济研究》2005年第6期。

朱庆:《中国特殊国际收支结构原因探析——基于人口年龄结构的视角》,《世界经济研究》2007年第5期。

Adalid, R. and Detken, C., "Excessive Liquidity and Asset Price Boom/Bust Cycles", *Working Paper*, 2005.

Adrian, T. and Shin, H. S., "Money, Liquidity and Financial Cycles", Paper Presented in the Academic Panel at the 4th ECB Central Banking Conference, Frankfurt, November 9 – 10, 2006.

Ahearne, A., et al., "Global Imbalances: Time for Action", *PIIE Policy Brief*, No. PB07 – 4, 2007.

Aizenman, J., "International Reserves and Swap Lines in Times of Financial Distress: Overview and Interpretations", *ADBI Working Paper*, No. 192, 2010.

Aizenman, J. and Pasricha, G. K., "Selective Swap Arrangements and the Global Financial Crisis: Analysis and Interpretation", *NBER Working Paper*, No. 14821, 2009.

Allen, L., *The Encyclopedia of Money (Second Edition)*, California: ABC-CLIO, 2009.

Allen, W. A. and Moessner, R., "Central Bank Cooperation and International Liquidity in the Financial Crisis of 2008 – 9", *BIS Working Paper*, No. 310, May 2010.

Anderson, J., "Why Asia Can't Sell the Dollar?" *UBS Investment Research*, 2005.

Anderson, J., "The Furor Over Chinese Companies", *UBS Investment Research*, 2006.

Baba, N. and Packer, F., "From Turmoil to Crisis: Dislocations in the FX Swap Market before and after the Failure of Lehman Brothers", *BIS Working Paper*, No. 285, July 2009.

Baldwin, R. and Martin, P., "Two Waves of Globalization: Superficial Similarities, Fundamental Differences", *NBER Working Paper*, No. 6904, January 1999.

Becker, S., "Global Liquidity Glut and Asset Price Inflation", *Deutsche Bank Research*, May 29, 2007.

Bergsten, F., "How to Solve the Problem of the Dollar", *Financial Times*, December 11, 2007.

Bergsten, F., "We Should Listen to Beijing's Currency Idea", *Financial Times*, April 8, 2009.

Bernanke, B. S., "The Global Saving Glut and the U. S. Current Account Deficit", Remarks at the Sandridge Lecture, Virginia Association of Economics, Richmond, Virginia, 2005.

Bettendorf, T., "Investigating Global Imbalances: Empirical Evidence from a GVAR Approach", *Economic Modelling*, No. 4, 2017.

◆ 参考文献

Bordo, M. and Flandreau, M., "Core, Periphery, Exchange Rate Regimes, and Globalization", *NBER Working Paper*, No. 8584, November 2001.

Bordo, M. and James, H., "The Past and Future of IMF Reform: A Proposal", September 2008.

Brooks, R. and Barnett, S., "What's Driving Investment in China", *IMF Working Paper*, WP/06/265, November 2006.

Cai, F. and Wang, D., "Demographic Transition: Implications for Growth", *Working Paper Series*, No. 47, Institute of Population and Labor Economics, Chinese Academy of Social Science, 2005.

Chang, R. and Velasco, A., "Liquidity Crises in Emerging Markets", *NBER Working Paper*, No. 7272, 1999.

Cheung, Y. W., Chinn, M. D. and Fujii, E., "China's Current Account and Exchange Rate", *NBER Working Paper*, No. 14673, 2009.

Clarida, R. H., "G7 Current Account Imbalances: Sustainability and Adjustment", *NBER Working Paper*, No. 12194, April 2006.

Cline, W. R., "The Case for a New Plaza Agreement", *Policy Briefs in International Economics*, No. PB05-4, Institute for International Economics, 2005.

Cline, W. R. and Williamson, J., "Estimate of the Equilibrium Exchange Rate of Renminbi: Is There a Consensus and If Not, Why Not?" in Goldstein, M. and Lardy, N. R., eds., *Debating China's Exchange Rate Policy*, Peterson Institute of International Economics, 2008.

Cline, W. R. and Williamson, J., "2009 Estimates of Fundamental Equilibrium Exchange Rates", *PIIE Policy Brief*, No. 09 – 10, 2009.

Coffey, N., Hrung, W. B. and Sarkar, A., "Capital Constraints, Counter-party Risk, and Deviations from Covered Interest Rate Parity", *Federal Reserve Bank of New York Staff Reports*, No. 393, September 2009.

Cohen, B. J. and Subacchi, P., "A One-And-A-Half Currency System", *Journal of International Affairs*, Vol. 62, No. 1, 2008.

Corsett, G., "The Anatomy of Dollar Depreciation", VOX, 6 November 2007.

Corsett, G., Martin, P. and Pesenti, P., "Varieties and the Transfer Problem: The Extensive Margin of Current Account Adjustment", *RSCAS Working Papers*, No. 1, 2008.

Cui, L., Shu, C. and Chang, J., "Exchange Rate Pass-through and Currency Invoicing in China's Export", *China Economic Issues*, No. 2, July 2009.

Oadush, U., "The Euro Crisis and the Developing Countries",

◆ 参考文献

Carnegie Endowment for International Peace, 2013.

Devereux, M. B., Shi, K. and Xu, J., "Global Monetary Policy under a Dollar Standard", *Journal of International Economics*, Vol. 71, No. 1.

Dooley, M. P., Folkerts-Landau, D. and Garber, P., "An Essay on the Revived Bretton Woods System", *NBER Working Paper*, No. 9971, September 2003.

Dooley, M. P., Folkerts-Landau, D. and Garber, P., "Breton Woods II Still Defines the International Monetary System", *NBER Working Paper*, No. 14731, February 2009.

Edwards, S., "Is the U. S. Current Account Deficit Sustainable? And If Not, How Costly is Adjustment Likely to Be?" *NBER Working Paper*, No. 11541, August 2005.

Edwards, S., "On Current Account Surpluses and the Correction of Global Imbalances", *NBER Working Paper Series* No. 12904, 2007.

Eichengreen, B. and Hausmann, R., "Exchange Rates and Financial Stability", *NBER Working Paper*, No. 7418, 1999.

Eichengreen, B., *Global Imbalances and the Lessons of Bretton Woods*, Boston: MIT Press, 2007.

Farhi, E., Gourinchas, P. O. and Rey, H., "Reforming the International Monetary System", *CEPR*, 2011.

FED, *Federal Reserve Bulletin*, Vol. 847, No. 9, September 1998,

p. 721.

Feldstein, M., "Resolving the Global Imbalance: The Dollar and the Saving Rate", *Journal of Economic Perspectives*, Vol. 22, 2008.

Fleming, M. and Klagge, N., "The Federal Reserve's Foreign Exchange Swap Line", *Current Issues in Economics and Finance*, Federal Bank of New York, Vol. 16, No. 4, April 2010.

Freund, C., "Current Account Adjustment in Industrialized Countries", *International Discussion Paper*, No. 692, December 2000.

Freund, C. and Frank, W., "Current Account Deficits in Industrial Countries: The Bigger They are, The Harder They Fall", *NBER Working Paper*, No. 11823, December 2005.

Frieden, J. A., "Global Imbalances, National Rebalancing, and the Political Economy of Recovery", *Working Paper*, Center for Geoeconomic Studies and Internatioanl Institutions and Global Governance Program, Council on Foreign Relations, October 2009.

G20, "Declaration on Strengthening the Financial System" (http://www.g20.org/pub_communiques.aspx. 2009 - 4 - 2).

Gilpin, R., *U.S, Power and the Multinational Corporation: The Political Economy of Foreign Direct Investment*, New York: Basic Books, 1975.

Gilpin, R., *The Political Economy of International Relations*, New

Jersey: Princeton University Press, 1987.

Goldberg, L. S., Kennedy, C. and Miu, J., "Central Bank Dollar Swap Lines and Overseas Dollar Funding Costs", *FRBNY Economic Policy Review*, May 2011.

Goldstein, M. and Lardy, N. R., "China's Role in the Revived Bretton Woods System: A Case of Mistaken Identity", Institute of International Economics, *Working Paper Series*, No. WP 05 – 2, March 2005.

Gottselig, G., "IMF Injecting $283 Billion in SDRs into Global Economy", Boosting Reserves, IMF Survey Online, 28 August 2009.

Gourinchas, P. O. and Rey, H., "From World Banker to World Venture Capitalist: U. S. External Adjustment and the Exorbitant Privilege", in Clarida, R. H., ed., *G7 Current Account Imbalances: Sustainability and Adjustment*, Chicago: University of Chicago Press, 2007.

Gouteron, S. and Szpiro, D., "Excess Monetary Liquidity and Asset Prices" (http://www.banque-france.fr/gb/publications/ner/1 – 131.htm, 3 June 2005).

Habermejer, K. et al., "Inflation Pressures and Monetary Policy Options in Emerging and Developing Countries – A Cross Regional Peispective", Social Science Electionic Publishing,

Vol. 9, 2010.

Henning, C. R., "East Asian Financial Cooperation", Policy Analyses in International Economics 68, Peterson Institute for International Economics, 2002.

Henning, C. R., "Coordinating Regional and Multilateral Financial Institutions", Peterson Institute for International Economics, *Working Paper Series*, No. WP11 -9, March 2011.

Herring, R. and Wachter S., "Bubbles in Real Estate Markets", in Hunter, W. C., Kaufman, G. G. and Pomerleano, M., eds., *Asset Price Bubbles: The Implications for Monetary, Regulatory, and International Policies*, MIT Press, 2003.

Hicks, J. R., *Critical Essays in Monetary Theory*, Oxford: Oxford University Press, 1967.

Illing, G., "Financial Fragility, Bubbles and Monetary Policy", *CESifo Working Paper*, No. 449, 2001.

IMF, *International Financial Statistics* (CD-ROM), September 2004.

IMF, "Spillovers and Cycles in the Global Economy (World Economic and Financial Survey)", *World Economic Outlook Database*, April 2007a.

IMF, "Quotas-updated Calculations and Data Adjustments", 11 July 2007b (http://www.imf.org/external/np/pp/2007/eng/071107.pdf).

IMF, "Reform of Quota and Voice in the International Monetary Fund—Report of the Executive Board to the Board of Governors", 28 March 2008 (http://www.imf.org/external/np/pp/eng/2008/032108.pdf).

IMF, "Initial Lessons of the Crisis for the Global Architecture and the IMF", Prepared by the Strategy, Policy and Review Department, 18 February 2009a.

IMF, "To Help Countries Face Crisis, IMF Revamps its Lending", *IMF Survey Online*, 24 March 2009b.

IMF, "Recovery Strengthens, Remains Uneven", *World Economic Outlook Database*, April 2014a.

IMF, "2014 Spillover Report", June 2014b.

IMF, "Global Financial Stability Report", April 2015.

Jones, M. and Obstfeld, M., "Saving, Investment, and Gold: A Reassessment of Historical Current Account Data", in Calvo, G. Rudi Dornbusch, R. and Obstfeld, M., eds., *Money, Capital Mobility, and Trade: Essays in Honor of Robert Mundell*, Cambridge, MA: MIT Press, 2001.

Kaminsky, G. and Reinhart, C., "The Twin Crises: The Causes of Banking and Balance of Payments Problems", *American Economic Review*, Vol. 89, No. 3, 1999.

Kaminsky, G. and Reinhart M. C., "The Center and the Periphery:

The Globalization of Financial Turmoil", *NBER Working Paper*, No. 9479, November 2001.

Kawai, M., "From the Chiang Mai Initiative to an Asian Monetary Fund", *Asian Development Bank Institute Report*, April 2010.

Keohane, R., "The Theory of Hegemonic Stability and Changes in International Economic Regimes, 1967 – 1977", in Holsti and Others, ed., *Change in the International System*, Boulder, 1980, p. 132.

Keohane, R., *After Hegemony*, Princeton: Princeton University Press, 1984.

Kindleberger, P. C., *The World in Depression 1929 – 1939*, London: The Penguin Press, 1973.

Krueger, A. O., "Whither the World Bank and the IMF", *NBER Working Paper 6327*, December 1997.

Krugman, P., "Balance Sheets, the Transfer Problem and Financial Crises", in Isard, P., Razin A. and Rose, A., eds., *International Finance and Financial Crises*, Kluwer Academic Publishers, 1999.

Krugman, P., et al., *The Risk of Economic Crisis*, University of Chicayo Piess, 2009.

Kuijs, L., "Investment and Saving in China", *World Bank Policy Research Working Paper 3633*, June 2005.

Kuijs, L. , "How Will China's Saving-investment Balance Evolve", *World Bank Policy Research Working Paper 3958*, July 2006.

Kwan, C. H. , "Improving Investment Efficiency in China through Privitization and Financial Reform", *Nomura Institute of Capital Market Research*, Summer 2006.

Lane, P. R. , "Global Imbalances and External Adjustment after the Crisis", *IMF Working Paper*, WP/14/151, 2007.

Lane, P. R. and Milesi-Ferretti, G. M. , "Where did All the Borrowing Go? A Forensic Analysis of the U. S. External Position", *Journal of the Japanese and International Economies*, Vol. 23, No. 2, 2009.

Liang, H. , "China's Investment Strength is Sustainable", *Global Economics Paper*, No. 146, October 2006.

Louise, M. , et al. , "The Effects of Global Liquidity on Global Imbalance", *International Review of Economics and Finance*, No. 1, 2016.

Ma, G. and Yi, W. , "China's High Saving Rate: Myth and Reality", *BIS Working Papers*, No. 312, June 2010 (http://www. bis. org/publ/work312. pdf? noframes = 1).

Manasse, P. and Roubini, N. , "Rules of Thumb' for Sovereign Debt Crises", *IMF Working Paper*, 2005.

Marsh, D. and Seaman, A. , "China's Love-hate Relationship with the Dollar", *Financial Times*, September 14, 2009.

Mayer, J., "Global Rebalancing: Effects on Trade and Employment", *Journal of Asian Economics*, Vol. 23, 2012.

Mccauley, R. and Mcguire, P., "Dollar Appreciation in 2008", *BIS Quarterly Review*, Vol. 12, 2009.

McGuire, P. and Peter, G. V., "The US Dollar Shortage in Global Banking and the International Policy Response", *BIS Working Paper*, No. 291, October 2009.

McKinnon, R., "U.S. Current Account Deficits and the Dollar Standard's Sustainability: A Monetary Approach", *CESifo Forum*, Vol. 8, No. 4, 2007.

Milesi-ferretti, G. M., "Fundamentals at Odds? The U.S. Current Account Deficit and The Dollar", *IMF Working Paper*, No. WP/08/260, November 2008.

Morgan, P., "Asia's Liquidity Wave: Implications and Risks", *HSBC Global Research*, June 11, 2007.

Mundell, R., "A Reconsideration of the 20th Century", *American Economic Review*, June 2000.

Mussa, M., "Sustain Global Growth While Reducing External Imbalances", in *The United States and the World Economy: Foreign Economic Policy for the Next Decade*, Institute of International Economics, Jan 2005.

Obstfeld, M., "The Unsustainable US Current Account Revisited",

NBER Working Paper Series, No. 10869, 2004.

Obstfeld, M. and Rogoff, K., "Global Current Account Imbalances and Exchange Rate Adjustment", *Brookings Papers on Economic Activity*, Vol. 36, No. 1, 2005,.

Obstfeld, M., Shambaugh, J. and Taylor, A., "Financial Instability, Reserves, and Central Bank Swap Lines in the Panic of 2008", *NBER Working Paper*, No. 14826, March 2009.

ODI, "Closing the Deal: IMF Reform in 2007", *Briefing Paper*, No. 26, October 2007.

Ogawa, E. and Kudo, T., "Possible Depreciation of the US Dollar for Unsustainable Current Account Deficit in the United States", *CESifo Forum*, No. 4, 2007.

Palais Royal Initiative, *Reform of the International Monetary System: A Cooperative Approach for the Twenty-first Century*, February 2011.

Phillips, L., "IMF Reform: What Happens Next?" *Opinion*, 75, Semptember 2006.

Polleit, T. and Gerdesmeier, D., "Measures of Excess Liquidity", *Frankfurt School-Working Paper Series*, August 2005.

Prasad S. E., "Rebalancing Growth in Asia", *NBER Working Paper Series*, No. 15169, 2009.

Radelet, S. and Sachs, J., "The Onset of the East Asian Crisis",

NBER Working Paper, No. 6680, August 1998.

Rajan, R., "Monetary Policy and Incentives", Address given at Central Banks in the 21'st Century Conference Bank of Spain, 2006.

Reisen, H., "On the Renminbi and Economic Convergence", 2009 (www.voxeu.org).

Rhee, C., Sumulong, L. and Vallée, S., "Global and Regional Financial Safety Nets: Lessons from Europe and Asia", *Bruegel Working Paper*, November 2013.

Roach, S., "The Great Chinese Profits Debate", October 2006 (http://www.morganstanley.com/views/gef/archive/2006/20061006-Fri.html#anchor0).

Rose, A. and Spiegel, M., "Dollar Liquidity and Central Bank Swap Arrangements During the Global Financial Crisis", *Working Paper*, January 2012.

Roubini, N. and Setser, B., "Will the Bretton Woods 2 Regime Unravel Soon? The Risk of a Hard Landing in 2005-2006", *Proceedings*, February 2005.

Schmidt-Hebbel, K., Webb, S. and Corsetti, G., "Household Saving in Developing Countries: First Cross-country Evidence", *World Bank Economic Review*, Vol.6, September 1992.

Slok, T. and Kennedy, M., "Factors Driving Risk Premia",

OECD Economics Department Working Papers 385, 2004.

Subramanian, A., "New PPP-based Estimates of Renminbi Undervaluation and Policy Implications", *PIIE Policy Brief*, No. 10 – 8, April 2010.

Taniuchi, M., "Global Imbalances and Asian Economies", *JBICI Review*, No. 14, 2005.

Taylor, J., "The Financial Crisis and the Policy Responses: An Empirical Analysis of What Went Wrong", *NBER Working Paper Series*, 2009.

The White House, *Economic Report of the President*, Washington: United States Government Printing Office, 2005.

Toloui R., "What Role for Emerging Markets After the Sell-off?" Financial Market Research, 2013.

Truman, E. M., "The International Monetary System and Global Imbalances", Policy Brief No. 10 – 04, Peterson Institute for International Economics, 2010 – 01.

UBS, "ABCs of SDRs", Foreign Exchange Note, *UBS Investment Research*, 25 March 2009.

United Nations, Report of the Commission of Experts of the President of the United Nations General Assembly on Reforms of the International Monetary and Financial System, 2009.

Wakabayashi, M. and MacKellar, L., "Demographic Trends and

Household Savings in China", *Interim Report IR - 99 - 057/November*, November 1999.

Yu, Y., "Rebalancing the Chinese Economy", *RCIF (Research Center for International Finance) Working Paper*, No. 2012.014, 12 March 2012.

Zhang, L., "Rebalancing in China: Progress and Prospects", *IMF Working Paper*, WP/16/183, 2016.

Zhang, M., "China's New International Financial Strategy amid the Global Financial Crisis", *China & World Economy*, Vol. 17, No. 5, 2009.

Zhang, M., "Chinese Stylized Sterilization: The Cost-sharing Mechanism and Financial Repression", *China & World Economy*, Vol. 20, No. 2, 2012.

Zou, J., "Reform to Rebalance World Growth", Tokyo, Japan, 15 March 2010 (http://www.bruegel.org/fileadmin/files/admin/member_s_area/events/Workshops_and_Conferences/2010/AEEF_2010/S2 - 3 _ reform _ to _ rebalance _ world _ growth _ GCoeDG _ ZOU.pdf).

跋

本书是笔者自2007年进入中国社会科学院世界经济与政治研究所国际金融研究室以来，从事国际收支失衡与国际货币体系改革相关研究的一个忠实记录。本书分为上下两篇，上篇讨论全球经常账户的失衡与再平衡，下篇分析国际货币体系的演进过程与改革方向。在笔者看来，全球经常账户失衡乃是当前以美元本位制为核心的国际货币体系的内在缺陷的外在表现。本轮全球金融危机爆发之后的全球经常账户再平衡，并非是当前国际货币体系发生了根本性改革的结果，而很可能是危机之后全球经济增长持续乏力的结果。随着全球经济复苏的进行，全球经常账户失衡可能卷土重来。当前中美贸易摩擦加剧的事实，说明未来全球经常账户失衡将会产生更大的争议与冲突。

全球国际收支失衡与国际货币体系改革，都属于国际金融领域的重大问题，非常适合在中国社会科学院世界经济与政治研究所这样的国家级智库来开展研究。笔者不得不吐槽的是，由于目前顶尖学术期刊的发表偏好都集中在具有微观数据支撑的、稳健性较强的实证研究上，导致国际金融问题的研究越来越微观化，甚至越来越与国际贸易问题研究相结合。但是，对国际货币体系改革这样的宏大问题进行研究，本身还是一个比较愉悦的过程。有些问题，可谓不吐不快，至于最终能够发表在什么期刊，倒是第二位的事情了。在此，笔者想感谢自己的博士导师余永定老师与硕士导师何璋老师，他们启发了笔者对国际金融问题的兴趣，并不断鞭策我的进步。笔者想感谢世界经济与政治研究所国际金融研究室与国际金融研究中心团队，笔者在这里的工作可谓身心愉悦。最后，感谢南开大学经济学院博士生王喆在本书文稿编辑过程中提供的支持。